教育学学科新进展丛书

崔景贵　曹雨平／主编

NONGCUN ZHIYE JIAOYU
FAZHAN XINLUN

农村职业教育发展新论

马建富 等／著

知识产权出版社
全国百佳图书出版单位

图书在版编目（CIP）数据

农村职业教育发展新论/马建富等著. —北京：知识产权出版社，2017. 12
（教育学学科新进展丛书/崔景贵，曹雨平主编）
ISBN 978 - 7 - 5130 - 5363 - 1

Ⅰ. ①农… Ⅱ. ①马… Ⅲ. ①乡村教育—职业教育—研究—中国 Ⅳ. ①G725

中国版本图书馆 CIP 数据核字（2017）第 318262 号

内容提要

本书基于我国农村经济社会发展需求端的新特征和新诉求，提出了农村职业教育供给侧改革的新理念、新路径。作者认为应通过科学治理，建立和完善现代农村职业教育制度体系和治理体系；要稳步发展农村中等职业教育，积极推进农村高等职业教育，大力发展农村社区教育，积极引导社会组织开展培训；在回顾、总结和借鉴国外经验的基础上，提出了我国农村职业教育发展的新模式；在农村职业教育发展中政校企必须扮演好各自角色，协同推进农村职业教育发展；基于未来我国新型城镇化、"四化同步"和消除贫困的趋势与目标，展望了 2030 年我国农村职业教育的发展图景；通过研究图谱，展示了我国农村职业教育研究的现状、进展和趋势。

责任编辑：冯　彤　　　　　　　　责任校对：谷　洋

装帧设计：张　冀　　　　　　　　责任出版：刘译文

农村职业教育发展新论

马建富　等著

出版发行：	知识产权出版社有限责任公司	网　址：	http://www.ipph.cn
社　址：	北京市海淀区气象路 50 号院	邮　编：	100081
责编电话：	010 - 82000860 转 8386	责编邮箱：	fengtong@cnipr.com
发行电话：	010 - 82000860 转 8101/8102	发行传真：	010 - 82000893/82005070/82000270
印　刷：	北京嘉恒彩色印刷有限责任公司	经　销：	各大网上书店、新华书店及相关专业书店
开　本：	787mm × 1092mm　1/16	印　张：	21.5
版　次：	2017 年 12 月第 1 版	印　次：	2017 年 12 月第 1 次印刷
字　数：	323 千字	定　价：	89.00 元

ISBN 978 - 7 - 5130 - 5363 - 1

序（一）

党的十九大报告指出，新时代我国社会主要矛盾是人民日益增长的美好生活需要和不平衡不充分的发展之间的矛盾。这一矛盾在我国广大农村地区表现得尤为明显和突出，农民对于美好生活有着愈益强烈的期待。如何使至今尚未脱贫的人口尽快跳出"贫困陷阱"？如何使农民致富？在中国，"三农"（农业、农村、农民）问题是关系国计民生的根本性问题，大部分人口是农村人口。因此，要使农民能够脱贫，能够富有起来，拉动内需是非常必要的。党的十九大报告提出了实施乡村振兴战略，并将其提升到战略高度、写入党章。这是党中央着眼于全面建成小康社会、全面建设社会主义现代化国家做出的重大战略决策，是加快农业农村现代化、提升亿万农民获得感幸福感、巩固党在农村的执政基础和实现中华民族伟大复兴的必然要求，为新时代"三农"改革发展指明了方向、明确了重点。加快推进农业农村现代化，走中国特色社会主义乡村振兴道路，让农业成为有奔头的产业，让农民成为有吸引力的职业，让农村成为安居乐业的美丽家园，关键是引导贫困人口从传统农民向新型职业农民转变。

实施乡村振兴战略的核心任务是农民的现代化，培养造就一支懂农业、爱农村、爱农民的"三农"工作队伍，如农业职业经理人、乡村工匠、文化能人等，培育新型职业农民和乡土人才。因此，积极回应党的十九大提出的新战略新任务，我国农村职业教育任重而道远：一是培育新型职业农民。一方面要将"传统农民"转化成"新型职业农民"，另一方面要将越来越多的返乡创业农民工以及其他有志于在农村广阔天地创业发展的各类人员培育成为新型职业农民。二是开展农村职业学校专业课程体系的综合改革和高等教育涉农专业的综合改革，主要从培养目标、专业结构、课程体系、教学内容和培养模式等方面进行。三是培训农村剩余劳动力和无土地农民从事非农职业，使他们有更高的收入和更好的生活，这种"转移培训就业"，农村职业院校可以发挥重要作用。四是加强对农民工的技能培训，加快其市民化进程。加强对农民工的技术技能培训、岗位技能提升培训、高技能人才和创业培训、劳动预备制培训、社区公益培训等。

农村职业教育在中国经济社会发展和农业现代化的过程中发挥了至关重要的作用，因此，中国农业现代化需要农村职业教育，中国新型城镇化也需要农村职业教育，中国乡村振兴更需要农村职业教育。完善农村职业教育和培训体系，深化产教融合、校企合作，办农民满意的农村职业教育，是新时代赋予农村职业教育的新使命与新任务。与此同时，我们也应看到，乡村振兴战略的实施、扶贫脱贫工程的推进、新型职业农民的培育等，不仅给农村职业教育带来了新的发展机遇，同时也提出了新的现实挑战。农村职业教育作为经济社会发展的供给侧，其功能定位、培养目标、专业设置以及人才培养质量等诸多方面能否与农村经济社会发展保持较高的吻合度和适应性，能否紧跟时代发展诉求进行主动积极的调整与跟进，这些问题需要人们在实践中积极探索，更需要理论方面的探讨。

农村职业教育是我国职业教育中最薄弱环节，面对进入新时代的农村经济社会发展新环境，农村职业教育该如何应对？如何基于新时代、新矛盾、新诉求，主动进行农村职业教育供给侧的改革，以为乡村振兴战略的实施和扶贫攻坚目标的实现创造条件、奠定基础？如此等等问题，都需要我们职业教育界开展积极的思考与探索。让我感到欣慰的是，常年坚守于农村职业教育研究的江苏理工学院马建富教授及其团队，敏锐地意识到了这些问题，并开展了前瞻性研究，取得了系列成果，《农村职业教育发展新论》便是其团队的最新研究成果。

该成果基于新战略、新任务、新理念等全新时代背景，以"供给侧改革"为切入点，围绕"新"和"改"进行整体设计，即农村职业教育依据什么改、改什么、怎样改、依靠什么改、改成什么样的研究思路，从农村职业教育发展新的历史背景、农村职业教育供给侧改革、农村职业教育治理的现代化、农村职业教育发展路径的多元化、发展模式的多样化、发展主体的多元协同、2030年农村职业教育发展的趋势展望、农村职业教育研究新进展等多个方面的问题进行了深入研究与探索。

从整体上看，该研究成果透露出了一些新的气息。首先，从研究背景来看，该专著非常契合当前党和国家关于"三农"问题的新判断、新目标、新战略、新路径，如"四化同步""三权分置"、返乡创业农民工培训、留守妇女问题等。其次，从内容体系来看，该专著对新背景下农村职业教育新的功能定位，对农村职业教育供给侧改革的系统论述，对农村职业教育现代化及其治理进行了新的界定与阐释，对农村职业教育发展路径进行了系统讨论，对农村职业教育发展模式的过去、现在和未来进行了梳理，对政校企协同发展农村职业教育形成了新理念、新思路，对未来农村职业教育的研究趋势进行了预测。再次，研究不乏创新，特别是所提出的一些有关农村职业教育发展的制度与政策，具有积极意义，能够为政府部门提供决策咨询。最后，我还要特别指出的是，马建富教授及其团队的研究，比较"接地气"，该专著的许多研究结论以及政策建议，是经过较多实证调查研究以后得出的。所以，该团队的研究方法、学术风气值得提倡。如前所述，我国已经进入新时代，正在实施乡村振兴战略，推进脱贫攻坚工程等，我非常希望马建富教授及其团队成员，能够紧跟时代发展趋势，继续就农村职业教育所出现的新问题进行更加深入务实的研究，为我国农村职业教育发展，为实施乡村振兴战略和全面实现农业现代化做出更大的贡献。

石伟平*

2017 年 12 月

---

* 作者简介：华东师范大学终身教授、博士生导师、华东师范大学长三角职业教育发展研究院院长、中国职业技术教育学会副会长兼学术委员会执行主任。

序（二）

在习近平新时代中国特色社会主义思想引领下，我国豪迈地进入了新时代，开启了加快现代化步伐、建设社会主义现代化强国的新征程。

新时代我国社会主要矛盾已转变为人民日益增长的美好生活需要和不平衡不充分的发展之间的矛盾。我国发展不平衡、不充分问题在乡村最为突出。就农村职业教育而言，它所面对农村发展的需求态势，一方面，生存型需求在少数未脱贫地区依然存在；另一方面，发展型需求已日益成为主流的趋势；而在职业教育自身的供给侧方面，城乡、区域、校际、受教人群之间依然存在结构性的不平衡，农村教育在师资、技术等要素水平的弱势又导致质量和服务效率不高，直接制约了发展的充分性。因此，农村职业教育供给侧结构改革已是构建中国特色现代职业教育体系的迫切要求。

当前，我国又面临一个发展的阶段性交越期，将迎来全面小康与基本现代化"两个一百年"发展任务的阶段性转换的关键期。农村职业教育也面临攻坚和转型发展的双重任务，必须坚持以人民为中心的服务理念，首先要主动融入到精准扶贫、精准脱贫的国家行动中，以教育培训、科技推广、就业创业服务等多种平台，积极参与就地产业扶贫和异地转移扶贫的实施工程，帮助"老乡"从"自然人"转变成"职业人"，具备"一技走天下"的发展能力，从根本上铲除贫困来源，让他们在脱贫中共享实实在在的获得感、幸福感、安全感。

其次跨越第一个百年目标，走向第二个百年目标，是我国现代化建设的一个连续性的历史进程，同属实现中国梦的全局。2014年6月，习近平总书记在对职业教育的重要批示中指出，要"努力让每个人都有人生出彩的机会"，为我国农村职业教育的现代转型指明了方向：以人为本，面向人人，面向人生。为了适应新时代中国特色社会主义新农村人力资源开发和新型职业农民的发展需求，农村教育应该努力普及义务教育、高中教育，实现新增劳动力开发全覆盖的伟大工程之后，再建农村教育新的伟大工程，让农村劳动年龄人口共享教育红利，实现农村学校教育由传统单一的学历教育转向全民大众教育的转型。为此我们应该进行积极的探索。

第一，坚持以国家战略和民生福祉中的重大问题为导向，主动适应农业生产方式的转变。面向农业发展中的现代化问题、产业化问题、高科技化的问题，培养有文化、懂技术、会经营的新型农民。围绕建设现代农业经营主体的目标，加快培养农业经纪人、经济合作组织中的带头人、农业专业技术人才、农村的致富带头人，并带动全体农村劳动者构建学习型农村社会。

第二，面向农村的中高等职业学校除了继续招收应届初高中毕业生以外，同时要根据终身发展的理念关注在职农民的继续教育问题。以非全日制教学模式系统培养职业农民，借助互联网＋的信息化教育手段实现任何时间、任何地点都可学习的现代教育形态，开启农村职业院校对接终身教育的转型之路。让先贤"活到老，学到老"的理想和智慧在我们这代人手中变成现代教育制度，这就是我们今天改革的方向。我们相信在习近平新时代中国特色社会主义思想的引领下，我们中国的农村职业教育一定会走出一片新的天地。

农村职业教育发展任重道远，值得人们关注和研究的农村职业教育发展的新问题层出不穷，所以，需要有一些热爱农村，关注"三农"问题的专家、学者展开积极、务实的研究。我很高兴地看到，江苏理工学院马建富教授及其领衔的农村职业教育团队，二十多年来始终致力于农村职业教育问题的研究，扎根于农村职业学校与社区教育中心一线，奔波于田间地头开展调查研究，为农村职业教育发展出谋划策，给政府部门提出了一些有益的建议，这种精神本身值得钦佩，这种研究也是很有价值的。马教授及其团队成员近年来主持了多项省部级以上有关新型职业农民培育、返乡农民工创业培训等研究课题，出版了多部相关的研究专著，《农村职业教育发展新论》便是他们团队集体智慧的又一力作。该著作基于新时代中国特色社会主义职业教育现代化和农业供给侧改革的时代大背景，围绕"四化同步""三权分置""乡村振兴战略"等对农村职业教育改革与发展的要求，对新时代我国农村职业教育发展面临的发展机遇及现存问题进行了深刻的剖析。在此基础上，以新的视野，对新时代我国农村职业教育的"应然定位""实然定位"进行了理性的反思与探究，对新时代我国农村职业教育发展的新理念、新路径、新模式进行了前瞻而积极的探索与思考，其中一些观点可以为新时代农村职业教育与培训的研究拓展思路。这些研究与探索具有创新意义，尤其是在农村职业教育进入新时代的背景下，这种探索显得更有价值。

为此，我乐意向大家推荐马建富教授及其团队的专著《农村职业教育发展新论》，并希望他们能出更多更高水平的研究成果，为我国农村职业教育的发展做出新的更多的贡献。

周稽裘[*]

2017 年 12 月

---

[*] 作者简介：国家教育咨询委员会委员、中国职业技术教育学会副会长、江苏省教育厅原副厅长。

目　录

审时度势：农村经济社会发展的新特征和新诉求

党的十九大报告做出了"中国特色社会主义进入新时代"的重大判断，这意味着我国经济社会发展正面临着全新的发展环境。长期以来，"三农"问题是制约我国经济社会发展最重要的方面。为了促进"三农"问题的根本解决，我国提出了系列推进"三农"的战略与措施。"四化同步"发展战略的推出、"三权分置"土地政策的施行、返乡农民工创业政策的支持，以及党的十九大提出的到 2020 年全部脱贫目标的实现，所有这一切都必将对我国农村经济社会发展产生深刻而又全面的影响。毫无疑问，经济社会需求端的重大变革，必然会对作为人才培养供给侧的农村职业教育产生影响，这其中既有机遇，更有挑战，为此，农村职业教育必须积极应对。

第一节 "四化同步"与农村职业教育

自 2012 年党的十八大提出"四化同步"，即新型工业化、新型城镇化、农业现代化和信息化同步发展以来，学术界对此作了广泛的研讨。毋庸置疑，"四化同步"发展战略的提出，必将对我国经济社会发展产生深远的影响，也必将对与之联动的农村职业教育等产生全面而深刻的影响。

农村职业教育作为人才培养的供给侧，必须对过往的发展进行审视和反思，并根据"四化同步"发展的要求，对未来农村职业教育发展的定位、功能、发展模式以及服务体系等问题进行全面的改革与展望，制定出具体的行动纲领与策略。

一、"四化同步"的本质特征

（一）"四化同步"的内涵

关于"四化同步"发展，没有统一规定的定义，但基本含义大体一致。一般认为，所谓"四化同步"是指中国特色新型工业化、信息化、城镇化、农业现代化动态地组合成一定的相对组合关系，保持一定的相对速度，个体和整体都分别由初级到高级、由不发达到发达的运动变化进程。❶"四化同步"既是我党"三农"理论的发展与创新，又是基于有效解决"三农"问题的重大战略决策，也是我国推进现代化的基本路径，即通过"四化同步"战略的推进与实施，达到推动信息化和工业化深度融合、工业化和城镇化良性互动、城镇化和农业现代化相互协调，促进城镇发展与产业支撑、就业转移和人口集聚相统一。❷

（二）"四化同步"的特征

1. "四化同步"的目标：城乡一体，协调发展

由于长期以来我国实行的是城乡二元分割的发展制度，造成了今天的城乡差别，形成了二元，甚至三元社会群体（"市民""农民"以及离开了农村但尚未市民化的"农民工"）。根据我国"四化同步"发展目标，必须改变长期以来实行的以牺牲农村、农民利益为代价的区别化，甚至带有歧视性的发展策略，必须通过城市支持农村、工业反哺农业的策略，推进城乡发展一体化。也就是说，在未来的发展中，将不再是单纯地推进新型城镇化或建设新农村，而是坚持城乡协调发展的理念，整体推进工农业、城乡、城乡居民的发展，就是通过统筹发展，促进城乡在发展规划布

---

❶ 刘文耀，蔡焘. "四化同步"的本质特征和指标构建［J］. 产业经济，2014（08）：67.

❷ 夏金梅. 论四化同步发展的科学内涵和衡量标准［J］. 探索带，2013（07）：262.

局、生产要素配置、产业发展、公共服务、生态保护等方面相互融合、共同发展，促进城乡文明的共同繁荣与发展。与此同时，由于城市与乡村具有互补性和共生性，所以，推进城乡一体化、协调化发展，就是要把城乡作为发展共同体，依据各自的特点和优势，实行城乡错位发展，各种要素双向流动、优势互补、相互依存的城乡一体化生产生活格局。坚持城乡协调发展，是增强一个国家和地区经济社会发展整体性的有效路子。

2. "四化同步"的核心：以人为本，和谐幸福

就"四化同步"发展的内核看，新型城镇化较之于传统城镇化的一个重要区别就是，它主要的不是土地城镇化，而是以人的城镇化即市民化为核心。就农业现代化而言，关键是要有能够促进和适应农业现代化的人，只有实现了人的现代化，才会有真正意义上的农业现代化，也才能提高农村劳动生产力，从而促进农村剩余劳动力纵向流动成为市民，成为新型工业化的主力军；而信息化无论是在工业或者农业或者现代城镇的实现，关键还是人，人必须首先实现信息化的素质提升。

再就"四化同步"的目的来看，最根本的就是要促进包括人的个性在内的全面发展，是要使所有城乡民众都能够在城乡的协调发展中，过上和谐幸福的生活，就是要提高人们的生活品质和幸福指数。这在很大程度上颠覆了我们以往的单纯发展经济社会的目的观，也是发展经济、教育等目的的正本清源和价值的回归，体现了"四化同步"发展的主体价值观。

另外，就"四化同步"的实现路径来看，人是一切的关键，通过职业教育培训等路径，促进农民、农民工等人力资本的积累，从而使之成为新农民、新市民，推动"新四化"的实现。

3. "四化同步"的机理：互动耦合，相辅相成

"四化同步"发展的本质是通过"四化"互动，实现整体发展、协调发展。就"四化"的运作机理来讲，工业化创造了供给，城镇化创造了需求，而信息化为工业化、农业现代化、城镇化创造了条件；农业现代化则是基础，它为工业化、城镇化发展提供了保障条件。"四化"相辅相成，正是通过它们的互动，实现了同步、协调发展，最终实现了社会生产力提升和城乡的跨越式发展。

4. "四化同步"的关键：制度配置，政策创新

"四化同步"作为我国改变城乡关系，促进社会发展的新的国家战略，要能够有序推进，顺利实施，有待采取各种方略以及配套政策、制度的积极配置与创新。制度配置与政策创新是我国"四化同步"战略实施的重要路径依赖，也是不竭的动力源泉。"四化同步"战略推出以后，我国已经陆续推出了一系列促进"四化同步"发展的政策措施，如中共中央国务院颁发了《国家新型城镇化规划（2014—2020年）》、连续十多年的有关"三农"发展的"中央一号文件"、《国家信息化发展战略纲要》（2016年）、《全国农业现代化规划》（2016年）等，这些文件对新型城镇化、农业现代化、工业化和信息化的发展都提出了一些创新的制度与政策，必将对"四化同步"发展战略的实施起到积极的推动作用。

二、"四化同步"与农村职业教育供给侧改革❶

以新型工业化、城镇化、农业现代化和信息化为核心内容的"新四化"，其要义包括：一是"四化"必须同步发展，不能有"短板"，这是"新四化"的"新"意所在；二是"四化同步"是一种系统化资源配置模式。从资源配置来看，"四化同步"就是一个在约束条件下求最优解的社会生产函数。❷然而，深度分析"四化同步"战略提出的背景不难发现，我国工业化、信息化发展如火如荼，但是，作为"四化同步"发展基础的农业现代化以及发展动力的新型城镇化发展严重滞后。

农业现代化是人类利用现代生产技术改造传统农业的过程。但值得注意的是，一方面农业现代化发展需要在减少农民的同时，增加高素质农民数量；另一方面工业化的高速发展、新型城镇化的快速推进，直接引发大量高素质年轻农村劳动力转向非农产业，或向城镇转移。这是一对矛盾，那么，如何化解"新四化"发展中存在的矛盾，以在推进新型城镇化，促进农村劳动力转移的同时，又满足现代化农业发展对高素质人才的需求

❶ 马建富，马欣悦. 基于新型职业农民培育的农村职业教育供给侧改革 [J]. 河北师范大学学报，2017（06）：54－55.

❷ 刘文耀，蔡涛. "四化同步"的本质特征和指标构建 [J]. 产业经济，2014（08）：67.

呢？笔者认为，最为有效的策略就是培育多层次多类型的新型职业农民。按照习近平总书记 2017 年"两会"期间的"九字"定义，就是要培养"爱农业，懂技术，善经营"的新型职业农民。这样的新型职业农民是我国未来农业现代化的希望，他们既具有现代农业发展需要的特质，又能从根本上减少农民，促进剩余农村劳动力转移，满足新型城镇化发展的需要。正因为如此，2017 年颁发的《"十三五"全国新型职业农民培育发展规划》（简称《培育规划》）提出：到 2020 年，新型职业农民总量超过 2000 万人（其中，高中及其以上文化程度由 2015 年的占比 30% 提高到 35%，现代青年农场主由 1.3 万增加到 6.3 万人，农村实用人才带头人由 6.7 万提高到 16.7 万人，新型农业经营主体带头人培训数量年均增长 60 万人）。

然而，从当前，甚至在相当长的时间来看，农业现代化的瓶颈正是新型职业农民的缺乏，表现为一方面现有留守农民人力资本缺乏，另一方面潜在的新型职业农民素质亟待提高。根据 2015 年国务院办公厅发布的《关于支持农民工等人员返乡创业的意见》"鼓励返乡人员共创农民合作社、家庭农场、农业产业化龙头企业、林场等新型农业经营主体"；而"培育规划"更加明确地提出了要将返乡下乡涉农创业者作为生产经营型职业农民培育对象；2017 年"中央一号文件"也指出："支持进城农民工返乡创业，带动现代农业和农村新产业新业态发展。"返乡创业农民工将会是新型职业农民的重要来源，但是他们经营现代农业生产的素质提升是一个有待解决的问题。

美国著名学者柯尔曼认为"教育是开启通往现代化的钥匙"。实现农业现代化的路径可以有多样化的选择，可以通过财政补贴实现工业反哺农业，也可以通过财政转移支付实现经济发达地区对不发达地区农村的支持，但积极发展农村职业教育和培训，提升农民人力资本，培育新型职业农民是不可或缺的选择。所以，要按照《培育规划》提出的要求，全面建立以公益性教育培训机构为主体、多种资源和市场主体有序参与的"一主多元"新型职业农民教育培训体系。

"四化同步"以及城乡一体化的有序推进，将我国农村职业教育发展推向了改革的风口。改革主要是针对农村职业教育对经济社会发展的不适应性、不吻合性展开。有关"四化同步"背景下农村职业教育供给侧存在的问题以及如何进行改革在第八章中有详细论述，这里不再赘述。

第二节 "三权分置"与农村职业教育[1]

"三权分置"是继家庭联产承包责任制后，我国农村改革的又一重大制度创新，也是中央关于农村土地问题出台的又一重大政策。"三权分置"的实施将会积极推进我国现代农业发展的进程，从而对规模农业的发展以及新的农业经营主体的诞生产生影响。毋庸置疑，"三权分置"将为我国农村职业教育、成人教育的发展提供新的契机，成为农村职业教育和成人教育发展的新动力。

一、"三权分置"显露了农村职业教育供给侧改革的契机

2016 年 11 月中共中央办公厅、国务院办公厅印发了《关于完善农村土地所有权承包权经营权分置办法的意见》（简称"三权分置"）。所谓"三权分置"，是指为深化农村土地制度改革，顺应农民保留土地承包权、流转土地经营权的意愿，将土地承包经营权分为承包权和经营权，实行所有权、承包权、经营权分置并行。近年来，我国农村土地已经呈现出了加速流转和新的农业经营主体规模化生产的趋势。据农业部部长韩长赋介绍，截至 2016 年 6 月，全国 2.3 亿农户流转土地农户超过了 7000 万，比例超过 30%，东部沿海发达省份农民转移多的地区这一比例更高，超过了 50%。经济发达的江苏昆山市早在 2011 年耕地基本上由大户承包。当年当地 91% 的土地已流转到 146 个以村为单位组建的土地股份合作社，全市 1900 多个农业大户平均每户种植面积达 145 亩，而现在从事农业的劳动力仅占全市劳动力的 10% 左右。[2] 全国已经有 270 多万此类新型经营主体，

---

[1] 马建富，马欣悦. 基于新型职业农民培育的农村职业教育供给侧改革 [J]. 河北师范大学学报，2017（06）：55－59.

[2] 李振陆."四化"同步与面向农业农村职业教育 [J]. 中国职业技术教育，2013（01）：59.

他们不一定拥有土地承包权，但却拥有土地经营权，是真正的农业生产经营者。

在新的农业经营主体中，家庭农场是市场化、专业化、社会化大生产的组织形式，这是它与一般农户的重要区别。正如弗兰克·艾利思所说，"农民只是部分地参与不完全的市场，而家庭农场是完全融入完善的市场"。家庭农场主、农业能人、专业大户以及农业合作社负责人等新的农业经营主体是现代农业经营、管理和服务人才，都必须具有经营现代农业的特殊素质，因而，必须通过职业教育和培训等路径，促进自身的专业化发展。在未来，虽然农户在相当长的时间内仍将是最基本的农业经营组织形式，但涉农企业是我国农业经营组织形式发展创新的趋势。因此，农村职业教育，必须基于"三权分置"背景下现代农业经营组织形式变革的趋势，以前瞻性的思维，主动进行农村职业教育人才培养供给侧的改革，培育新型职业农民，以促进"四化同步"的实现，增强农村职业教育的办学活力和吸引力。

二、"三权分置"下农村职业教育供给侧改革的路径

（一）农村职业教育供给侧存在的主要问题

首先，未能前瞻性地将新型职业农民培育纳入农村职业教育培养目标。存在的主要问题有：一是人们似乎都明了农村职业教育应该为农村经济社会发展培养人才，虽然注意到了要为农业劳动力转移进行职业教育和培训，但是，对如何培养适合农业现代化需要的人才，尤其是新型职业农民的认识还不够深刻，行动还嫌迟缓；二是返乡农民工创业已然成为一种趋势，但是相应的职业教育和培训没有受到应有的重视。据不完全统计，目前各类返乡下乡人员已达 700 万人，其中农民工 480 万人。这是一支强大的力量，作用不可低估，著名经济学家厉以宁据此认为，中国人力资本的革命正在开始，正在发生来自农村的新的人口红利。返乡创业农民工中的相当一部分将是新型职业农民培育的重要来源，那么，农村职业教育如何迅捷行动呢？

其次，未能将农民职业教育和培训作为农村职业教育体系的重要组成

部分。主要存在以下问题：一是农村职业教育体系没有基于城乡一体化的发展趋势，将城、乡职业教育纳入一个区域系统进行统筹设计，缺乏对"四化同步"背景下新型职业农民培育与农村劳动力转移培训的统筹规划与管理；二是业已基本形成的农村职业教育体系，主要还是局限于正规的、全日制职业教育层面，作为城乡职业教育新的增长点的农民职业教育和培训体系没有得到充分体现，而且，职业教育培养体系与培训体系缺乏有效对接与沟通；三是现行农村职业教育体系参与主体主要是职业院校，作为现代职业教育发展另一主体的涉农企业、行业、商会等在体系中难觅踪影，新型职业农民培育效能大打折扣，校企合作也缺乏应有的深度、宽度与长度（可持续性发展）。显然，体系建设中存在的这些问题是制约未来新型职业农民培育的关键因素。

第三，培育新型职业农民的专业严重缺位。大教育意义上的农村职业教育自然包括县城、乡村两个层面的职业教育，目前农村职业教育布局结构存在的主要问题有：一是城乡职业教育资源布局结构不合理。优质职业教育资源主要分布在以城镇为中心的圈层内，而集中于城镇的职业院校主要培养的是非农类人才；涉农类专业大多是在远离城镇的处于外圈层的农村职业院校培养，这类学校的优质教育资源明显不足。其次，就专业结构而言，一方面农村职业院校涉农专业明显偏少，另一方面现设置的涉农专业没有能够有效反映现代农业技术需求，没有体现培养各层次各类型新型职业农民的需要，专业结构与现代农业发展需求结构吻合度不高。

第四，缺乏促进新型职业农民培育的强有力的法规与政策。制度作为一种稀缺资源，其创新是职业教育发展的根本动力。依据未来新型职业农民培育以及返乡农民工创业培训的需求，我国农村职业教育制度供给亟待创新与突破。例如，如何根据农民、返乡农民工基础学力特点以及其作息规律，建立更加完善与发达的非正规农村职业教育制度？如何建立诸如农民参加职业教育和培训的补偿制度，以补偿农民因为参加培训而带来的经济损失？如此等等。制度缺位以及缺乏执行力是制约农村职业教育和培训发展的桎梏。

（二）农村职业教育供给侧改革着力点的思考

农村职业教育供给侧改革是一个系统工程，其关键或者说着力点主要是办学定位的转型、现代职业教育和培训体系的构建、教育资源的统筹与优组以及具有激励性的农村职业教育和培训制度的有效供给与配置。

思考之一：如何"着力"新型职业农民培育，积极服务农民终身教育？

着眼未来，我国城乡将最终实现协同、一体化发展，这昭示着未来农村职业教育供给侧改革必须建树"大教育"和"城乡一体化"发展理念，进行农村职业教育发展定位的调整。

毫无疑问，农村职业教育功能具有多元性。首先，要实施"离农教育"——促进农村劳动力转移。也就是要以新型城镇化为导向，基于农业人口转移就业对职业技能提升的需要，开展转移就业培训，将农民转变为城镇产业工人。其次，开展"市民化教育"。这就是对转移到县城、乡镇的农民工开展职业教育和培训，促进其成为新市民。

然而，无论是从当前或者未来农村经济社会发展需求或者农村职业教育自身定位来看，培养新型职业农民将成为农村职业教育更为重要的使命与职责。"为农教育"是农村职业教育发展的根本，也是其最本原的初衷与职责。所不同的是，未来的农村职业教育，必须把发展重点由目前的主要对留守农民进行一般的职业教育和培训，升转为为农村新型经营主体的培育服务，培养新型职业农民。根据"培育规划"，到2020年，新型职业农民队伍的总量将超过2000万人。在新型职业农民培育中，农村职业教育的职责主要就是推动新型职业农民培育工程、农民工返乡创业培训行动计划、农村青年创业致富"领头雁"计划、贫困村创业致富带头人培训工程的实施，把有创业培训意愿的职业院校涉农专业学生以及留守农民、返乡创业农民、转业人员以及其他有志于成为新型职业农民的大学生、大学生村官和部分"上山下乡"的城市民众培育成新型职业农民。

另外，根据新农村建设的目标以及农村职业教育功能的逐步释放，对职业农民进行"生活教育"也将是农村职业教育的重要内容。随着农民生活的不断改善，人们对生活品质提升的需求渐趋旺盛，从终身教育体系的建设来看，职业教育和培训将是其中的重要环节与内容。也就是说，在未来，农村职业教育必须肩负起对农民享受生活、提升生活品质的职责，要成为农民的精神家园、生活乐园，成为真正的具有人民性的、最"接地气"的教育。

思考之二：如何"着重"新型职业农民培育体系完善，注重教育培训效能提升？

基于"四化同步"发展以及"三权分置"后城乡职业教育功能的多元性和一体化趋向，必须尽快建立与完善契合新型职业农民及返乡农民工创业教育培训需求的职业农民教育培训体系，这是未来农村职业教育体系构建的重点。2016 年"中央一号文件"指出，要"将职业农民培育纳入国家教育培训发展规划，基本形成职业农民教育培训体系，把职业农民培养成建设现代农业的主导力量"。"培育规划"也要求形成"以公益性教育培训机构为主体、多种资源和市场主体有序参与的"一主多元"新型职业农民教育培训体系"。新型职业农民教育培训体系的构建必须思考以下问题：

（1）新型职业农民教育培训体系必须具有现代性。也就是必须展现培育功能的完整性与开放性。我国总体上已形成了初、中、高级纵向贯通的职业教育体系，但是，基于农民人力资源开发的职业农民教育培训体系是个"短腿"，主要是涉农职业院校、涉农专业以及高层次的农科类职业教育偏少；另外，在体系中，城乡成人教育、社区教育体系不健全，影响了农民职业教育和培训功能的发挥。为此，未来的职业农民培育需求的职业教育和培训体系应该基于区域大教育和企业职业教育理念，建立一个包含成人教育、社区教育等在内的职业农民教育培训体系，以为各种层次的职业农民培训提供平台，为农民接受终身教育提供机会。

（2）新型职业农民教育培训体系必须体现社会性，也就是必须凸显参与主体的多元性与包容性。首先，就参与主体而言，一方面不仅中高等职业院校是现代农民职业教育和培训体系的重要主体、核心组成部分，涉农企业（行业、商会等）作为农村职业教育和培训发展的另一参与主体，其在农民职业教育和培训体系中是不可或缺的一环；另一方面，职业教育和培训主体具有多元性。城乡职业院校不仅要进行职前职业教育，培养未来的新生代农民，还要担负起培训高层次农村管理人才以及经营和服务型人才的任务；不仅要有学校职业教育和培训、城乡社区教育中心和成人教育中心培训，还要充分利用社会力量及非政府社会公益组织开展职业教育和培训，以满足"新农人""返乡农民工创业"以及城乡社区民众接受终身教育的需求。为此，必须以开放的心态，允许和鼓励社会力量参与职业农民和返乡农民工创业培训，进一步拓展农村职业教育和培训体系的内涵与边界，形成多层次、多类型、立体的具有包容性的农村职业教育和培训体系。

（3）新型职业农民教育培训体系必须体现人本性，也就是必须反映个体需求的差异性与选择性。现代教育是以信息处理与数据驱动为基色、体现教育理性的职业行动，现代教育所面对的基本境况是普遍的受教育权、崇尚个性且多样化的成长需求和师生一对多的组织化平等交往形式。❶现代人对自由以及差异性的追求与推崇，强化了学生成长与发展需求的多元性。"四化同步"背景下的新型职业农民职业教育和培训体系的构建，必须从人才培养供给侧的一方，思考如何探索有利于不同学历基础、不同类型新型职业农民培育的多元化需求，提供具有相当灵活性的学习路径与学习形式等。

思考之三：如何"着意"城乡职业教育功能统合，强化分工基础上的协同？

"四化同步"战略的终极目标就是通过城乡互动，实现一体化发展，所以，在未来新型职业农民培育过程中，必须统筹考虑城乡职业教育功能发挥，通过统整，实现农村职业教育在新型职业农民培育中功能发挥的最大化。德国农业经济学家冯·杜能的圈层结构理论认为，城市是圈层结构的主体，在区域经济发展中起主导作用，城市对区域经济的促进作用与空间距离成反比，区域经济的发展应以城市为中心，以圈层状的空间分布为

---

❶　杨开城，许易. 论现代教育的基本特征与教育信息化的深层内涵［J］. 电化教育研究，2016（01）：13.

特点逐步向外发展。❶ 未来城乡职业教育必须坚持既有分工与侧重，又有人才培养的联合与交集，城乡发挥各自的比较优势，协同开展好新型职业农民、农民工返乡创业的职业教育和培训。

首先，如何实现城乡职业教育空间布局的统整，凸显培育新型职业农民的重任？农村职业院校空间布局及专业设置要有合理分工。城镇一般集中了具有一定规模的农村职业教育中心以及少量高职层次的院校或涉农专业、社区学院等。这类职业院校应主要设置一些对实验设施要求较高的非农类专业以及担负高层次职业农民培养的任务，同时，开展农民工市民化的培训；而在相对远离城镇的部分农村职业学校以及成人教育中心、社区教育中心，一方面进行农业劳动力转移培训，另一方面对留守农民进行现代农业技术培训，再者就是根据农民生活的需要开展一些与生活及社区文化有关的培训。

其次，如何实现城乡输入地与输出地培训衔接，协同开展基于返乡创业农民工成为新型职业农民的培训？主要是指城乡分别作为农业劳动力的输出地和输入地，在职业农民以及农民工培训方面必须衔接，必须从办学管理体制上解决这种"踢皮球"的现象，做到城乡区域之间优势互补、协同培养。具体来说，就是要建立输入地与输出地在政策、服务、市场等方面的联动对接机制，扩大返乡创业农民工创业市场空间，延长创业产业链条，有更多机会成为成功的新型职业农民。

另外，如何建立新的高效培训机制，鼓励政府购买新型职业农民培育的服务？这就是在统筹利用现有的农广校、涉农院校、农业科研院所等各类公益性培训资源开展新型职业农民培育的同时，要积极发挥市场机制作用，鼓励和支持有条件的涉农企业、农民合作社等市场主体，通过政府购买服务、市场化运作等方式参与新型职业农民培育和返乡农民工创业培训工作；通过校企合作等途径与方式，拓宽新型职业农民和返乡创业农民工培训渠道，创造有利于返乡农民工创业的教育培训环境。

---

❶ 杨斌，尹皓，阳勇. 基于圈层分析的职业教育城乡一体化空间布局模式设计［J］. 职业技术教育，2009（19）：19.

思考之四：如何"着眼"新型职业农民培育的制度创新，激发农村职业教育办学活力？

制度配置、政策创新是促进新型职业农民培训的根本动力，更是解决阻碍职业农民培训市场发展顽症的关键。在未来，要真正展现新型职业农民培育的功能与活力，就必须基于城乡职业教育发展的新趋势、新型职业农民培育的新需要，进行农民职业教育和培训政策与制度的创新。

（1）职业农民培训成本补偿制度。各级政府经常组织开展各种类型的针对新型职业农民培育的农村职业教育和培训，甚至用大力气积极推动有关培训工程的实施，但是，为什么面对这些免费的、对职业技能提升或者素质提高有积极作用的培训，在许多地区、许多时候却不受农民兄弟待见与欢迎呢？其中主要原因之一就在于，农民或者返乡农民工在参加培训过程中，必须承担相应的时间成本与经济成本。所以，要解除农民、返乡农民工参加职业教育和培训的后顾之忧，那么，就有必要建立相应的培训成本补偿制度。也就是说，对于农民或返乡农民工参加培训，各级政府必须给予相应的经济补偿，政府应有专项经费预算。国外早就有农民参加培训，政府进行补偿的做法。事实上，2016 年"中央一号文件"中也有类似规定："优化财政支农资金使用，把一部分资金用于培养职业农民。总结各地经验，建立健全职业农民扶持制度，相关政策向符合条件的职业农民倾斜"。既如此，那么，在财政支农资金中能否开辟一块资金，作为农民、返乡农民工参加培训的补偿工资呢？与此同时，在国家相关法律完善，或者未来出台的有关法律中，应对此做出明确规定，从而调动他们参与职业教育和培训的积极性。

（2）职业农民培训公益反哺制度。在相当长的时期，我国实行的是区别化的城乡发展政策，这实际上是以牺牲农民利益为代价的。今天，我国已经具备了工业反哺农业、城市支持农村的条件与环境，因此，国家或者各级政府应该通过财政转移支付等多种方式，对参加新型职业农民培训的各类人员进行"反哺"和"支持"；特别是实现"四化同步"发展，促进城乡一体化，既是我国的一项发展战略，也是一项具有伟大公益性的事业。所以，实施通过财政对农民、返乡农民工进行新型职业农民培训的公益投入是必需的，也体现了工业对农业、城市对农村的反哺。这种反哺目前已经启动，初见成效，但从未来新型职业农民培育、返乡农民工创业的实现来看，一方面需要加大财政反哺的力度，另一方面要将反哺的重点放在新型职业农民培育、返乡农民工创业的培训上。这是我国政府顶层设计中必须考虑的。

（3）职业农民培训市场调节制度。毫无疑问，开展新型职业农民培训，必须坚持公益性的主体特征，也即无论是政府或者各培训单位，必须坚持培训的公益性，必须承担相应的主体责任；同时，随着农业产业化经营的深入，以及人们对参加新型职业农民培训意义认识的深刻，可以在部分经济发达地区或者市场化程度比较高的地区，逐步引入市场化利益分配机制，从而加快推动培训主体多元化，形成政府为主、涉农企业为辅、农民为补充的培训成果购买格局，推动培训公益化与市场化的有机融合。这必将更好地满足农民多样化的培训需求，培训质量也会在合理的市场竞争中逐步提高。政府推动的公益性培训与市场自主调节的赢利性培训结合将会是未来农村职业教育和培训发展的趋势。

第三节 "返乡创业农民工"与农村职业教育

曾几何时，"民工潮"成为中国农村劳动力流动的壮观景象，成为全社会关注的热点与焦点。然而，时隔20余载，在中国大地展现了另一番趋势性图景——农民工返乡创业，即学者所称的农民工逆城市化现象。虽然目前尚未真正形成农民工返乡"创业潮"，但已引起了社会的广泛关注。四川省金堂县竹篙镇从"中国打工第一镇"到"创业一条街"便是我国农民工从"打工潮"到"返乡潮"的真实写照。该镇自1988年第一批50名女工来到广东厚街镇，从此拉开了竹篙镇居民外出务工热潮。到1997年，劳务输出达22万人，占到总劳力的71%，由此被称为"中国打工第一镇"。然而，到了十年后的2007年，该县先于全国，首次实施农民工"回引工程"，至2014年，整个金堂县到省外务工人数已经从2007年的17万锐减到 5 万。❶ 四川如此，河南、安徽等劳务输出大省无不如此。各地纷纷出台相关政策，促进"归雁经济"的发展。据统计，2009 年至 2013 年，湖北全省回归创业总人数为 21. 97 万人，共创办企业 5. 86 万家，投资总规模 1496. 80 亿元，年产值 4585. 81 亿元，带动就业人数 157. 19 万人。❷ 目前，我国各类返乡下乡人员已达 700 万人，其中农民工 480 万人。

农民工返乡创业既是世界各国农村劳动力流动规律在中国的反映，也是我国农村社会进步，城乡和谐发展的明证。毋庸置疑，经受市场化、工业化"洗礼"的农民工返乡创业，必将促进城乡劳动力等资源要素的重组和双向流动，提高生产要素的配置效率，造就数以千万计的新农村建设领头人，也必将对我国县域经济社会结构的变化产生革命性的影响。

为更好地推进返乡农民工创业工作的有效开展，2015 年国务院发布了《关于支持农民工等人员返乡创业的意见》："鼓励返乡人员共创农民合作社、家庭农场、农业产业化龙头企业、林场等新型农业经营主体"；同时要求"强化返乡农民工等人员创业培训工作"；2017 年"中央一号文件"要求："支持进城农民工返乡创业，带动现代农业和农村新产业新业态发展。"长期以来，职业教育对促进农村劳动力转移可谓功不可没，而今，对于曾经的转移农民，今天的返乡创业农民工，职业教育同样具有义不容辞的责任。

一、返乡农民工创业实践的动力特征

农民工返乡创业热情不减，其动力来自何处？Dustmann 利用生命周期模型和英国的调查数据分析，发现影响劳动力回流的最重要三个因素分别为：家乡与工作地的收入差距；消费和地区的互补性；外出务工所积累的人力资本在回流后所带来的回报。除经济结构和收益比较外，文化传统和

---

❶ 李果. 四川农民工返乡调查：资本、技术、亲情、精神回归［J］. 农村·农业·农民，2015（10A）：40 – 41.

❷ 卢建文. 22 万农民工回归创业，带动城乡 157 万人就业［J］. 中国就业，2014（10）：34.

乡土意识与归属感等也是影响劳动力回流的重要因素。❶ 这里笔者结合自己的调查，将我国返乡农民工创业的动力特征作了分析。

（一）返乡农民工创业意愿难免具有被动性，但理性基础上的主动性趋势愈益明显

1978 年以来，我国曾先后出现过三次农民工回流现象。第一次出现在 20 世纪 90 年代前后的两三年间，当时农民工回流的主要原因是我国经济过热以后降温；第二次爆发于 2000 年前后，国有企业的改革引发城镇人员大量失业，政府不得不出台一系列限制农民工进城的政策；第三次农民工回流潮的出现与 2008 年的世界性金融危机有关。第三次回流农民工人数高达 7000 万人，约占外出农民工总量的 50%。与此同时，城市的歧视性、限制性就业政策，缺乏尊严感、归属感等，成为已经初具创业动机和创业能力的部分农民工返乡创业的"倒逼"动力。

对于我国历史上曾经发生的三次农民工回流潮，用一个词概括，那就是"被迫无奈"。然而，近年来出现的农民工返乡现象就其性质和意义而言，不可同日而语。其起因主要是国家政策的支持、家乡生活环境和创业环境的改善等，就业或创业空间得以拓展，使农民工有了更多自由流动的机会。另外，农民工返乡的目的除了增加经济收益外，还有很大的隐性深层原因，这就是通过自主创业，实现自我。所以，目前正在兴起的农民工返乡创业更是农民工创业意识觉醒的"自主行为"。

（二）返乡农民工创业动机既是理性经济行为的表现，更是主体意识增强的表征

农民工是有限理性"经济人"，他们成为转移农民工的初衷就是希望通过转移进城就业获得更多的、最大化的收益，能够过上长期以来让人羡慕的城市生活。然而，在严峻的现实面前，他们感到城市并非每个人理想的天堂，就业难、融入城市成为真正的新市民更难，他们中的许多人依然只能是在城市与农村的"夹缝"中生存、"游走"；而与此同时，他们发现

---

❶ 袁方，史清华，等. 农民工回流行为的一个新解释：基于森的可行能力理论 [J]. 中国人力资源开发，2015（01）：88.

国家支持农民工返乡创业的政策，使得他们在农村同样能够获得较高的经济收益，特别是由于各种创业成本的下降，甚至能够取得高于城市的收益，他们中的一些人因此毅然决然地选择了返乡创业，所以，农民工返乡创业确实是理性经济行为的表现。

然而，农民工并非纯粹的"经济人"，他们返乡创业除了与追求经济收益有关外，也与其主体意识觉醒、对自我价值实现的追求密切相关。诚然，或许大部分农民工返乡与其在城市难以就业、不能安居、收入太低有关，但一个不可否认，也不容忽视的事实是，相当多的农民工之所以选择返乡创业，与其难以融入城市，不能和城市民众"平起平坐"，被边缘化有着高度的相关性。在现代社会里，对于农民工尤其是新生代农民工而言，他们已经不再像从前那样，打工就是单纯地为了追求高收益，他们还希望在打工历练自己的同时，找到发展自我、实现自我价值的机会，能够有真正的情感归属与精神感受，所以，面对城市机会获取的艰难，农村发展机会的增加，他们选择了返乡创业，希望自己能够成为真正的自由人，能够在农村这个广阔的天地里真正可以创业翱翔，更希望通过成功的创业，有向上层社会流动、改变命运的机会，这便是许多农民工，尤其是新生代农民工返乡创业心态的现实写照。

（三）返乡农民工创业行为既受外在因素推动，更是内隐深层因素共振作用的结果

由上述分析可以看出，外在政策支持的助推力和农民工自身需求的内驱力是引发农民工返乡创业的两大主要因素。然而，我们认为，推动农民工返乡创业最深层、最根本的动力还是农民工内部因素共同作用的结果。如果对农民工返乡创业内隐的、深层原因进行分析，不难得出这样的结论：外在的政策等因素固然可以成为农民工返乡的直接诱因，但难以成为农民工返乡创业的根本动力。农民工返乡创业与其自身主体性增强有着较强的相关性。有学者指出，在创业实践过程中，三种激励性因素（稳定生活际遇、经济效益、自我价值实现）相互作用，互为转换，构成具有实体理性的统一有机体或者"三位一体"的模式，从而成为主导和支配返乡农民进行创业实践的内在机制。❶ 当然，这三种要素不同组合，其创业动机的表现就不一样，也即是哪种因素占多数，那么，其在创业动机结构中也就起主导作用。不同组合的结果是：注重经济效益，追求美好生活；追求生活和谐稳定，注重亲情回归；追求自我价值实现，注重精神感受等。当然，如果能够通过返乡创业同时实现资本、技术、亲情和精神回归，将是农民工创业最为理想化的追求，也必将成为返乡农民工最大、最稳定的创业动力。

二、返乡农民工创业实践面临的资本困境

近年来，各级政府出台了一系列鼓励农民工返乡创业的政策，但时至今日并未真正形成学者所期待的返乡农民工"创业潮"，原因何在？返乡农民工相较于一般农民工群体，虽然其打工的经历使其具备了一定的现代性意识与资本，但其资本存量仍然较低，不足以满足其返乡创业的需要。

资源禀赋理论认为，能力禀赋是企业家创办企业之初所具有的初始能力性资源。创业禀赋对返乡农民工创业意愿、创业动机的产生具有激发作用，也是促进其进一步积累创业资本，推进创业行为的动力源泉。农民工的创业能力禀赋一般由以下几个方面构成：知识资本（文化教育基础）、社会关系资本（包括原本在农村形成的社会关系资本以及转移务工后积累形成的社会关系资本）、心理资本和农民工的企业家素质和精神等。研究与实践都表明，成功的创业者对创业资本的需求不仅具有多样性，而且还需要各种创业资本进行最优组合。因为在创业实践中各种资本固然有其独特作用，但更多的情形下，需要各种创业资本的优组与协同，产生合力。创业资本如此之重要，但是对于返乡农民工而言，他们的创业资本积累状况又是如何呢？

（一）人力资本缺乏，影响返乡农民工创业意愿的激发与决策

人力资本是返乡农民工创业的核心资本，而决定返乡农民工人力资本积累状况的因素主要是文化教育基础、技能培训情况、年龄、打工经历、

---

❶ 江立华，陈文超. 返乡农民工创业的实践与追求［J］. 社会科学研究，2011（03）：94.

管理经验等。人力资本积累在较大程度上影响农民工对于自身创业能力的评价，从而影响其创业决策。

就文化教育程度而言，有关研究表明，随着户主文化程度的提高，返乡农民工家庭正在创业的比重逐渐上升，从户主为小学以下文化程度时的6.5%上升到户主为大专及以上文化程度时的38.7%。❶ 但据对安徽省2280名返乡农民工创业情况问卷调查（涉及安徽16个地级市，96个县、市、区，211个乡镇），初中及以下文化程度占78.45%，全国平均水平为77%；高中及以上文化程度只占21.55%，而全国平均水平为23%。❷ 文化素质是返乡农民工最基本的人力资本，但却直接影响着农民工接受信息、理解信息、利用信息创业的能力，影响着农民工对创业机会的识别、判断与决策。一些返乡创业农民工正是由于受教育程度相对较低，难以对市场信息进行有效把握，无法对信息的价值以及真伪进行准确判断。

就农民工技能培训情况看，2016 年据国家统计局信息，接受过农业和非农职业技能培训的农民工占32.9%，其中，接受非农职业技能培训的占30.7%，接受过农业技能培训的占8.7%；农业和非农职业技能培训都参加过的占6.5%，其中，本地农民工接受过农业和非农职业技能培训的占30.4%，外出农民工接受过农业和非农职业技能培训的占35.6%。❸ 是否具有一定的技能，对于返乡农民工创业具有心理暗示与激励作用。

表 1-1　接受过技能培训的农民工比重　　　　　单位:%

	接受农业 技能培训		接受非农 职业技能培训		接受技能培训	
	2015 年	2016 年	2015 年	2016 年	2015 年	2016 年
合计	8.7	8.7	30.7	30.7	33.1	32.9
本地农民工	10.2	10.0	27.7	27.8	30.8	30.4
外出农民工	7.2	7.4	33.8	33.8	35.4	35.6

❶ 石智雷，谭宇，等. 返乡农民工创业行为与创业意愿分析 [J]. 中国农村观察，2010（05）：30.

❷ 陆彦，王晶，等. 安徽省返乡农民工创业 SWOT 分析 [J]. 中国人口·资源与环境，2014（05）：444.

❸ 国家统计局. 2016 年全国农民工监测调查报告，2017 年 4 月 28 日发布.

另外，基于职业经历所积累的人力资本水平低。有关调查表明，返乡农民工中只有2.9%的人曾经在务工单位担任过"单位负责人"❶，而在务工期间一定的管理经验对于返乡创业是至关重要的。

（二）社会资本不足，影响返乡农民工创业成本及才能的施展

社会资本是指为实现某一工具性或情感性的目的，透过社会网络动员的资源或能力的总和。❷当代经济的开放性，决定了经济活动的有效展开必然会与社会关系密切相关，也就是说经济生活已经深深地"嵌入"于社会网络和社会关系之中。返乡农民工无论是在其创业的初始阶段或者拓展发展阶段，都需要有社会资本的支持，必须有一定的社会支持体系的支撑。

社会资本对返乡农民工创业的贡献主要体现为：一是为返乡农民工提供一种和谐的人际环境，使得创业者不必在创业过程中，尤其是起始阶段就受到恶劣的人际环境的干扰，不必无谓、过多地支付这样的成本；二是充足的社会资本，有利于创业者及时获取有价值的市场信息，及时发现与捕捉市场机会；三是优良的社会资本，有助于为返乡农民工创业提供良好的心理环境，使得创业者在一种温馨、友善的环境中创业，特别是对于身处艰困创业中的农民工无疑是一种有力的心理支持。

（三）创业素养缺失，影响返乡农民工创业成功与效能的提升

许多返乡农民工，无论是主动或是被动返乡者，他们都曾经怀揣"创业梦"，但一旦回到家乡，其中的相当一部分就放弃了创业，又回到了传统的农业从业。许多地区也采取积极措施，实施农民工"回引工程"，为返乡农民工创造了良好的创业环境，但是，能够付诸创业实践以及创业成功的依然较少，其中的一个重要原因就是缺乏必备的创业素质。农民工在务工期间或者返乡后没有接受过与创业相关的专项培训，缺乏创业过程中必备的领导和管理知识、财务知识、法律知识等，对于创业过程中可能出

---

❶ 胡俊波，等. 劳务输出大省扶持农民工返乡创业研究：制度困境与政策选择［M］. 北京：科学出版社，2015：12-101.

❷ 汪三贵，刘湘琳，等. 人力资本和社会资本对返乡农民工创业的影响［J］. 农业技术经济，2010（12）：4.

现的问题与困难缺乏心理准备，如此等等都制约了他们创业成功的可能性及效能。

（四）心理资本不强，影响返乡农民工创业的进程与绩效的提高

创业是一个发现机会、捕捉机会以及利用机会，开创事业，创造出新颖的产品或服务，实现其潜在价值的复杂过程。史蒂文森（Stevenson）、罗伯茨（Roberts）和苟斯拜客（Grousbeck）提出："创业是一个人——你不管是独立的还是在一个组织内部——追踪和捕捉机会的过程，这一过程与当时控制的资源无关。"美国学者帕尔特·蒂·维罗斯（Paud. D. Reynolds）认为，创业是从人们创业意识产生之前到企业成长的全过程，因此，创业是一个伴随着风险的过程。创业的风险有各种不同的形式，如人力资源风险、市场风险、外部环境风险、精神方面的风险等。作为一个创业者不管最终能否创业成功，都需要具备超人的胆识，甘冒风险；必须具有创业自信心、坚强的毅力等。因此，从一定意义上说，创业心理素质资本较之于人力资本与社会资本更为重要，许多创业者的创业实践也证明了这一点。

就返乡农民工而言，尽管其在城市有一定的打工经历，部分农民工还有一定的管理经验，但由于受固有的农耕文化的长期"熏陶"，以及薄弱的经济基础和人力资本的影响，所以，许多农民工返乡后难以进行创业实践。他们或者只是满足于一些"小贩式"的微创活动，一旦遇到一些小小的挫折，即可能退缩，半途而废，稍微遭受大一点儿的打击，则可能一蹶不振。此外，创业成效或者说绩效与风险密切相关，高风险高收益，而这又在很大程度上取决于农民工的创业心理素质。所有这一切，对于传统的中国农民而言，无疑是"弱项"，是急需补上的一课。

三、返乡农民工创业资本积累的职业教育支持体系的建构

返乡农民工对创业资本需求与不足的矛盾，致其陷入了创业实践的困境，因此，必须在既定的时空条件及其环境中去寻求相应的提升创业资本的策略，才能为处于创业困境中的返乡农民工解围，而职业教育正是提升返乡农民工创业资本的有效路径。

职业教育对返乡农民工创业资本积累的基本支持逻辑是：根据返乡农

民工对创业资本积累的需要特点，构建发达的现代职业教育和培训支持体系——这是基础；基于返乡创业农民工个体的不同特点，实施"精准培训"——这是关键；考量返乡农民工创业资本的"短板"，实施积极的补偿职业教育和培训——这是重点；由此全面提升返乡农民工的创业资本，使职业教育成为其创业的"助推器"——这是落脚点。

思考之一：如何基于返乡农民工创业的县域性特点，构建具有区域性的职业教育和培训服务支持体系？

（1）如何建立发达的县域职业教育和培训体系，为返乡农民工创业提供普惠性培训机会？

应该说，目前，我国职业教育和培训体系基本形成，职业教育机构的培训规模及能力也都有了较大提高，从理论上说应该能够满足返乡农民工参加基本培训的需要。但鉴于返乡农民工具有"县域性"，即他们更多的是集中在县城、乡镇就业和创业的特点，所构建的职业教育和培训支持服务体系，必须体现"区域性"特点。

（2）如何延展创业培训服务环节，建设校企协同的创业跟踪服务制度？

创业既是一个综合的职业实践活动过程，又是一个复杂的心理活动过程，更是创业者学会决策，自我成长的过程，而这一过程对于创业资本积累尚显不足的返乡农民工而言无疑是一个艰难的抉择与成熟发展的过程。如果没有适度的外力支持，他们的创业之路难以顺畅，甚至可能夭折。这种外力的支持包含多方面的含义，其中一个重要的方面就是职业教育和培训服务的有力支持，而且，这种教育培训支持不应仅局限于受训期间，还应向培训过程的前后延展。也就是说，在对返乡农民工创业培训的同时，还需要思考以下问题：

第一，如何通过对返乡农民工进行自我创业评价分析，激发创业意愿，建树创业信心？也就是一方面要通过集中的教育培训引导及基于差异化的个体创业基本特质的分析，使返乡农民工感受到人人都可以根据自己的条件进行不同层面的创业实践，从而为其建立起成功创业的自我意象；另一方面要通过政策宣导以及对国家和政府有利环境的阐释，使得返乡创业农民工能够准确地理解和掌握政策信息，并对其给出切实可行的创业建议。

第二，如何通过对返乡农民工创业项目的分析，使其创业培训学习更具明确的目标指向性和针对性？当返乡创业农民工有了明确的创业意愿以及意向后，培训者就必须基于其个体特点，对其意向性创业项目一起进行可行性研究分析。做好这一环节的工作，对提高返乡农民工创业成功的可能性意义重大，而且，还可以进一步强化其创业信心，对于创业中可能遇到的困难及挫折有积极的心理准备。

第三，如何建立创业教育培训跟踪服务制度，凸显创业教育培训与创业过程的密切衔接，提升创业成功机会？具体说就是不只是重视对返乡创业农民工培训期间的服务质量，还应建立帮扶制度，对创业农民工创业实践过程进行关注，推动创业教育培训向纵深发展。

第四，如何建立县域创业教育培训"社会伙伴关系"共同体，促进返乡农民工人力资本再开发？

人力资本、社会资本和心理资本等都是制约返乡农民工创业的核心要素，由此就决定了要促进返乡农民工创业资本的积累就必须建立"社会伙伴关系"，促进回流农民工人力资本再发展。"社会伙伴关系"（Social Partnership）最早由西方国家首先提出，它是指"由政府、公共机构、私营机构和社会团体形成的战略联盟"。基于我国教育培训管理体制的特殊性及其客观存在的弊端，要促进返乡创业农民工人力资源开发，更需要建立由政府、涉农企业、中高等职业院校等组成的社会伙伴关系共同体。这种合作可以在返乡农民工创业培训中实现资源共享，优势互补，共同体各要素之间形成更加稳定的诚信与合作关系，从而为农民工人力资本积累提供更好的社会支持。

思考之二：如何基于返乡农民工个体存量资本特点，锁定职业教育和培训重点支持人群？

（1）如何基于返乡创业农民工年龄特征，分层确定培训对象？

年龄是影响返乡农民工创业的重要主体特征因素，但年龄对于返乡农民工创业意愿、创业动机以及创业实践的影响关系比较复杂。返乡农民工创业意愿并不是单纯随着年龄的增长而增长或降低，而是呈现出先增后减的趋势，这一界线是41岁；❶ 农民工返乡创业的黄金区间是35.5~45.5岁。❷ 从图1-1可以发现，无论哪个年代的返乡农民工，25~34岁的农民工回流意愿增强最为明显，大幅上升了13.89%，而35~44岁的农民工回流意愿增强幅度最小，仅为3.59%。❸

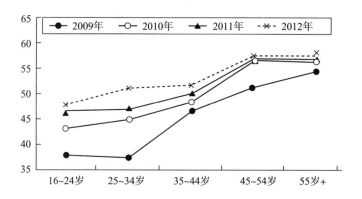

图1-1 不同年龄农民工回流意愿率及变动

"25~34岁"返乡农民工的主体属于"80后"，这部分"80后"新生代农民工返乡创业意愿强烈合乎情理，主要是他们已经在外打拼多年，积累了相对丰富的经验，具有更高的文化程度、技能水平，而且又具有年龄优势，冒险精神，各种资本都有一定积累，他们希望通过创业实现自身的"华丽转身"，所以，职业院校应将这部分人群作为创业培训的重点。

"35~44岁"返乡农民工群体的主体属于"70后"，这部分农民工应该说打工时间更长，人生经验、阅历丰富，有着比较强烈的乡土情结，但是这部分人文化程度相对较低，而且年龄优势不再，创业意愿有所减弱是自然的。然而，这部分人中，仍然有相当一部分具有创业激情、创业梦想，所

---

❶ 刘唐宇. 农民工回乡创业的影响因素分析——基于江西赣州地区的调查 [J]. 农业经济问题，2010（09）：85.

❷ 程广帅，谭宇. 返乡农民工创业决策影响因素研究 [J]. 中国人口·资源与环境，2013（01）：124.

❸ 袁方，史清华，等. 农民工回流行为的一个新解释：基于森的可行能力理论 [J]. 中国人力资源开发，2015（01）：92-93.

以，职业院校同样要对其积极关注，给予其期望的职业教育和培训。

对于"25～34 岁"以下的"90 后"，他们年轻，观念开放，文化程度较高，敢闯敢试，希望通过成功创业，完全摆脱农民身份，成为成功的创业老板，一旦返乡，往往创业激情与动力更强，所以，职业院校要对其积极引导，使其成为未来我国农村最为充满活力的创业者。

（2）如何基于返乡创业农民工学历基础和培训经历，锁定重点培训人群？

首先，既有文化程度以及是否曾经受过职业教育和培训，是影响返乡农民工创业意愿以及能否转化为创业行为的另一个重要因素。文化程度对农民工返乡创业的影响具有非对称"倒 U 型"分布特点。在所有学历层次里面，中专学历者选择创业的可能性最大，从整体上看，高学历者比低学历者更加容易选择创业。[1] 所以，自身素质较高的中青年，是返乡创业的主力军。其次，曾经参加过技能培训，掌握一定技术的农民工返乡创业意愿更强。对安徽省 2280 名返乡农民工创业情况的问卷调查表明，有68.86% 的外出务工人员接受过专业培训，这为农民工返乡创业提供了技术条件。[2] 所以，对这部分有技能培训经历，而且有创业意愿的返乡农民工进行强化培训，无疑是引导大众创业的有效之策。

另外，对于其他文化程度不高，也没有接受过技能培训，且年龄偏大者，不能让其成为创业培训遗忘的群体，也应根据其自身特点进行普惠性培训，重点是通过培训促进其创业意识的形成，能够通过基本技能培训，引导其在产业结构相对低端的行业领域进行创业。

（3）如何基于既往的打工经历，重点瞄准职业教育和培训人群？

打工实际上是农民工逐步成长与成熟的社会化过程，也是其社会资本逐步积累的过程。系列研究都表明，有无打工经历及其时间长短、务工定位类型、务工行业、务工期间是否担任职务、打工所在地的经济文化和风

---

[1] 胡俊波，等. 劳务输出大省扶持农民工返乡创业研究：制度困境与政策选择 [M]. 北京：科学出版社，2015：12 - 23.

[2] 陆彦，王晶，等. 安徽省返乡农民工创业 SWOT 分析 [J]. 中国人口·资源与环境，2014（05）：444.

俗等，不仅能使农民工获得创业所必需的技能，而且，还对其创业意愿、创业行为有着显著影响。其中的原因也不难理解，因为农民工在打工过程中作为各层级的管理者，逐步积累了一些管理经验，因此，创业自信心、创业意愿更强。

研究还发现，随着进城时间的加长，农民工回流呈现"U"型变化。进城 1～3 年的农民工回流意愿率为 48.93%，4～6 年下降到 47.17%，7～9 年略有反弹，为 47.56%，而 10～14 年则上升到 48.53%，进城 15 年以上的农民工回流率则大幅上升到 53.86%。❶ 之所以出现随着打工时间的增加，回流意愿较大幅度增加，可能的原因在于入城时间 10 年及以上的农民工大多为第一代农民工，多数具有较强烈的"恋乡"情结；与此同时，农民工在外出务工过程中，逐步积累了资本，包括人力资本、社会资本和物质资本等，这些为其返乡创业提供了必要条件，并且外出务工的职业经历影响其创业时的方向选择。所以，必须将这个群体的农民工作为对返乡农民工进行普遍性培训的重要群体。

另外，研究和实践表明，相当大比例的返乡农民工已不再退回从事原来的农业生产。然而，随着现代农业的发展以及农业比较效益的快速提高，有越来越多的返乡创业农民工希望能够利用外出务工获得的人力资本和资金、信息乃至社会关系等发展现代农业，如旅游农业、休闲农业等，以追求更高的经济回报。所以，职业教育和培训机构一方面应为返乡创业农民工成为现代农场主、职业经理、老板的培训创造条件，另一方面在培训过程中应有意识地引导其从事现代农业生产，培育千千万万新型职业农民。

思考之三：如何把握返乡农民工创业培训需求的差异性，实施分类的多层次的精准培训？

（1）如何通过启发性职业教育和培训促进返乡农民工创业动机的激发？

农民工返乡动机具有多样性，一部分在外打拼多年以后开阔了眼界，

---

❶ 袁方，史清华，等. 农民工回流行为的一个新解释：基于森的可行能力理论［J］. 中国人力资源开发，2015（01）：87.

积累了较为丰厚的人力资本，具有强烈的创业意愿，主动返乡创业；另一部分，甚至是大多数，因为种种原因，被动返乡，其中的相当一部分返乡后不知所措。职业教育和培训的任务就是结合国家对返乡农民工创业的政策支持，结合对其自我具备的创业条件的分析，树立返乡创业信心，使其创业意愿成为显性的实践行为。

（2）如何通过引导性职业教育和培训，促进返乡农民工创业方向的选择？

所谓引导性创业培训主要是指使有着创业意愿的返乡农民工，通过职业教育和培训后，具有明确的创业目标，或者能够根据自身条件，在众多的创业目标中，选择更具适宜性的创业项目。据统计，2009~2013年在湖北省回归创业农民工中，从事第一产业的1.82万家，占回归创业的31.07%；第二产业1.43万家，占回归创业的24.43%；第三产业2.61万家，占回归创业的44.50%。总体上看，涉及的行业主要集中在农家乐、餐饮娱乐、运输、服装加工等行业。❶ 2015年，四川省返乡创业农民工主要是从事特色农业、乡村旅游业、新兴电子商务等新兴工种，多属于服务业。引导性创业培训的关键是通过培训，使返乡农民工能够基于区域产业结构或者经济特点、特色，结合自身所具备的条件与优势分析，尽快确定创业目标与项目，使创业实践更为顺畅，更具成功的可能性。

（3）如何通过提升性职业教育和培训，促进返乡农民工创业策略的抉择？

对于已经决定创业并确定创业项目的返乡农民工，在创业实践中遇到的更多的问题可能是来自于更高层面的创业策略问题。对于这部分人需要对其进行高级培训，培训主要不再是具体的技术、技能问题，而是作为一个创业管理者，如何科学决策与管理的问题。所以，职业教育和培训的重点是对其进行相对系统的有关领导与管理决策方面的理论知识的学习，通过高级研修班向其介绍国内外最新的管理技术与经验，更新企业发展理念，从而进行更高层次的创业实践。

---

❶ 卢建文. 22万农民工回归创业，带动城乡157万人就业 [J]. 中国就业，2014 (10)：34.

（4）如何通过补偿性培训，促进返乡农民工创业素质的提升？

"创业"不同于一般的"就业"，对创业者的素质要求，或者说资本积累要求更高。它不仅需要某一门专业化的生产技能或者管理经验，更需要具备创业精神（创业意识、创业信心、创业信念以及创业中的抗压、承受挫折、自我调节素质等）、创业能力（发现和利用信息能力、决策能力、经营管理能力、利用政策和拓展市场的能力、财务管理能力、市场营销能力、规避风险能力，等等）。开展创业补偿性培训，主要就是对所有返乡农民工进行有关创业知识、创业能力、创业心理素质等的综合培训。通过培训，使他们具备最基本的创业素养，掌握创业过程的基本规律，激发创业意愿与激情，克服创业心理障碍，提高创业效能。目前各地针对返乡农民工的创业培训虽然名义上是创业培训或者也确实想进行名副其实的创业培训，但从现实情况看，大多数事实上依然是通常的就业培训。无论是培训的内容或者形式，都没有能够脱离既往培训的模式和内容体系，培训效果也就可想而知。中高等职业院校或者具备条件的社区教育中心等，在组织这类培训时，要注意充分利用高校的教育资源，聘请一些高级工艺师、农艺师以及成功的企业家等进行讲授与研讨，如此才能使返乡创业农民工创业素质的"短板"得到弥补，助其创业之路更加顺畅。

第四节 "留守妇女"与农村职业教育[1]

从 20 世纪 80 年代开始，越来越多的农业劳动力，尤其是农村青壮年劳动力开始流入城市。然而由于转移农民工自身经济条件、孩子上学等多方面因素的限制，农民工举家迁徙到城市显得困难重重，由此也就出现了越来越多的留守儿童、留守老人、留守妇女。在中国知网上分别以留守儿童、留守老人、留守妇女为检索词进行篇名检索，分别得到结果 13761 条、633 条、826 条，可见农村留守人群早就引起了学者的广泛关注，成为研究的焦点与热点。

---

[1] 马欣悦. 农村留守妇女"脱贫"教育培训策略 [J]. 职教通讯，2017（22）：62－65.

在留守群体中，留守妇女是承担了最多家庭负担的群体，她们身兼"多职"，既是农村的主要劳动力，又要承担家务，更要担负起教育子女以及赡养老人的责任；她们不仅承载着全家的生活重担，还要承受生活的孤苦，然而，她们受到的关注却相当之少。农村留守妇女在家庭生活中承担着多重角色，在生理、心理、生产生活等多方面都急需外界的支持与帮助，而在这其中，针对农村留守妇女的教育问题尤为重要。

一、农村留守妇女的基本表象特征

对于农村留守妇女，学界一般将其定义为丈夫长期进城务工、经商或从事其他生产经营活动，自己则留居农村的已婚妇女。根据吕芳（2012）对安徽、湖南、江西、河南等16个省份的66个县共2640位留守妇女的调查，以及方伟明等❶（2012）对黑龙江地区、苗春霞等❷（2016）对江苏地区、李楠等❸（2008）对广东地区、钟斌❹（2013）对湖南地区以及拉毛措等❺（2015）对青海地区农村留守妇女的调查研究显示，我国农村留守妇女主要有以下特征：

（1）以中青年为主。农村留守妇女的年龄一般在25～45岁的人数占农村留守妇女总人数的70%以上。这个年龄段的农村妇女其留守的主要原因是照顾孩子或老人。她们基本上身体健康情况良好，具备一定的劳动和学习能力。笔者认为，随着"普遍二孩"政策实施以后，考虑到生育成本以及孩子的教育成本，农村留守妇女群体将可能进一步扩大。

（2）整体文化程度偏低。应该说，随着我国九年义务教育的广泛实施以及教育质量的提高，农村留守妇女的文化程度总体上有了较大提高，但

❶ 方伟明，孟广宇. 对黑龙江省农村留守妇女状况的调查与思考［J］. 学术交流，2012（12）：147－150.
❷ 苗春霞，颜雅娟，王问海，等. 江苏农村留守妇女生存质量及影响因素研究［J］. 现代预防医学，2016（15）：2744－2747，2751.
❸ 李楠，杨洋. 广东农村留守妇女生存现状、问题及对策［J］. 河北大学学报（哲学社会科学版），2008（04）：54－60.
❹ 钟斌. 农村留守妇女生存现状及思考［J］. 湖南社会科学，2013（05）：121－123.
❺ 拉毛措，文斌兴. 青海农村"留守妇女"问题研究——以大通县为例［J］. 青海社会科学，2015（01）：192－200.

就全国广大农村而言，仍然以初中及以下居多，占到80%左右。由于整体文化程度偏低，农村留守妇女缺乏一定的心理生理知识，学习能力以及获取外界信息能力较弱。

（3）以从事传统农业为主。由于精力不济，而且上有老下有小，所以，绝大多数留守妇女都是从事的传统农业产业，以种、养殖为主，她们普遍持有基本维持家庭生活，让农田不抛荒的务农心态，少有从事现代农业生产的想法，当然，她们也无力去经营现代农业或者自主创业。

（4）缺乏主动学习意识。农村留守妇女，尤其是经济不发达地区的妇女，由于受传统社会价值观念的影响，并没有意识到自己是改造世界、创造世界的人，没有唤醒自觉意识，对自身潜能、责任和权利的意识不强，把一切看作自然的过程，认为是"命该如此"，丧失"自我意识"和"主体意识"。❶也正是由于缺乏主体意识，因而，也就缺乏了主动学习的意识，业余时间多以看电视、闲聊、打麻将、打牌为主，缺乏自主学习意识。

二、农村留守妇女贫困的教育归因

（一）农村留守妇女处境艰难

经济贫困：农村留守妇女家庭经济情况普遍较差，家庭收入来源主要以丈夫外出打工收入为主，留守妇女在家中通常没有收入，或只有少部分从事低回报农业活动的收益。家庭支出主要以家庭日常支出、孩子教育费用等为主，只有很少一部分的钱被分配到医疗和留守妇女自我学习上。❷

心理困惑：相对于经济贫困与生活困苦，农村留守妇女的心理问题更甚。有关研究表明，农村留守妇女心理健康水平总体上显著低于全国成年人平均水平，心理健康状况令人堪忧。由于丈夫长期在外打工，许多农村留守妇女普遍缺乏安全感，同时还要面对繁重的家务及农活，与丈夫又缺

---

❶ 段茹宏. 关于终身教育背景下农村妇女教育问题的思考 ［J］. 继续教育研究，2015（06）：41–44.

❷ 顾红霞. 农村留守妇女心理健康、社会支持的现状 ［J］. 中国健康心理学杂志，2014（01）：47–49.

少沟通，教育孩子也有些力不从心，使得农村留守妇女面临着巨大的心理压力，缺乏社会支持，对其身心健康造成了极大的影响。

生活贫乏：邓倩（2010）的一项调查研究显示，35%的留守妇女缺少基本的法律常识，法律意识模糊，这将使她们在合法权益受到侵害时，不知道通过法律途径得到有效支持；72%的留守妇女对科学常识了解不多，整体文化水平偏低；对于目前的生活状态，只有26%的留守妇女认为"丰富多彩"，77%的人认为"平平常常"，42%的人认为"衣食无忧"，28%的人认为"空虚无聊"，整体文化生活体验平淡。此外留守妇女闲暇时对网络的利用率低。首先，73%的人不上网或极少上网，在上网的留守妇女中，38%的人聊天，29%的人娱乐，34%的人看稀奇，只有6%的人是为了获取信息，这使她们逐渐被快速发展的网络信息社会边缘化；其次，留守妇女的闲暇方式单调枯燥：84%的人看电视，66%的人打牌，28%的人赌钱，51%的人继续工作挣钱，整体闲暇时间活动单一利用率低。❶

（二）人力资本不足与教育培训机会缺失

农村留守妇女贫困的处境，从表象上看，是丈夫外出打工，自己成为留守一族而致，但是，这或许不是导致农村留守妇女贫困的主因，更不是唯一因素。笔者认为，留守妇女教育培训不足引发其人力资本积累不足是最主要的原因之一。

留守妇女人力资本积累不足，是"致贫"之主因。人力资本存量是蕴藏于劳动者身上的知识和技能，是处于原生态的、尚未开发的生产要素。当前我国农村留守妇女数量较大，人力资本存量不低，但是整体质量不高。根据全国妇联和国家统计局实施的第三期中国妇女社会地位课题调查数据显示，18~64岁女性的平均受教育年限为8.8年，其中城镇女性10.1年，农村女性7.1年。❷ 可见农村妇女整体文化素质较低。另外，就潜在的留守妇女"增量"而言，相较于城市女性以及农村男性劳动力，其受教

---

❶ 邓倩. 从农村留守妇女文化生活现状谈乡镇图书馆建设 [J]. 图书与情报，2010（03）：15–19.

❷ Luthans F, Avolio B J, Avey J B, et al. Positive psychological capital：Measurement and relationship with performance and satisfaction. [J]. Personnel Psychology, 2007, 60（03）：541–572.

育指数也是偏低，不容乐观；以留守妇女人力资本积累"质量"而言，一方面接受过专门的职业教育和培训的较少，另一方面即使是接受过职业教育和培训的那一部分留守妇女，其所接受培训的技术含量也低。这样的现实状态，既制约了农村妇女参与职业教育和培训的积极性，也制约了她们人力资本的继续累积，最终直接影响了其全面"脱贫"的可能性，长此以往，她们也就会产生"听天由命"以及"安贫乐土"的消极心理。

与此同时，留守妇女缺乏有效教育培训是其贫困的源本性因素。根据刘九菊对河南省安阳市农村留守妇女培训参与情况的调查显示，农村留守妇女的教育培训现状呈现培训参与率低、培训内容与培训方式单一、培训意愿强烈等特征。参加过教育培训的农村留守妇女仅占调查总人数的16%，且有部分农村留守妇女甚至从未听说过相关培训项目。❶ 参加过教育培训的妇女主要接受的是家政服务、各种种植、养殖技术培训，还有少部分参加过服装加工、纺织、手工制作方面的培训，从这些培训项目上我们不难看出，目前农村留守妇女教育培训的项目较为单一，整体上以低技术含量、密集型的劳动产业为主。大部分农村留守妇女都有较为强烈的参与培训的意愿，少部分年纪较大群体培训意愿不算强烈，主要原因是担心自己学不会。不仅如此，目前，有一些针对留守妇女的专项培训，但无论是培训的机会或者培训的项目与农村妇女的需求存有较大差距，特别是许多培训只是反映地方政府领导政绩工程的象征性项目，受欢迎的程度以及培训成效自然是大打折扣。

三、破解农村留守妇女贫困难题的教育培训策略

要促进农村留守妇女通过有效的人力资本积累，实现全面"脱贫"的目标，就必须积极推进基于留守妇女的职业教育和培训工作，而最根本的还是要通过政府、地方以及职业学校多方位的配合，形成体系健全、落实到位、行之有效的农村留守妇女职业教育和培训支持体系。

---

❶ 刘九菊. 青年留守妇女人力资源培训体系构建研究 [D]. 大连理工大学，2014.

思考之一：如何强化地方政府教育管理职能，为妇女教育培训提供积极的支持政策？

其一，如何在法律建设层面为农村留守妇女参加职业教育和培训提供保障？这里包括：一方面有关部门必须加大对农村留守妇女教育培训的政策研究，加强农村留守妇女的职业教育和培训制度的配置与政策创新，尽快出台有利于留守妇女接受教育培训和人力资本提升的专门的法规及政策，在法律层面上为农村留守妇女的进一步学习提供有力的外部保障；另一方面要积极对农村留守妇女进行教育相关政策宣传，使其了解接受进一步教育的重要性，能够积极地参与到职业教育和培训活动中去。

其二，如何发挥政府主导作用，建立农村留守妇女教育培训的载体与平台？政府在农村留守妇女教育培训体系的建立中要发挥自己的主导作用。首先，各级各类政府应该根据本地区的农村留守妇女的数量、经济发展情况等建立相应的培训机构，坚持办好具有公益性、多层次、多方位的农村培训中心，条件成熟的地区，可以设立专门的留守妇女教育培训中心。其次，各地应大力发展农村社区教育中心（成人教育中心），充分发挥其在农村留守妇女教育培训中的重要作用。农村社区教育中心作为农村教育、培训的主要机构，其作用越来越大。农村留守妇女文化生活较为贫乏，迫切需要在提高生活质量的同时提升和充实她们的精神生活。然而，目前我国的农村公共服务体系尚不完善，农村留守妇女的业余生活也多以在乡镇活动中心打麻将、打牌、闲聊等为主，处于一种文化精神饥渴的状态。在这样的情况下，各级地方政府更应当注重农村教育中心在丰富农村留守妇女精神文化生活方面的重要性，从根本上提升她们对精神世界的追求，促进其自主向上的参与各类教育培训。

其三，如何进一步拓宽农村留守妇女教育经费筹措渠道，加大政府教育经费投入，为农村留守妇女提供培训的物质保障？国家对相关教育培训机构应在财政拨款上予以保障，各级政府要把农村留守妇女教育培训投资纳入地方财政预算。另外，政府有关部门如何拓宽农村留守妇女经费筹措渠道，通过有关政策，提倡和鼓励运用社会力量集资办学，通过社会团体、民间组织、个人投入等，加大农村留守妇女教育经费投入，为其能够参与到农村教育体系中提供帮助，提升其人力资本、社会资本，帮助其更好地向新型职业农民转变，解决农村劳动力稀缺性问题。

其四，如何积极组织针对留守妇女的教育培训工程？地方政府有关部门应当积极组织针对留守妇女的教育培训工程，提供相应的人力物力保证。其中必须考虑的问题包括：如何通过对留守妇女实际情况的调查研究，提出具有针对性的培训工程？如何从留守妇女的实际情况出发，多组织公益性类型的教育培训工程，让有较高参与意愿的留守妇女能够减轻经济压力积极地参与其中？

思考之二：如何建立有利于留守妇女接受终身教育的农村职业教育与成人教育培训体系？

（1）必须加强以政府为主导的农村职教、成教培训体系建设。

各级政府在农村职业教育和培训建设中应该发挥主导作用。首先，应该根据各地区农村留守妇女的数量、培训需求、实际情况等，提供有针对性的培训课程，让农村留守妇女真正能够从职业教育和培训课程中受益，只有这样，她们才会更积极地投入职业教育中来；其次，各级各类政府在建设区域成人教育培训机构的同时，加强妇女教育培训中心的建设，要根据各乡镇区域大小，留守妇女数量，设置专门的妇女教育培训机构。妇女教育培训中心可以与社区教育中心（成人教育中心）机构功能合一；在成人教育培训经费中，要有针对留守妇女教育培训的专项经费，使农村留守妇女的教育培训得到有效保障。

（2）必须充分发挥农村成人教育机构在留守妇女职业教育和培训中的作用。

首先，建立合理、高效的管理体制和严格、规范的评价机制，是确保留守妇女培训有效开展、提高质量的重要保障。因此，有关部门应逐步建立完善的农村成人教育机构管理与评价机制，加强监管，监督其合理有序地进行职业教育和培训活动。其次，农村成人教育机构在课程设置上也应当注重课程的针对性，因地制宜，根据当地农村妇女实际情况进行课程设置；同时，要注重培训的层次性，根据农村留守妇女不同层次的培训需求、不同层次的能力水平进行授课。最后，因当注重课程的多样性，提供包括种植业、养殖业、特色农业、绿色农业、农产品经营销售、生产加工等多种技术技能培训，以提升农村留守妇女的人力资本。

（3）必须注重非政府组织在农村留守妇女职业教育和培训中的作用。

非政府组织（NGO）是指国家政府系统和市场企业系统之外的一个以社会成员的自发组织、自我管理和自我服务为主的系统，是以公益或者互益为主旨、不以营利为目的、其自身具有合法的免税资格且能为相关捐赠者提供免税的合法地位的组织。❶ 通过非政府组织定期开展的与农村留守妇女有关的健康、教育、文化、法律等讲座及活动，不仅可以丰富农村留守妇女的文化生活，同时可以帮助她们积累人力资本、文化资本以及社会资本，从而为农村留守妇女的终身学习提供帮助。

思考之三：如何通过补偿性职业教育，提升农村留守妇女的综合素养？

针对农村留守妇女的补偿教育培训主要包括多个方面，其中最为重要的是文化知识素养、基础卫生知识和心理素养等方面。

首先，充分发挥成人教育机构在农村留守妇女基本文化素养补偿教育中的作用。农村成人教育机构，虽然不具"正规性"，但是，其自身的特点和优势，为农村留守妇女接受基本文化素养的补偿教育提供了条件。一方面，为农村留守妇女提供有针对性的文化课程，主要提供促进其进一步进行技能学习的基础类课程；另一方面，通过定期举办有关科学文化活动，如讲座、展览等，加强农村文化建设，丰富农村留守妇女业余生活，提升其对科学文化的兴趣，促进其进一步求知与探索，达到丰富其文化精神世界的目的。

其次，加强基础医疗卫生保健教育，提升农村留守妇女基础卫生知识。政府一方面应当不断推进农村医疗卫生体制的改革，优化农村医疗卫生资源配置，增加农村卫生的公共投入；另一方面，应当注重对农村留守妇女基础医疗卫生保健知识的补偿教育。要定期举办与其有关的医疗保健

---

❶　马庆钰. 非政府组织管理教程［M］. 北京：中共中央党校出版社，2005.29.

宣传、讲座等活动，将医疗卫生保健纳入农村职业教育和培训体系之中。

另外，加强农村留守妇女心理素质教育，提升其心理资本。心理资本是个体在成长和发展过程中表现出来的一种积极心理状态，主要由自我效能、乐观、希望和韧性四个维度构成，是促使其人力资本与社会资本发挥作用的基础。❶ 针对农村留守妇女的心理资本补偿教育应该循序渐进，由易至难。首先是通过健全职业教育和培训课程体系，由此为农村留守妇女提供公益性的心理健康有关讲座、课程、组织心理互助团体等，为其建立信心，提供社会支持；其次在职业培训中增加心理素质相关培训等，由浅入深地让心理教育渗透到农村留守妇女生活、工作、学习的方方面面，潜移默化地提升农村留守妇女的心理资本水平，提升其自信心、耐挫力等，为其更好地累计人力资本、社会资本，提升其自主学习的动力与信心。

❶ Luthans F, Avolio B J, Avey J B, et al. Positive psychological capital: Measurement and relationship with performance and satisfaction [J]. Personnel Psychology, 2007, 60 (03): 541 –572.

改革创新：农村职业教育供给侧改革

供给侧结构性改革是以习近平总书记为核心的党中央提出的适应和引领经济发展新常态的重大战略部署和创新举措。供给侧结构性改革不仅是当前和今后一个时期我国经济发展的大逻辑，也是职业教育改革发展的逻辑起点。农村职业教育是中国职业教育的重要组成部分，伴随着新时代的到来，农村职业教育必将迎来新的契机与曙光。本章将从供给侧视角，阐述农村职业教育发展的逻辑与路径，试图以新理念、新思想和新举措来勾勒推进和深化农村职业教育供给侧改革的战略蓝图，为现代农村职业教育改革与创新提供理论依据和实践参照。

第一节 供给侧思想的演变与发展

在 2015 年 11 月召开的中央财经领导小组第十一次会议上，习近平总书记提出了"供给侧结构性改革"概念："在适度扩大总需求的同时，着力加强供给侧结构性改革，着力提高供给体系质量和效率，增强经济持续增长动力。"供给侧结构性改革是指导当前社会各领域改革的总纲领，而若要供给侧改革真正发挥实效，则须找到其理论来源和实践依据。

一、"供给侧"的内涵

（一）"供给侧"思想的发展脉络

为了更好地理解职业教育供给侧改革，必须对其理论来源进行梳理。西方国家关于"供给侧"理论和实践研究起步时间相对早很多，所以，其研究成果较为成熟。在 19 世纪初的法国，萨伊受到亚当·斯密 1776 年出版的《国富论》影响后，在其著作《论政治经济学，或略论财富是怎样产生、分配和消费的》一书中提出"供给创造自己的需求"，经过李嘉图和穆勒的发展和总结，"萨伊定律"最终得以广为流传并对整个经济学思想史尤其是古典自由主义的发展产生重大影响，标志着"供给侧"学派的确立，并伴随古典自由主义在 19 世纪一直位于主流经济学地位，直至 20 世纪初经济危机的出现打破这一平衡。❶ 1929～1933 年"大萧条"时期，以"萨伊定律"为代表的古典自由主义无法解释，更无法扭转经济急剧衰退的局面。美国罗斯福新政与"凯恩斯革命"相得益彰，并对自由放任的经济学思想及"萨伊定律"进行了几近全盘的否定。凯恩斯主义宏观经济学解释并有效解决了席卷整个资本主义世界的"大萧条"危机。然而，美国于 20 世纪 70 年代爆发新型经济危机，即"滞胀"危机，在对凯恩斯主义提出巨大挑战后使两大学派最终脱颖而出，其中一个就是由裘德·万尼斯基命名、以亚瑟·拉弗和马丁·斯图尔特·费尔德斯坦为代表人物的供给学派。供给学派重新肯定"萨伊定律"的正确性，主张在政策层面侧重供给侧的调节，实现了从凯恩斯主义盛行到供给学派复活。美国在 20 世纪 80 年代初遭遇"二战后最严重的一轮经济危机"之后，尽管在供给学派指导思想下，宏观经济结构在很大程度上得以优化，但直至里根政府第二任期的结束，美国经济一直没有兑现宏观经济高速增长的承诺，并且出现了极为严重的财政赤字和外贸赤字，供给学派逐渐丧失民心，引发了凯恩斯主义复辟浪潮。虽仍然延续供给学派的减税主张，但是在凯恩斯主义复辟浪潮下，主要奉行的又是"逆风向"调节的宏观经济政策，并且主要从

---

❶ ［法］萨伊. 政治经济学概论［M］. 陈福生，陈振骅，译. 北京：商务印书馆，1963.

"需求侧"调节来刺激宏观经济增长。在"新经济"浪潮下，20世纪90年代和21世纪初，凯恩斯主义的思想仍然占据主流经济学的主导地位。直至2008年美国"次贷危机"引发全球金融危机，美国政府在救市实践操作中实质上采用"供给管理"手段，标志着"供给侧"学派的第二次回归。❶"供给侧"学派迄今为止历经四大阶段：从"萨伊定律"到"凯恩斯主义"，从"凯恩斯主义"到"供给学派"，从"供给学派"到"凯恩斯主义复辟"，从"凯恩斯主义复辟"到"供给管理"。

（二）供给侧改革实践的理论依据

国内供给侧改革主要包括五个方面：劳动力、土地代表的自然资源、资本、创新力量、制度体制安排。前面三项在经济体中等收入阶段之前，作用非常明显。过了中等收入阶段以后，更多需要强调的是后面两项——科技创新和制度创新。"供给侧改革"为我国"十三五"经济改革提供了新的视角，经济决策的出发点将从重视扩大需求、进行经济刺激，转向重视要素供给，进行结构性改革。供给管理是通过对总供给的调节达到一定的政策目标，供给管理包括控制工资与物价的收入政策、指数化政策、改善劳动力市场状况的人力政策以及促进经济增长的增长政策。所谓有效供给就是能够满足现实需求的供给。有效供给的形成，意味着资源的合理配置和经济效益的提高。供给管理政策是促进增加有效供给，减少、消灭无效供给的管理措施，这一过程本身也正是经济机体新陈代谢、自我更新的过程。因此，供给管理政策本质上属于结构性政策，促进技术创新、提高劳动生产率、优化产业结构以保证经济快速增长。❷

（三）供给侧改革的现实解读

"十二五"时期以来，我国经济发展过程中长期性结构不合理现象日益突出。自2015年习近平总书记提出要着力加强供给侧结构性改革后，全社会各领域都深入开展供给侧改革，供给侧结构性改革开始成为高频词。2017年10月，习近平总书记在党的十九大报告中指出，必须坚持质量第

---

❶ 贾康，苏京春. 探析"供给侧"经济学派所经历的两轮"否定之否定"[J]. 财政研究，2014（08）：2-16.

❷ 钱凯. 我国供给管理宏观经济政策的观点综述 [J]. 经济参考研究，2014（24）：37-49.

一、效益优先，以供给侧结构性改革为主线，推动经济发展质量变革、效率变革、动力变革，提高全要素生产率，着力加快建设实体经济、科技创新、现代金融、人力资源协同发展的产业体系，着力构建市场机制有效、微观主体有活力、宏观调控有度的经济体制，不断增强我国经济创新力和竞争力。

中国特色社会主义进入了新时代，我国社会主要矛盾已经转化为人民日益增长的美好生活需要和不平衡不充分的发展之间的矛盾。供给侧结构性改革的根本目的是提高供给质量满足需要，使供给能力更好地满足人民日益增长的美好生活需要；主攻方向为减少无效供给，扩大有效供给，提高供给结构对需求结构的适应性，本质属性是深化改革，推进国有企业改革，加快政府职能转变，深化价格、财税、金融、社保等领域基础性改革。

因此，供给侧结构性改革既有短期任务，也具有长期战略。从短期来看，要抓好以"去产能、去库存、去杠杆、降成本、补短板"为核心的五大战术任务；从长期来看，供给侧结构性改革要以转变经济增长方式为目标，特别是要转变发展理念，落实"创新、协调、绿色、开放、共享"的五大发展理念。

二、职业教育供给的演变与发展

（一）教育供给的演变

在 1776 年出版的《国富论》中，亚当·斯密认为，文明商业社会的政府更应关注普通人民的教育，因此，政府应承担一部分教育经费。显然，斯密的上述观点隐含着政府"供给"教育的两个基本理由：教育具有外部性、教育需要公平。❶

布坎南分析了政府参与教育的必要性，在他看来，教育是一种"准公共产品"，其不仅给受教育者本人带来"效用"，而且社会其他成员也会从

---

❶ ［英］亚当·斯密. 国民财富的性质和原因的研究［M］. 郭大力，王亚南，译，北京：商务印书馆，2005.

教育中受益。按照经典的经济学理论，如果由私人（家庭）来"购买"教育服务的话，由于私人（家庭）只有在自己的预期利益等于或大于其私人成本时才愿意支付成本，所以从全社会来看，用于教育的资金可能会太少，教育的供给将很有可能远远不足。因此，政府应该在增加教育的供给方面做出一定的努力。❶

在《资本主义与自由》和《自由的选择》两书中，米尔顿·弗里德曼（Milton Friedman）详尽分析了政府在教育中的作用。他指出，政府之所以对教育进行干预，有两个基本的原因：一是教育具有相当多的"邻近影响"；二是对孩子们和其他"对自己行动不负责任的"个人的家长主义的关怀。弗里德曼进一步论述了教育的外部性与政府干预教育的关系，在他看来，由于不同居民个人（家庭）之间财产和孩子数量并不相同，而维持教育机构（学校）的正常运转又需要相当可观的费用，因此，政府仅提出教育要求而不提供教育经费的政策往往很难奏效，基于这一原因，政府应成为教育经费的提供者。

教育是一种培养人的社会活动，教育过程有着自己独特的运动规律，有别于市场上纯粹商品的运行法则，但是，作为一种服务产品，它同样存在着供应和需求的问题。教育供给和教育需求的关系构成一对矛盾运动，有教育需求就会产生教育供给，教育供给必须满足教育需求，教育有效供给即是教育供给和教育需求达到的一种均衡状态，"只有在教育供求均衡点的教育供给才是有效的教育供给"。同时，对教育有效供给的界定不仅要考虑教育数量与质量，更重要的是要考虑教育资源是否利用最优化，是否进行资源整合以及对教育效用的增进程度。❷

有学者认为，教育有效供给是指"在某一时间内，一个国家的各级各类教育机构所提供的教育机会，不仅为它的直接消费者个人所需求，而且

---

❶ ［美］理查德·A. 马斯格雷夫. 比较财政分析［M］. 董勤发，译. 上海：上海人民出版社，1996；［美］乔·B. 史蒂文斯. 集体选择经济学［M］. 杨晓维，等，译. 上海：三联出版社，1999；［美］劳埃德·雷诺兹. 微观经济学：分析和政策［M］. 马宾，译. 北京：商务印书馆，1994.

❷ 叶忠. 略论教育的有效供给［J］. 教育评论，2000（03）：17 - 20.

同时能满足国家经济社会发展对各种熟练劳动力和专门人才的需要，从而既能使教育资源得到充分利用，又能促进整个国家的现代化进程"❶。

有国内学者把教育作为研究公共产品的切入点，认为教育有别于普通商品。范先佐对教育供给与教育需求给出了界定：教育供给是给受教育者提供的受教育机会，而教育需求是能负担得起的教育需要。教育供给是指"一定社会为了培养各种熟练劳动力和专门人才，促进经济、社会和个体的发展，而由各级各类教育机构在一定时期内提供给学生受教育的机会"，而教育需求是指"国家、社会、企业和个人对教育有支付能力的需要"❷。而所谓教育供求均衡是指"教育机构所提供的教育机会数量、质量和结构在总体上与个人、社会对教育的需求基本一致"❸。但是，对教育有效供给的定义不能仅仅考虑到在教育机会、数量、质量和结构等层面满足个人和社会需求，"在市场经济条件下，判断教育供给的有效程度也要看教育过程中教育资源配置和利用的效率，对教育各种效用的增进程度。"同时，在教育公平日益成为一项基本教育政策的价值指向下，"有效的教育供给不能不考虑教育公平的实现程度"。因此，教育供给是指，在一定时期内，一个国家或者地区及其各级各类教育机构所提供的教育服务不仅在数量、质量和结构上满足个人、用人单位和社会有支付能力和支付意愿的教育需求，而且同时符合公平和效率原则。

（二）职业教育供给的发展

职业教育是一种公共产品，它既具有一般公共产品的基本特征，同时又有着不同于其他公共产品的特殊性。无论采用何种供给方式，政府发展职业教育的政策必须体现质量、适切和公平这三个基本原则，三者相互依存，相互规约。在职业教育的质量和数量之间始终存在着一种张力。在提高职业教育覆盖范围的同时，还要保证整个教育过程和教育结果的质量，这往往涉及职业学校的管理、师资的供给与培训、职业教育资源的整合、职业教育课程的设计等方面，而职业教育教学内容能否被充分理解和接受

---

❶ 吴开俊. 教育有效供给与教育结构关系刍议 [J]. 广州大学学报，2000（05）：24－28.

❷ 范先佐. 教育经济学 [M]. 北京：人民教育出版社，2003：141－145.

❸ 吴宏超，范先佐. 我国教育供求研究的回顾与反思 [J]. 教育与经济，2006（03）：24－27.

取决于职业教育在经济意义和社会意义上是否做到了有用和适时。❶ 因此，职业教育政策及其制度安排应当确保职业教育及其他相关服务的提供过程和职业教育结果的效率和质量，应当以需求为导向增强职业教育内容、教学方式的适切性，这就需要正确理解职业教育需求的内涵，以发展的视角看待它，同时选用适合的识别工具和评价手段。❷

具体来讲，政府的职业教育政策应当具备以下基本要素：（1）强化中等职业教育。适应新技术变革对于理论知识和基本能力的需求，增加中等职业教育教育阶段的公共财政投入。（2）鼓励私人部门培训。为私人部门的职业培训提供激励的政策环境，消除私人部门进入培训市场的制度障碍。（3）提高职业教育的效益。包括选择职业教育介入的适宜领域和范围、以市场为导向制订职业教育供给规划、提升培训机构对于劳动市场技术需求的应变能力、高效地使用职业培训资源、提高职业培训政策的执行力、促使职业培训经费来源多样化等。（4）将职业培训作为维护社会公正的策略和途径。加强对农村地区、城市非正规部门非正式就业人员和妇女、少数民族群体的职业培训等。❸

针对我国职业教育实践中出现的一些问题，学者们提出了不少相应的改进策略，概括起来有以下几点：（1）统筹规划，加强部门间协调沟通，建立政府牵头、部门配合、各方参与的工作机制；（2）整合教育培训资源，创新培训方式，提高培训质量，加强对培训项目的监督；（3）增加对教育培训的投入，将培训经费纳入公共财政预算；❹（4）引入政府、雇主和工会组织以及同其他社会伙伴的合作机制；❺（5）发挥职业院校的重要

---

❶ 陈福祥. 公共性职业教育培训的有效供给［D］. 西南大学，2011.

❷ CINTERFOR/ILO（2006）. Ouality. Relevance and Eguity：An integrated roach to vocational training. Montevideo：CINTERFOR/ILO.

❸ John Middleton，And Others（1991）. Vocational and Technical Education and Training：A World Bank Policy Paper Washington，DC：World Bank.

❹ 劳动和社会保障部调研组. 农民工就业服务和培训问题研究报告；教育部调研组. 教育系统开展农民工培训工作报告；农业部调研组. 农村劳动力转移培训问题研究. 参见：国务院研究室. 中国农民工调研报告［R］. 北京：中国言实出版，2006：145－177.

❺ 何筠，汤新发. 论我国公共职业培训机制的选择和创新［J］. 中国职业技术教育，2005（33）：57－60.

作用，构建以县级职教中心为龙头，乡镇农民文化技术学校、农业技术推广机构共同组成的职业教育网络；❶（6）引入市场机制，委托民间办理和实施职业培训券，同时注重政府的适当干预，如进行整体规划，建立协调机制，健全委托办理的评选程序、委托流程和评价体系，提升培训券的法律效力等。❷ 在我国，职业教育供给实践尚处于起步阶段，其有效供给机制还没有真正形成，通过政策引领和制度创新，推动职业教育的规范、有序和长效开展，变得十分必要。❸

综上所述，通过对国内外相关文献的梳理可以发现，尽管职业教育问题已逐渐走进我国学者的视线，引起学界的日益关注，但是，从供给视角对职业教育进行的直接研究并不多见，即使有也主要是着重其概念、特性等方面的研究，其中也存在一些不足，主要表现在对新形势下政府在教育供给和管理的实践中的具体职能和作用缺乏多角度的研究，对于不同层次的教育供给主体、水平缺乏多层次的研究和分析。在国外的相关研究中，虽然不少研究已经触及职业教育与培训的有效供给层面，所蕴含的理论思想不乏真知灼见，所采纳的分析框架也足可借鉴，但是，源于西方社会思想传统之中的福利国家与自由市场、保守主义与自由主义之间的张力，使得我们很难将其研究结论简单移植过来为我所用。因此，在中国特色社会主义市场经济的体制前提下，结合当前农业供给侧改革和职业教育供给侧改革的大背景，农村职业教育产品及机制供给的系统研究仍需加强。

第二节　农村职业教育供给侧改革的内涵与理念

供给侧改革是在经济新常态背景下提出的重大战略部署和创新举措。职业教育是国家教育体系的重要组成部分，农村职业教育肩负着为农村经济建设培养大批社会所需的技术技能型人才和新型职业农民的重要任务。

❶ 孙琳. 公共职业培训另一种路径的选择与拓展［J］. 职业技术教育, 2006（12）: 24－27.
❷ 辛炳隆. 台湾职业训练制度之研究—公共职训委托民间办理［D］. 台湾政治人学劳工研究所硕士学位论文, 1990.
❸ 陈福祥. 公共性职业教育培训的有效供给［D］. 西南大学, 2011.

因此，分析当前农村职业教育供给侧改革的背景形势，厘清农村职业教育供给侧改革的内涵与理念，具有重要意义。

一、农村职业教育供给侧改革的背景

（一）现实背景

当前，我国正处于经济发展方式转型、社会结构变迁的历史阶段，工业化和城镇化以前所未有的速度推进，信息化也带来新的发展机遇，推动社会发生一系列深刻的变革。在这一形势下，我国农村经济社会全面发展，关系到我国新型城镇化和经济社会发展的全局。而从新型城镇化和农村发展的实质看，其基础是农业现代化。没有农业的现代化，新型城镇化就会丧失动力，新农村建设也就是无源之水。

推动农业现代化，关键是培养适应现代农业发展需求的农业技术与经营人才，尤其是新型职业农民。2012 年，"中央一号文件"首提"大力培育新型职业农民"；2013 年，"中央一号文件"和党的十八大均将新型职业农民确定为现代农业的经营主体；2014 年，教育部与农业部联合下发《中等职业学校新型职业农民培养方案试行》。2017 年，"中央一号文件"《中共中央国务院关于深入推进农业供给侧结构性改革加快培育农业农村发展新动能的若干意见》指出，要"开发农村人力资源。重点围绕新型职业农民培育、农民工职业技能提升，整合各渠道培训资金资源，建立政府主导、部门协作、统筹安排、产业带动的培训机制。探索政府购买服务等办法，发挥企业培训主体作用，提高农民工技能培训针对性和实效性。优化农业从业者结构，深入推进现代青年农场主、林场主培养计划和新型农业经营主体带头人轮训计划，探索培育农业职业经理人，培养适应现代农业发展需要的新农民。鼓励高等学校、职业院校开设乡村规划建设、乡村住宅设计等相关专业和课程，培养一批专业人才，扶持一批乡村工匠"。十九大报告提出，要培养造就一支懂农业、爱农村、爱农民的"三农"工作队伍。

人力资源供给侧改革最大的潜力在于职业教育，职业教育是与经济社会发展联系最为紧密的教育类型。作为中国特色职业教育体系的重要组成部分，农村职业教育具有教育托底与教育扶贫的重要功能与价值。当前，我国职业教育发展的重点和难点在于农村职业教育的发展，其发展状况直接影响着职业教育的整体繁荣、影响着我国新型城镇化的进程、制约着我国新增劳动力与新型职业农民的受教育程度。农村职业教育是承担新型职业农民培养任务的主体，加强当前农村职业教育领域供给侧改革，是强化农村职业教育培养能力、提高办学质量、实现教育公平的重要途径。农村职业教育的供给侧改革，不仅涉及职业教育的观念和功能，而且涉及农村职业教育的体制与机制。

（二）农村职业教育供给侧改革的价值

2017 年，"中央一号文件"《关于深入推进农业供给侧结构性改革加快培育农业农村发展新动能的若干意见》指出，"开发农村人力资源。重点围绕新型职业农民培育、农民工职业技能提升，整合各渠道培训资金资源，建立政府主导、部门协作、统筹安排、产业带动的培训机制。探索政府购买服务等办法，发挥企业培训主体作用，提高农民工技能培训针对性和实效性。优化农业从业者结构，深入推进现代青年农场主、林场主培养计划和新型农业经营主体带头人轮训计划，探索培育农业职业经理人，培养适应现代农业发展需要的新农民。鼓励高等学校、职业院校开设乡村规划建设、乡村住宅设计等相关专业和课程，培养一批专业人才，扶持一批乡村工匠"。教育部等九部门《关于加快发展面向农村的职业教育的意见》中明确指出，农村职业教育是服务农业、农村、农民的职业教育，通过农村职业教育要培育"有文化、懂技术、会经营"的新型农民。

农民的职业教育需求是农村职业教育供给侧改革最直接的动力，农村职业教育所能带来的预期收益构成了农民职业教育需求的动因。新型职业农民和农村技术技能型人才是我国农业供给侧改革以实现农业现代化和新型城镇化的根本保障。因此，农村职业教育供给侧改革的主要任务是通过改革创新农村职业教育资源及体制的供给模式，提升其供给质量与效益，从而为农业现代化培养供给更多高素质的技术技能型人才和新型职业农民，大大提升我国农民的科技文化素养，为全面建成小康社会完成教育托底。

农村职业教育供给侧改革具有鲜明的现实意义：一方面，通过农村职业教育供给侧改革，能够有效化解新型职业农民的供需矛盾，扩大优质农村职业教育资源的供给，这不仅能够满足新型职业农民的个性发展需要，而且还能够适应未来农村经济社会发展所需；另一方面，农村职业教育供给侧改革有效打破了过去单一僵化的教育供给模式，为受教育者提供了丰富多元的农村职业教育服务，满足了新型职业农民的多样化需求。❶ 因此，作为中国特色职业教育体系的重要组成部分，开展农村职业教育供给侧改革价值巨大，意义深远。

农村职业教育供给侧改革有助于新型城镇化建设。当前，我国处于全面建成小康社会的关键时期，为了拉动经济增长、推动经济结构转型升级，国家正在致力于新一轮新型城镇化建设。党的十八大报告明确强调新型城镇化的核心是人的城镇化，农村职业教育关注的正是这些农民的安居乐业。农村职业教育为新生代农民工提供接受教育的机会，使他们掌握现代工商业所需的技术、技能和知识，给他们突破社会阶层隔阂、融入城市生活的知识和能力。

农村职业教育供给侧改革有助于培养新型职业农民。提高农村人口素质，培养具有较高文化水平、掌握先进生产技能和善于经营的新型农民成为推动社会主义新农村建设的当务之急，想要实现农业现代化，将传统型农民转化为新型农民的最直接和有效的途径就是农村职业教育。

农村职业教育供给侧改革有助于农业现代化建设。农业现代化是用现代工业装备农业、用现代科学技术改造农业、用现代管理方法管理农业、用现代科学文化知识提高农民素质的过程。农业现代化目标的推进需要大量具有科学技术、知识和管理能力的农业技术人才。作为有中国特色职业教育体系重要组成部分的农村职业教育应挑起重任，加强对农村人口相关技术和专业的教育和培训工作，努力推进我国农业现代化建设。

农村职业教育供给侧改革有助于社会主义和谐社会的构建。通过农村

---

❶ 伍成艳. 职业教育供给侧改革的内涵、理念与路径探索 ［J］. 教育与职业，2017（03）：11－17.

职业教育，一方面提高农民的文化、科技素质，培养新型农民，解除套在农民身上的、制约农民发展的低素质的精神枷锁，使他们能够积极参与农村社会的物质文明、精神文明建设和政治文明、生态文明建设；另一方面，提高农民的生存能力，使农民具有更强的跳出"贫困陷阱"、脱贫致富的能力，具有享受现代文明成果的能力，具有更强的职业流动的能力；同时，通过农村职业教育使人们取得职业资格，具有与"城里人"平等竞争的能力，所有这些都是促进农村经济社会发展，促进和谐社会建设的必要前提。❶

新时代的变化是全方位的，整个社会都在经历从传统向现代转型的巨变。作为与经济社会结合最紧密的职业教育，应该主动适应这些变化。当代社会，科技进步日新月异，产业交融发展且变化大而快，新材料、新能源、新装备、新农业、新服务、新业态层出不穷，农村职业教育要有超前的眼光和胆识，在专业建设、人才培养规格和培养目标确定、人才培养方案完善等方面进行市场细分，持续进行农村职业教育供给侧结构性改革，在继续提高人才培养质量的同时，不断加大内涵建设和特色建设力度，紧跟科技进步与农业产业发展调整培养目标和培养模式，源源不断地为新时代培养高素质技术技能型人才和新型职业农民。

二、农村职业教育供给侧改革的内涵

农业供给侧结构性改革不仅是当前和今后一个时期我国农业发展的逻辑，也是农村职业教育改革发展的逻辑起点，对农村职业教育提出了新的历史要求。那么，农村职业教育供给侧改革的内涵是什么呢？

当前，我国职业教育供给包括农村职业教育供给，远远没有满足农业生产与农民发展的客观需要，这既有教育总量的问题，而更关键的是由于农村职业教育供给与农业现代化发展及人民群众需求之间不匹配而产生的结构性矛盾问题。因此，要以供给侧结构性改革的视角，重新审视当前的

❶ 马建富. 农村职业教育定位探析［J］. 河北师范大学学报（教育科学版），2009，11（11）：79－84.

农村职业教育体系、结构、教育体制与机制，科学把握农业供给侧结构性改革与农村职业教育的关系，按照农业供给侧对新型职业农民的新要求，深刻理解农村职业教育供给侧结构性改革的内涵。

（一）农村职业教育的概念

农村职业教育，是指培养建设农村和为农村社会服务体系的经营管理、技术人员的教育，农村职业教育是一个体系范畴，这个体系是以高等职业教育（成人、继续教育）为龙头，以中等职业教育（农业中专学校、农业广播电视学校教育）为骨干，以县乡村农业职业（成人）教育和社会化服务体系为基础的农村职业技术教育体系，和农业科研、推广和开发互为补充、紧密相连。它有一定层次性、系统性、开放性和完整性，这个体系能够为整体推进农村人力资源开发，提高广大乡村干部、专业人员和农民科技文化素质，加快农业科技进步，全面发展农业现代化提供人才保证。

（二）农村职业教育的供需主体

（1）农村职业教育的供给主体。我国农村职业教育供给体系已初步形成，具有多元化的渠道与途径。按供给主体主要分为政府和农村职业院校等两种类型："政府供给"指各级政府组织的旨在传授和提高农民农业技术知识的一切方式和手段，主要包括多个政府部门合作开展的新型职业农民培训、农业技术推广工作、科普知识专家讲座以及科技下乡宣传工作等。"农村职业院校供给"指的是各类职业学校学校对在校生的职业教育以及所开展的针对农民的科技推广和职业教育等活动。可以看出，农村职业教育供给的主体不同，其相应的供给方式也有所不同。两种主体的供给行为各呈现了一些特征：政府供给具有一定的强制性，供给内容以农业技术为主，具有力度大和普及面广的特点；农村职业院校供给即正式的学校教学活动，依据市场需要设置专业，并注重科技成果的转化以及对人才优势的发掘。

（2）农村职业教育的需求主体。按照需求主体可以将教育需求分为个人需求和社会需求。个人需求指的是个人出于对未来收益的预期而产生的有支付能力的需要。同时，教育作为一种准公共产品其效用是多层次的。

除教育的个人需求之外，政府基于本国未来经济和社会发展对劳动力的要求形成了教育的社会需求。教育的个人需求与社会需求实际上就是个人对教育机会和企业、国家对教育产品的需求，一个是起点的需求，一个是终点的需求。对农村职业教育需求主体的界定基本上参照上述分类标准，并做了进一步细化，如个人主体又分为学生、家长等；社会主体则分为学校、企业和政府等。由于个体与社会对教育需求的出发点和所追求的目标是不同的，因而在需求的数量和质量上、需求的层次与类别结构上也必然存在差异和冲突。具体到农村职业教育来看，国家层次的需求是在综合考虑农村经济社会发展整体状况和总体目标的基础上形成的一种期望，而个体需求则是着眼于个体目标的一种诉求，具有一定的局限性。因此，两者之间存在不协调、不对等是必然的。❶ 总之，人们对农村职业教育需求的目的主要有三个方面，即物质生活需求、社会地位提升和自我价值实现的需求。改善经济生活条件是农民最为直接的动力，对社会地位的追求是农民的公正要求，而自我价值实现需要则对农村职业教育供给侧改提出了更高的要求。

（三）农村职业教育供给改革的内涵

农村职业教育的供给侧，即农村职业教育的供给方，政府机构是公共产品的供给主体，自然政府机构及农村职业院校便是农村职业教育的供给侧。农村职业教育的需求侧相对于供给侧而言，主要是指愿意且能够购买的商品或服务的一方，它主要是指学生、家庭、农民及农业企业等。

农村职业教育供给侧改革，有别于以往刺激需求端，比如农村中等职业教育免学费、涉农专业提供补助、免费开展新型职业农民培训等，主要强调制度供给，构建农村职业教育发展的新体制新机制，以期通过供给端发力破除农村职业教育低质低效与需求旺盛的结构性矛盾。虽然先前农村职业教育的改革与供给并没有停止过，而且大都是由政府作为供给侧主体来推动，但效果甚微。而农村职业教育的供给侧改革与以往的不同之处更

---

❶ 王朔，王永莲，李爽. 农村职业教育供给与需求现状研究综述［J］. 职业教育研究，2016（01）：10－14.

在于供给侧改革的内生动力来源于需求侧，是通过现实的调查研究，强调坚持以人为本，更加关注在实现农业现代化过程中的涉农专业学生、职业农民、农民工的现实需求，与新型城镇化建设、农业产业化发展、农业企业需求等一起形成多元需求侧，并在此基础上对农村职业教育供给做出的合理决策与整体设计。用改革的方式促进农村职业教育供给结构优化，实现从"需求侧拉动"到"供给侧推动"的转变，从而实现现代农村职业教育供给侧改革的精准性与实效性。因此，现代农村职业教育的供给侧改革就是在以人为本理念的导引下，更加关注农村职业教育利益相关者的多元需求，更加从需求视角实施供给结构的优化、增加有效供给的中长期的宏观调控，从而破除农村职业教育吸引力不足与供需长期失衡的结构性矛盾。

三、农村职业教育供给侧改革的理念

党的十八届五中全会在全面总结过往改革与发展实践经验的基础上，创造性地提出了"创新、协调、绿色、开放、共享"五大发展理念，作为当前全面推进经济社会发展改革的重要行动指南。新常态下，农村职业教育面临着外部需求结构的新变化，需要从供给端进行调整，而全面推进农村职业教育供给侧改革，必须以五大发展理念为指导纲领，将其精神实质贯穿于农村职业教育供给侧改革的始终，着力解决当前及未来一段时期农村职业教育面临的重大现实问题，开创农村职业教育发展新格局。

（一）坚持"创新"发展理念，激发农村职业教育供给活力

创新发展是农村职业教育供给侧改革的应有要义，也是农村职业教育实现可持续发展的必由之路。尤其在面对当前外部对待农业专业存在偏见的现实情况下，农村职业教育要想在生源竞争中改变其劣势地位，必须以创新为基点，不断开拓农村职业教育的发展空间。一方面，创新农村职业教育办学形式，探索多元化的农村职业教育办学模式，强化市场主体的参与，实现农村职业教育资源的优化配置。通过政府委托代理、购买、招标等手段，引入市场资本的参与，并以资本、技术、知识、管理、人才等多种形式的要素资源，参与到农村职业教育办学中来。另一方面，创新农村

职业教育人才培养形式，实现农村职业院校教育和职业培训并举。农村职业院校要在做好全日制学历教育的基础上，积极承接农民的非全日制学历教育和各类农业技术培训，如农民工职业培训、新型职业农民培训和失地农民转岗培训等。通过不断供给多层次多结构的农村职业教育产品，不仅能满足不同年龄、不同阶段的职业农民自我发展的需求，又能进一步拓展农村职业教育的发展空间。

（二）坚持"协调"发展理念，优化农村职业教育供给结构

坚持"协调"发展理念，把农村职业教育供给侧结构性改革作为一项系统性工程，协调好供给侧与需求侧的关系，统筹好农村职业教育与普通教育、社区教育、终身教育的协调发展关系，发挥好农村职业教育对农业与农村经济社会的支撑、引领、带动作用。新常态下，实施农村职业教育供给侧改革，必须坚持协调发展理念，从优化供给结构出发，补齐农村职业教育发展中的"短板"问题。同时，为了确保教育间的协调发展，推进农村职业教育供给侧改革，应合理调整农村职业教育的供给比例，着力解决农村职业教育区域间以及普职教育之间的发展差距，增强农村职业教育发展的协调性和均衡性。

（三）坚持"绿色"发展理念，调整农村职业教育专业结构

推进农业绿色发展是农业发展观的一场深刻革命，也是农业供给侧结构性改革的主攻方向。在绿色发展的引领下，全国对绿色食品、绿色建筑、绿色能源等方面的人才需求急剧增加，清洁能源、安全生产、绿色生产、绿色工厂、绿色农业相关新专业会出现，必然对中国的职业教育发展提出新要求。农村职业教育只有适时调整绿色农业产业相关的专业结构，及时根据绿色发展理念的新要求进行农业职业人才培养模式创新，才能更好地服务于农村经济社会发展。同时，坚持绿色发展，要求农村职业教育供给侧改革，必须遵循农村职业教育发展规律。面对当前我国社会转型时期对于农业人才需求类型和结构的变化，以往靠规模求发展的办学思路难以为继，农村职业教育必须做出改变，要以供给侧改革为战略支点，坚持走绿色可持续发展道路，强化内涵建设，需要农村职业院校从办学理念、办学特色、师资队伍、品牌建设、文化营造等多方面入手，苦练内功、重

点突破，提升农村职业教育的供给质量和效益，提升农村职业教育的竞争力，让每个农村学子都有人生出彩的机会。

（四）坚持"开放"发展理念，拓展农村职业教育资源的供给空间

新常态背景下，走开放发展之路是农村职业教育走向现代化的关键，必须加大农村职业教育向社会开放程度，提升农村职业教育社会化水平；必须加大对外开放的力度，提升农村职业教育的国际化水平。

首先，开放办学，坚持农村职业院校面向市场办学。农村职业教育应积极转变观念，以市场需求为导向，大胆改革，走出一条面向市场，服务农业企业，招生就业并举，不断发展壮大的振兴之路。本着"农业企业需要什么人才，学校就培养什么人才"的原则，开发新产业，推进产学研一体化；开发新专业，实现综合化发展；开发新模式，实现个性化发展；开发新层次，实现可持续发展。在培养模式、人才规格上紧紧依靠农业企业的需求及其岗位的技术规范要求，试行学校与农业企业的"双元性"教育主体，探索校企合作及"订单办学"的新模式；把校园扩展到科技园，延伸到农村的田园，促进农村职业教育与当地农村经济发展紧密结合，带动区域经济社会健康发展。

其次，开放办学，农村职业教育要面向全体农村居民。将农村职业教育服务拓展至农村社区教育、成人教育与培训、技能培训与鉴定、新型职业农民培养等多个领域；开放校园、开放农业企业、开放农科院所，将农村职业教育与市场相连接，从外部获取资金、人才、技术、经验等方面的资源支持，进一步拓展农村职业教育的发展空间。

再次，开放办学，推进农村职业教育国际化。随着我国改革开放进程的不断扩大，教育与国际接轨的呼声也越来越高，职业教育走向世界，加强国际化合作已是必然。农村职业教育国际化不但可以学习借鉴国外先进的教育教学模式和教学方法，还可以探索国际合作办学，开展双边贸易，跟着中国农业企业走出去，从而不断拓展农村职业教育的发展空间。

（五）坚持"共享"发展理念，扩大农村职业教育供给受益面

推进农村职业教育供给侧改革，必须遵守共享发展理念，创设一个开放性的发展环境，使人人都能够共享农村职业教育改革发展成果，这也是实现教育公平的必然选择。当前，我国农村职业教育供给还存在区域性失衡问题，要实现农村职业教育的公平发展，使社会大众都能够公平地享有农村职业教育产品和服务。一是要制定相关的对口支援和扶持政策，加大对农村落后地区、边远贫困地区、民族地区等区域的农村职业教育供给力度，以农村职业教育的精准供给为基础，促进精准扶贫和精准脱贫工作的有效实施。二是要积极开展职业培训。农村职业教育要探索创新校企合作办学、合作育人、合作发展的协调机制，积极为农业企业职工、新型职业农民和职业生涯发展提供更多机会与途径。三是要主动服务农村社区。农村职业教育要发挥资源优势，向农村社区开放服务，服务全民学习、终身学习，推进学习型社会建设。四是要建立农村职业教育资源共享机制。资源共享的主要形式有：在教师、课程、实习实训基地、图书资料方面，推进同一区域内的职业院校之间的开放；在培养某一专业或跨专业的复合型技术技能人才方面，推进同一区域内职业院校之间的合作；在专业教学资源库、实训基地、教材方面，推进同一区域内职业院校之间的共建。创建农村职业教育资源共享机制，有利于资源的优势互补、均衡配置，避免重复开发建设，充分发挥资源的效能。

总之，农村职业教育要针对农村不同群体的需求，做好农村职业教育的供给工作，促进农村居民的自由与全面发展，让全体农民都能够公平地共享农村职业教育的发展成果。❶

第三节　农村职业教育供给侧改革的现实困境

推进农业现代化，既要重视"物"的现代化，更要重视"人"的现代化。自 2012 年起，"中央一号文件"连续五年强调要"大力培育新型职业农民"；《中共中央关于制定国民经济和社会发展第十三个五年规划的建议》中也明确提出要"培养新型职业农民"，这是党中央立足全局与长远，

---

❶　伍成艳. 职业教育供给侧改革的内涵、理念与路径探索［J］. 教育与职业，2017（03）：11－17.

着力解决"谁来种地""如何种好地"的关键问题。加快发展农村职业教育，培育大批能够满足现代农业需要的专业技术人才、农业经营者和新型职业农民，增强农民的创新创业能力是推进农业供给侧结构性改革的重要保证。长期以来，农村职业教育面对的是中国最弱势的群体，服务最穷困的农村对象，始终处于教育乃至职业教育的弱势位置，是教育中的最薄弱环节，社会吸引力严重不足，难以适应当前农业供给侧结构性改革和新型城镇化建设的要求。

一、农村职业教育供需吻合度较低

（一）农村职业教育发展定位与经济社会需求吻合度较低

农村职业教育只有服务于农村的经济社会发展才能实现其真正价值。然而，农村职业教育作为职业教育体系中的薄弱一环，职业学校教育质量不高、认同度较差及社会吸引力不足是公认的事实。部分农村职业院校依然存在着办学定位不准确，办学理念落后；片面重视对口升学，忽视各种职业技能的训练；专业设置追求时髦、脱离农业产业结构调整实际，课程体系和教学内容陈旧，等等问题，这些都背离了农村职业教育为"三农"服务的宗旨。同时，农业现代化与产业化要求农民还需要学习与产业链上相关的农产品加工、储存、销售、服务等技能，而现行的农民职业教育和培训主要围绕着农业种植的知识、技能培训展开，忽略了其他技能的教育。同时，许多农村职业院校模仿普通教育的办学方式，将学校变成高考、升学的辅导班。但以发展的眼光来看，大办"离农"教育有害于大量被城市淘汰下来的农村学生，不利于农村社会经济的长期发展，从根本上滞缓农村发展的步伐，造成城乡之间更大的差距和对立，这将会使农村发展陷入一种恶性循环。相应地，"离农""去农""轻农"的农村职业教育将会制约农村经济社会的发展，失去其应有的价值定位和政策导向。

（二）农村职业教育专业结构与农村经济社会转型吻合度较低

现行的农村职业教育主要面向"离农"需求，通过职业教育升学教育和转移培训，为农业从业人口提供短期的、临时的培训服务，培养与培训的内容主要是第二产业和第三产业，目的是如何将农村人口转移到城市就业。目前，许多农业职业院校、农业广播电视学校等作为培养新型职业农民的核心载体、重要资源却以满足城市需求为标准，在专业定位上缺乏对农村职业教育特殊性的考量，却以城市学校的职业教育为模板，纷纷开设物联网、工业机器人、汽车检测与维修等潮流、前沿专业，农村职业教育正面临着"离农"尴尬与困境。❶

首先，在专业设置方面，很多农村职业院校缺乏灵活动态的专业调整机制，专业调整难以跟上产业结构转型升级和经济社会发展变化的要求，一些已经处于被淘汰边缘的专业在农村职业院校仍然存在，这不仅造成了教育资源的浪费，也不利于农村职业院校学生未来的职业发展。

其次，在教学内容安排方面，部分农村职业院校教师更新教学内容的速度缓慢，不论是结构内容体系还是具体内容知识，都在一定程度上滞后于产业的升级发展，不少教学内容已经丧失了学习价值。教学内容供给滞后，导致农村职业教育人才培养质量大打折扣。

最后，在实践教学方面，由于受到教育资源投入不足的影响，农村职业院校普遍缺乏完善先进的实训设施设备，实训基地建设缓慢，又缺乏校企合作的机会和渠道，加之"双师型"教师数量明显匮乏，限制了实践教学的开展。

因此，农村职业教育在新型职业农民培养方面既缺乏农业新科技、新品种推广等方面的培训，更缺少针对农业现代化发展需求的农业产业管理、经营的相关能力培养和现代农业意识的培育。农村职业教育需要对专业、课程、考核与评价等多个方面的全方位变革才能适应新型职业农民培养。

（三）农村职业教育体系建设与农村居民的教育需求吻合度较低

伴随着新型城镇化和农业产业化的迅速推进和现代的迅速崛起，农民理应随时随地都有接受职业教育的刚性需求，因此，必须建立完善的现代农村职业教育体系。但是，目前来看，普通教育上下层之间的通道较为畅

---

❶ 金军. 农村职业教育"向农"与"离农"的选择悖论治理［J］. 教育与职业，2014
（17）：5－8.

通，而职业教育上下层之间的通道则处于下端可通行、上端有待建设的阶段。农村职业教育学历教育体系不完善，普教与职教渗透不力，职业教育、普通教育、继续教育缺乏协通，没有形成中高等农村职业教育有效衔接的学历教育体系，农村职业院校学生升学渠道狭窄，接受农村职业教育很容易进入死胡同，农民继续教育的积极性不高。传统农民已不能适应农业供给侧改革和新型城镇化发展的需求。据调查，绝大多数农民没有经过系统的农业生产技术专业培训而直接进入农业生产领域，进城农民工接受过非农职业技能培训的也只有25%。除农民不习惯接受职业教育外，主要原因在于农村职业教育发展相对滞后，农民接受职业教育不能学到自己需要的东西；农民培训不能结合自身所需的农业技术有针对性地进行，培训的内容安排注重一般技能的训练，核心技能的培训没有得到应有的重视；培训单纯注重教导技能，严重缺乏新型职业农民创新创业的内容。农村职业教育发展不均衡，具体表现为农村各地区之间和城乡发展的不平衡。伴随着城市化进程，农村空心化趋势越来越明显，部分学校的办学条件恶化，没有在校学生，没有办学经费，部分农村职业院校和实用技术培训基地被逐渐荒废，几乎面临关停；分布在城镇附近人口较集中的乡镇和产业化经营、现代农业发展好的乡镇，职业学校能充分利用资源，开展形式多样的农业技能培训活动；青壮年劳动力转移率高的乡镇，农村职业教育需求薄弱，农村职业院校发展较慢等；分布在城市的农民工职业培训，发展较快，但企业参与不多，培训学校之间、校企之间、区域机构之间、城乡职业教育之间互动、联动协调不多。

（四）农村职业教育模式与新型职业农民培育模式吻合度较低

目前农村职业教育主要采取了传统的集中正规化办学的方式，非正式的职业教育与培训，尤其是面向农业现代化需求的农民培训活动较少，即使一些以项目的方式运作的培训活动，如"阳光工程""绿色证书"培训，缺乏可持续性，因而对新技术应用和农业技术推广作用较为有限。

对于新型职业农民的培养来说，一方面，需要部分集中培养的正规课程培养，以满足新型职业农民培养过程中的理论性知识培养要求，尤其是管理、经纪和经营类和素质类课程；另一方面，农民参与培训更希望接受内容易学易懂、理论与实践相结合，且能边学边用的教学方式。"互联网＋"时代，现代农业生产模式发生了重大变化，规模化、智能化、专业化和环保可持续化是现代农业生产模式的典型特征，"互联网＋"也为农业生产经营方式带来了深刻变化。新形势下，加快推进农业供给侧结构性改革，推进种养加一体、第一二三产业融合发展，这就需要一大批掌握物联网技术、大数据处理、云服务技术等高科技手段的高端技术技能型农业人才，这就给"互联网＋"背景下的农村职业教育带来了巨大的挑战。

二、农村职业教育供给保障不力

（一）农村职业教育师资供给质量不高

在我国农村职业教育发展过程中，师资队伍建设滞后，对其快速、有序发展具有直接影响。基于我国社会传统思想与观念，"脱农"一直是很多农村学生和家长的想法，很多农村地区家长不愿意让子女从事与农业相关的工作。从农村地区出去后的学生，很少有人愿意回到农村工作，城市学生更不愿到农村就业。与城市职业教育和其他高等教育相比，农村职业院校在师资力量上还比较薄弱，存在严重的教师短缺问题。近年来，我国农村地区职业教育生源规模快速扩张，因而，农村职业教育教师数量也有所提升，但依然与学生规模的增速有一定距离，在师生比上逐年提高。

我国农村职业教育师资结构也存在突出的不合理问题。在农村职业教育中，从事文化基础课、专业课的教师比较多，而实习指导教师则比较少，难以有效提升学生实践操作水平。从专业教师数量看，农林类专业教师数量相对于加工制造类及交通运输类教师少很多，难以满足对新型农民进行培养的要求。新型职业农民的培养与培训需要从农业科技知识、农业技能以及相关的知识和素质等各方面开展，对师资的要求相应提高，尤其需要教师，但是，从农村职业教育的现状来看，农村职业教育师资在数量上存在总量不足与结构失衡的状况。目前，农村职业教育和培训师资队伍总体体现为"三多三少"，即传统型、普通型、继承型人才多，高新技术、产业化、创新型人才少。

首先，教师队伍不稳定。许多职业院校都没有从事农民培养培训的专职教师队伍。由于经费投入不足，农村学校以及社区教育中心等的教师待遇也远远不及城市，再加上条件相对艰苦，严重影响了教师队伍的稳定性和可持续发展。

其次，乡镇社区教育中心、成人教育中心等从已配备专职教师的人员质量上分析，存在以下不足：一是人员年龄偏大，甚至是老弱病残；二是文化层次偏低，50 岁以上人员多为民办教师转正而来，本、专科学历人员很少；三是教学人员所从事的专业教学基本上不涉及社区教育，他们均从中小学教学岗位转岗而来，对农业社会致富信息了解甚少，并且缺乏专业技能教学经验。

（二）农村职业教育经费供给不均衡

农村职业教育的公共产品属性，决定了农村职业教育必须纳入公共财政的供给范围，但在公共财政供给范围内，我国农村职业教育供给存在不均衡现象，其主要表现有两个方面。从宏观层面上看，经济发达地区与不发达地区农村职业教育资源供给差别明显，这种差别主要是由于国家经济发展政策和教育投入体制的弊端所致。第一，东西部地区经济社会发展不平衡，导致农村职业教育供给的不均衡。东部沿海地区经济发达，农村职业教育资源配置也从中受益，特别是资金和教师的流动保证了东部发达地区相对优越的农村职业教育资源。第二，通过多年的实践，我国农村职业教育已经初步形成了"分级负责、以县为主、政府统筹、社会参与"的管理体制，"以县为主"的农村职业教育管理体制，使得农村职业教育的发展与县域经济和财政状况紧密相连，发达县域经济和财政状况比较好，其农村职业教育发展也比较好，不发达县域的经济和财政状况较差，其农村职业教育发展比较缓慢。

从微观层面上看，国家职业教育发展政策所导致的农村重点职业学校与非重点职业学校的差别亦很明显。长期以来，中央政府坚持效率优先与公平的教育发展理念，以十分有限的财政经费支持少数重点学校。❶ 特别是 2005 年国务院颁发《关于大力发展职业教育的决定》以来，中央财政

---

❶ 王军. 试论公共财政框架下的基础教育供给［J］. 山东社会科学，2005（11）.

加大了职业教育投入力度，教育部先后实施了"四个计划"，即职业教育实训基地建设计划，重点建设好 2000 个职业教育实训基地；县级职教中心建设计划，重点扶持建设 1000 个县级职教中心；职业教育示范性院校建设计划，重点建设好高水平培养高素质技能型人才的 1000 所示范性中等职业学校和 100 所示范性高等职业院校；职业院校教师素质提高计划，全面提升教师队伍整体素质。这些支持职业教育发展的计划项目，一方面有效地促进了农村职业教育的发展，但另一方面又加剧了农村职业教育领域内部资源配置的失衡，拉大了农村重点职业学校和非重点职业学校之间的差距，强化了农村职业教育本不应有的竞争性。❶

（三）农村职业教育管理体制供给不畅

农村职业教育未被纳入经济社会整体发展规划，片面强调"物"的规划，对"人"兼顾不足；地区之间、城乡之间发展不均衡、不协调；管理体制上条块分割、多头管理，协调难度大、成本高，学校设置重复、专业设置重复太多，教育资源使用效率低下；相关法律法规衔接配合不够，尚未形成有效合力。

农村职业教育主要是县及以下职业教育，农村职业教育亦可称县域职业教育。当前，我国农村职业教育在县域范围内，其管理体制存在着教育、劳动、农业、科技等部门多头并行管理的状况。农村职业教育从系统分，有属于教育系统的，有属于其他行政管理系统的，如农业技术推广应用属于农业系统，农机推广应用和乡镇企业工人技术培训又属于工业系统，外出务工人员培训属劳动部门；从层级分，有县级、乡镇管理教育机构；从类别分，有职业中学、乡镇农校、成人教育中心、农技推广站等。在现行体制下，农村职业教育组织管理政出多门，各部门之间条块分割，缺乏必要的统一、协调，资源分散，合力不够，这种分散办学、分散管理的状态，一定程度上使农村职业教育存在"失控"现象。

综上所述，当前农村职业教育机制也还存在着经费投入不足、招生

❶ 雷世平，姜群英. 试论公共财政视域下的农村职业教育供给 [J]. 职教论坛，2015（01）：56-59.

难、师资队伍专业结构不合理、毕业生就业难、与农业企业联系不够紧密等问题，但从更加宏观的思维角度来看，上述问题在农业供给侧结构性改革中发挥着至关重要的作用，也是解决其他问题的重要手段。因此，必须构建新型的农村职业教育体系，全面发挥国家赋予农村职业教育的基本职能，以适应农业供给侧结构性改革和新型城镇化的要求。

第四节　农村职业教育供给侧改革的逻辑与路径

党的十九大做出了中国特色社会主义进入新时代的判断，明确了新时代的社会主要矛盾和奋斗目标。解决人民日益增长的美好生活需要和不平衡不充分的发展之间的矛盾，建成富强民主文明和谐美丽的社会主义现代化强国，农村职业教育作为教育领域的短板，必须不忘初心、牢记使命，继续践行服务宗旨，在新时代新征程上有新担当、新作为，为全面建成小康社会和实现中华民族伟大复兴做出积极努力。

一、农村职业教育供给侧改革的内在逻辑

农村职业教育主要以教育培养现代农业技术人才和新型农民、研究推广现代农业技术和管理方法、服务现代农业产业发展和新农村建设的职业教育体系。其主要任务就是培养一批掌握先进的农业科技、接受先进的现代管理理念、具有先进的思维方式、适应现代农业发展的"新型职业农民"，并以其为载体，为"三农"服务，为新农村建设服务，为农业发展的转方式、调结构服务，为提升农民素质服务。农村职业教育供给侧改革是一项宏大而复杂的工程，其核心内涵应重点关注以下五个方面。

（一）聚焦改革重点，全面推进农村职业教育供给侧改革

农业现代化是人的现代化，没有现代化的农民就没有农业的现代化，农业供给侧改革的核心是新型职业农民的培育。由于我国农村大量青壮年农民转移到城镇，农村人口老龄化现象加剧，农村职业院校面临着职前生源严重不足的困境，农村职业院校必须改变单一的培养对象，从主要面向职前教育向职后教育转变。因此，农村职业教育供给改革的核心任务便是

培养新型职业农民。

农村职业院校必须把培养新型职业农民作为主要办学方向，不断创新办学模式、培养模式。在办学模式上，加强与政府、新型农业经营主体的协作，建立产业带动、政府主导、部门指导、生产经营主体参与、学校实施的协作培养体制机制。在办学模式上，在加强农业专业技能培养的同时，充分利用新型经营主体的生产经营场所，加强实践教学，培育驾驭市场的能力；加强农科教结合，聘请农业技术人员、农民专业合作组织、涉农企业管理人员等作为兼职教师，加强实践教学。在教学模式上，鼓励农民通过"半农半读"等方式就地就近接受职业教育，同时按照新型职业农民的生产经营型、专业技能型、社会服务型三大类来培养人才。生产经营型职业农民，主要是指种养专业大户、家庭农场主、农民合作社带头人等。同时，农村职业教育应主动适应这一发展要求，改变培养培训形式，采取"培训＋培育、课堂＋课外、线下＋线上、专家＋学员"的教育方式，让农民能够"听得懂、学得会、带得走、用得上、致得富"，多层次培养大批新型职业农民。❶

（二）不断整合资源，推进农村职业教育与农业产业发展深度融合

随着科学技术的进步和产业的融合、重组，尤其是"互联网＋"的广泛应用，农业出现了新产业、新业态，农村产业融合发展新模式新业态不断涌现。新产业新业态的迅猛发展需要大量人才，农村职业院校要注重根据市场需要及时调整相关专业。学校的相关部门要时刻关注市场动态，通过多种方式进行市场调研，结合当地农村经济发展需求，以及自身的师资队伍力量，壮大优势品牌专业，打造特色专业，强化人才需求量大的专业，扶持有发展潜力的专业，以此来提升农村职业院校专业设置的科学性和合理性。农村职业院校根据休闲农业和乡村旅游业发展的需要设置相关专业，对正在或准备从事休闲农业和乡村旅游业的人员开展学历教育或职业培训，推动农村休闲度假、旅游观光、养生养老、创意农业、农耕体

---

❶ 盛子强，周琪，刘丽梅. 基于农业现代化的农业职业教育发展对策研究［J］. 中国职业技术教育，2017（18）：67－71.

验、乡村手工艺等新产业的发展。针对金融机构增设县域网点建设需要，开设农村金融专业，尤其是重视农村金融互助组织和农民合作社内部的信用合作机构人才的培养培训。针对农村电子商务和快递下乡的需要，积极开设电子商务专业，促进新型农业经营主体、加工流通企业与电商企业全面对接融合，推动线上线下互动发展，推进"互联网＋"现代农业行动。只有加快培育具有丰富知识、掌握先进技术、善于经营管理、能够引领创新创业的新型人才，才能为新型农业经营主体和服务主体培育懂农村、有闯劲且留得住的人才，为实现农业现代化奠定更富活力的人才基础。

与此同时，作为促进农村经济发展的职业院校，应紧跟政府引导与当地农村经济发展需求，在宏观调控和价值规律的共同指引下寻求与合作企业的契合点，组建农业行业、企业、职业院校共同参与的农村职业教育集团，积极实施集团化办学模式，推广"公司＋农户＋学校"的培养模式，加强农业科技创新与推广，鼓励职业院校涉农专业与区域内农牧经营企业、区域内合作农户开展产、学、研相结合的深度校企合作模式，实现双方的互惠共赢、共同发展。❶ 例如，江苏农林职业技术学院牵头组建了中国农村职业教育集团。这些农村职业教育集团通过人才链、产业链、师资链、信息链和成果转化链为纽带，促进政、校、行、企间交流合作，实现了优质资源共建共享，产学研创深度融合。

（三）借力"互联网＋"平台，构建现代农村职业教育模式

传统农业与现代互联网技术融合而产生的物联网服务、农业大数据服务、农业云应用服务等，极大地拓展了现代农业的触角。

面对"互联网＋"的挑战，农村职业教育应将现代信息技术融入教学的各个环节中，培养符合"互联网＋"农业产业需求的高素质技术技能型人才。例如，围绕智能农业发展，开设相关专业或专业方向，培养相关紧缺人才；创建O2O混合教学模式，通过开放课程、微课、慕课、翻转课堂等方式，打造农业职教云平台；通过创业园、教师创新创业工作室和技能

---

❶ 苏华. 发展现代农业职业教育 推动建设"人的新农村"［N］. 人民日报，2015－03－18（020）.

大师工作室、农业创客空间等载体培养学生创新创业精神；开发虚拟仿真实验室、虚拟仿真平台并应用于学校实践教学。通过"互联网＋"平台的综合运用，全面提升现代农业人才培养质量。只有加快培育具有丰富知识、掌握先进技术、善于经营管理、能够引领创新创业的新型人才，才能为新型农业经营主体和服务主体培育懂农村、有闯劲且留得住的人才，为实现农业现代化奠定更富活力的人才基础。

（四）实施精准培养，打造新型职业农民人才高地

首先，努力建成高、中、初"三位一体"互为补充的职业农民教育培育体系。初级职业农民培育主要是通过短期辅导、农闲夜校、网络学院等形式提供阶段性的培训课程、技术指导等非学历从业教育。中级职业农民培育主要依托农广校对新农民提供较为系统的农业经营知识教育。高级职业农民培育则是依托农业类高校，培养具有一定专业水平的农业经营者、农业技术员及农业科研人员等现代农业人才。

其次，积极培育扶持"三类"农民。一类是对农业生产有经验的"老农"；一类是胸怀乡愁、想返乡创业的"新农"；一类是有学历、能创新的"知农"，并分别定位为生产经营型、专业技能型和专业服务型的新型职业农民，尤其是针对后两类农民的培育与扶持，是为农业现代化建设提供新型职业农民的重要途径。

最后，努力实施精准培训。农村职业院校采取定期开办培训班、送技术下乡等形式，对农民实施"精准培训"。其核心要求就是在农村职业教育和新型职业农民培训工作中，既要吃透上头精神，准确定位培训目标，又要摸清下头情况，科学制订培训方案；既要借鉴外头经验，实现培训形式创新，又要抓好里头实情，确保培训实施效果。为落实精准培育，农村职业教育做到专业设置与农业产业需求对接，课程内容与职业标准对接，教学过程与生产过程对接，毕业证书与职业资格证书对接，职业教育与终身学习对接。在培训之前，把需要培训的内容送到农民手里，让农民对所需培训内容进行选择，农村职业院校根据农民的需求进行差异化教学，根据农业生产时节选择开办时间。教学方式采用现场教学，把课堂搬到田间或农产品加工厂房里，让农民在做中学、学中做，在讲授过程中，现场解答农民疑问，提高农民的生产技能，使之有一技之长，增强就业能力。配合我国新型城镇化进程，让农村地区人口在拥有一技之长的情况下，实现"精准就业"，阻断代际贫困。

（五）倡导国际化思维，培养具有国际视野的农业人才

随着国家"一带一路"战略的推进和相关政策措施的出台，促使我国企业掀起新一轮的海外农业投资热潮。"一带一路"沿线 65 个国家拥有丰富的农业资源，为我国农业在海外投资与合作带来了极大的空间，越来越多的中国农业企业走出国门、走向世界。但是在这中国企业全球化的大浪潮中，如何更好地培养具有全球化视野的国际化人才，这是摆在中国企业和国内职业教育面前的一个重要课题。农业国际化经营呈现出产品质量标准化、技术支撑高新化、经营模式多样化、特色农业蓬勃发展的新趋势，对农村职业教育产生了新需求。农村职业院校要及时跟踪农业大势，把握国内外农业政策，紧跟农业国际化经营发展，积极创建农村职业教育与农业国际化经营联动共进机制，着重培养全球视野和跨国经营管理能力，既通晓外语，又熟悉农业专业技术知识和国际经贸知识，了解对象国法律、文化的复合型人才，使人才培养更加贴近企业"走出去"的需求。❶

二、农村职业教育供给侧改革的实现路径

（一）顶层设计，构建现代农村职业教育体系

伴随新型城镇化的推进，新型职业农民培育是实现农业现代化的关键任务，加强农民职业教育必须以农民自身的需求为出发点，以促使农村地区经济发展、社会进步为目标。因此，政府应将农村职业教育纳入国民教育体系，有针对性地开展职业技术教育和培训。政府在顶层设计工作中，主要是要科学设计一系列有关农村职业教育的要素，制定有利于农村职业教育的发展战略以及进行必要的制度配置与政策创新。只有做好农村职业教育工作，从整体上提高农民素质，才能够保证城镇化的质量。因此，要

---

❶ 金玲，王砚超. 聚焦农业供给侧结构性改革 构建新型农业职业教育体系初探［J］. 农民科技培训，2017（05）：8－10.

注重农村职业教育的发展，大力建设现代农村职业教育体系。

首先，大力发展县职教中心，打造集学历教育、技术推广、扶贫开发、劳动力转移培训和社会生活教育于一体的综合平台，使其服务网络延伸到社区、村庄、合作社、农场、企业。

其次，农村职业院校必须改变单一的培养对象，从主要面向职前教育向职后教育培训转变。农村职业院校要改变办学模式，把培养新型职业农民作为首要任务，加强与地方政府和各种类型的乡村组织的合作，协同培养各种类型的新型职业农民，优化农业从业者结构。打造资源整合统一的乡级农村职业教育和成人文化中心，由乡镇主要领导担任负责人，统筹整合全乡所有的职业教育资源，如中小学、农技中心、扶贫办、企业、种植养殖教育培训基地等，注重理论与实践相结合，大力培养新型职业农民。

最后，构建农村职业教育和城市高等职业教育、农业大学的沟通机制，完善中高职衔接机制，打通中等职业教育、高职专科、应用型本科、专业研究生的学历层次上升机制，在招生、人才培养、实习基地、教学设施、师资培养等各环节密切合作，使农民升学有通道、就业有本领。

（二）分类设计，创新农村职业教育供给模式

我国是农业大国，不同地区、不同素质的新型职业农民需因材施教。其培育对象应该有多种来源：第一，专业大户。部分专业大户学历程度相对较高，具有较稳定的参与意愿，因此通过有针对性的教育与培训，可以成为生产型、服务型的新型职业农民。第二，科技示范户。他们一般集中在智能农业、旅游农业、创意农业等高新产业领域，具备相对丰厚的资金，掌握较新的农业技术和经营理念。他们将是技术型、经营型职业农民的领军人物。第三，返乡农民工。作为职业农民的重要来源，我们应因势利导，给有志于重操"农业"、试图创业的返乡农民工提供便利。第四，农村留守妇女。从长远的发展来看，随着现代农业、现代机械的发展，劳动强度将极大降低，其中一部分留守妇女有成为新型职业农民的可能。第五，热爱农业、愿意从事农业的退役军人、城市居民、高学历毕业生。政府应创造各种物质条件、基础设施等，吸引他们成为新型职业农民。因此，新时期可以以"分类指导、梯度推进、协调发展"为方针，创新培育

模式，分层次、按需求来组织和实施教育培训。

（三）协同创新，提升农村职业教育供给有效性

目前，农村职业教育参与的主体主要包括政府、农业职业院校、社区学校、专业培训机构等，存在着诸如"参与培训的热情度不高，在实训设施、师资队伍、教学内容等方面具有难以克服的困难，对农民跟踪服务能力相对较差，在培育内容的设置安排、培育方式与形式、培育时间地点的安排、培育的监督考核问题上与农民需求不匹配"等问题。基于此，各主体自身存在的缺陷只有通过联合培养、协同育人才能克服，而这将大大提高供给的有效性。2014年，教育部等六部委联合印发的《现代职业教育体系建设规划（2014—2020年）》旗帜鲜明地指出："完善鼓励社会力量办学的政策环境。充分发挥社会力量举办职业教育对加快建立现代职业教育体系、激发职业教育发展活力的重要作用"，同时指出"鼓励企业举办或参与举办职业院校，到2020年，大中型企业参与职业教育办学的比例达到80%以上"。这些政策规划表明允许社会力量参与农村职业教育办学并进入市场化运作是可行的。第一，市场可以根据农民的入学需求来投入相应资金，改变农村职业院校资金投入不足的现状，满足农村学生获取知识、提升技能的愿望。第二，当社会力量成为农村职业院校的办学主体，国家则变成监督者的身份。如此一来，农民可以提出更多的需求，社会力量通过市场资源配置后不断满足农民学生的要求，同时获取更高的利益，一举两得。此时国家转变为监督者，协调各方利益，保证农村职业教育更好的发展。此外，新型职业农民培育可以采用成本"协商"分担模式来加强多元培育主体的参与度，即通过利益相关者之间的协商来确定各自承担的成本。这种模式不仅合乎现实、具有可持续发展性，还有利于为职业教育提供资金、设备、场地、师资和管理人员等大量的资源，新型职业农民培育更具市场敏锐性和灵活性。

（四）优化环境，保障农村职业教育供给条件

第一，强化政府主导。强化政府主导既有财政投入和拉动原因，也有农民的组织原因。在农村经济合作组织发育的初级阶段，以利益为纽带的组织力不明显，以政府为主导的行政推动力还非常需要。总体上，政府可以结合自身经济发展目标，抓引领与示范，抓典型经验的宣传，促进农村职业教育的相关品牌建设。

第二，建立全国培训网。国家应成立专门的从事新型职业农民培育的机构，对新型职业农民培育的方式方法、培训结果评估建立统一标准。

第三，建立动力机制、评价机制和保障机制等长效机制。要改革条块分割的行政管理体制，充分集中可用的教育资源，借鉴农科教结合的经验，把农村职业教育涉及的相关部门通过一定机制整合起来，由专门的部门统一协调各个相关部门的工作，形成合力，保证管理的统一性和协调性。当前应着重在法律、政策、规范层面入手，建立一整套完备的农业职业技能鉴定标准体系，建立并完善包括农业经营的职业准入制度、农业补贴制度、农业法人化制度、城乡人才的双向流动机制等配套政策制度，以为农民提供优惠条件。当然，还需动员全社会的力量来关注农村、农业、农民，才能形成培育的社会环境，保障其培育效果。❶

与城市职业教育发展相比，我国农村职业教育具有明显的后发优势，站在新时代、面向世界舞台时，已经有了一定的积累和经验。当前，中国进入了新时代，新时代一定会有新职业和新职业教育，新时代一定会有农村职业教育的未来。作为经济发展的助推器，社会公平的润滑剂，个性发展的动力源，农村职业教育的成就已经也还将在中华民族复兴和全面建成小康社会进程中得以彰显。新时代必须要有新思路，农村职业教育要紧跟农业供给侧改革的要求；新时代必须制定新举措，农村职业教育应从新型职业农民供给视角出发，搞清弄懂发展改革中的供需关系，积极调整不适应发展的因素，构建起现代农村职业教育体系。

为实现中国梦，新时代的农村职业教育，绝不能在供给侧改革中缺位，绝不能在农村经济发展中缺位，绝不能在新型城镇化建设中缺位，绝不能在精准扶贫攻坚中缺位，绝不能在"一带一路"建设中缺位。

---

❶ 陈春霞，石伟平. 新型职业农民培训供给侧改革：需求与应对——基于江苏的调查［J］.职教论坛，2017（28）：53－58.

第三章

科学治理：推进农村职业教育现代化

农村职业教育现代化既是建设发展的目标，也是推动农村职业教育持续健康、更好更快发展的动力源泉。农村职业教育现代化建设是一个系统工程，需要在了解农村职业教育现代化内涵的基础上，进行系统改革推进。要推进农村职业教育现代化，需要构建一个科学的现代职业教育体系，需要完善现代职业教育制度，也需要构建一个科学的农村职业教育治理体系。

第一节　农村职业教育现代化的内涵

现代化是人们对事物发展过程和结果状态的一种描述和解读。农村职业教育现代化既是一个趋好发展过程，也是对农村职业教育理想完美状态的一种描绘。农村职业教育现代化可以从教育理念、结构体系、教育资源、教育机会、功能定位、教育质量、教育治理、保障体系、发展水平等方面进行科学解读。

一、现代化的内涵与发展

要厘清现代化的发展过程、对其本质形成深刻的认识，就必须从现代化与现代性的关系入手，以此追溯现代化这一概念的起点。

（一）现代性的哲学解读

倘若我们要对现代化以及教育现代化形成准确深刻的理解、解决现代化过程当中出现的问题，我们就必须从现代化的源头属性——现代性着手。现代性长久以来被视为能够为人类带来福祉的、人类进步的产物，❶但实际上，现代性的内涵却一直处于晦暗不明、争议不断的状态，这也导致了我们对现代化以及教育现代化的理解没有形成统一的标准。福柯认为，对现代性问题的探究，应该追溯至其基本概念的来源，"现代哲学就是这样一种哲学，它正在试图回答着两世纪前如此鲁莽地提出的问题：什么是启蒙？"❷众所周知，现代性的来源与精神内核是直接承接于启蒙运动的，因此康德也常常被认为是拉开现代性序幕的那个人。❸但随着现代性的发展，启蒙以及理性本身所蕴含的矛盾与冲突导致了现代性的分裂。正是由于这样的矛盾与分裂，也为后续理性现代性、现代化带来了一定困扰。所以，安东尼·吉登斯始终持有这样的观点，即到现在为止，人们对现代性的理解始终是不深刻、不深入的，❹有关现代性的特征仍然藏匿于黑箱之下，无法显露。❺就连一直在尝试构建现代性哲学话语体系的哈贝马斯也一直宣称着他的著名立场，即现代性是一项"未完成的设计"❻。

一般认为，现代性就是启蒙以降的新时代，它用以描述现代世界中政治、经济、社会等方面的新特征与新状态。例如区别于旧时代的民族国家的新实践、政治法治的新观点、社会机制的新形态、价值理念的新取向，等等。

（二）现代性与现代化的关系

现代化，意味着与传统的割裂。人们之所以追求现代化，在本质上是因

---

❶ 杜艳华. 现代性内涵与现代化问题 [J]. 求索，2015（05）：4-9.

❷ 汪晖，陈燕谷. 文化与公共性 [M]. 北京：三联书店，2005：422-423.

❸ 汪明安. 后现代性的哲学话语 [M]. 杭州：浙江人民出版社，2000：285.

❹ [英] 安东尼·吉登斯. 现代性的后果 [M]. 田禾，译. 南京：译林出版社，2011：3.

❺ [英] 安东尼·吉登斯. 现代性的后果 [M]. 田禾，译. 南京：译林出版社，2011：1.

❻ [德] 于尔根·哈贝马斯. 现代性的哲学话语 [M]. 曹卫东，译. 南京：译林出版社，2011：1.

为对现代性的追求与向往。这一观点，得到了许多学者的佐证。西里尔·E. 布莱克曾这样说道："从上一代人开始，'现代性'逐渐被广泛地运用于表述那些在技术、政治、经济和社会发展诸方面处于最先进水平的国家所共有的特征。'现代化'则是指社会获得上述特征的过程。"❶ "归根结底，所谓现代，就是一种观念，它给予各种成分以形态。同样重要的是，有关人类思想中发自的和完全属于个人的方面，无论有关资料收集得多么充分或如何解释，都无法完全将它概念化，也无法将它纳入规律的范围内。个人的思想或行为将构成文化的各种思想的相互作用具有特殊的个性。这种特殊性的存在，对于西方影响下正在实现现代化的文化来说，是重要的。"❷ 在布莱克的理解中，现代性是一种稳定的、共性的内在特征，而现代化是指人们努力实现这些特征的动态过程。陈嘉明也认为，现代性是现代化的结晶，是现代化过程与结果所形成的属性。❸

因此，我们可以认为，我们一直在强调并实践的现代化，其最终目的是为了获取现代性。现代性与现代化有着天然的、无法分割的密切联系。正如哈贝马斯一直试图构建的关于现代性的哲学话语所指出的那样，现代性在价值、目的、合理性等方面的自我确证构成了现代化的前提，使现代性与现代化有机地联系在一起。两者的关系就像理论之于行动。践行现代化的过程实际上就是达成现代性思想目标的过程。现代化的实现过程时刻贯穿着人们对现代性的构想与解读。❹

以上所有，都为我们理解现代化以及教育现代化带来了一定的混乱。自从"现代日本"国际研讨会在人口集中区、能源类型、社会参与等方面对现代化的标准进行界定之后，国际社会或相关研究也出现了多种多样对

---

❶ [美] 西里尔·E. 布莱克. 现代化的动力——一个比较史的研究 [M]. 景跃进，张静，译. 杭州：浙江人民出版社，1989：9 - 10.

❷ [美] 西里尔·E. 布莱克. 比较现代化 [M]. 杨豫，等，译. 上海：译文出版社，1996：24.

❸ 陈嘉明. "现代性"与"现代化" [J]. 厦门大学学报（哲学社会科学版），2003（05）：14 - 20.

❹ 俞冰，刘标，许庆豫. 高等教育现代化的危机与消解 [J]. 清华大学教育研究，2012（05）：27 - 34.

于现代化的界定。但究其类型，不外乎是对现代化特征的描述或是用数理统计的方式，建立出有关现代化的指标体系，为后续的研究或是困境的分析提供可以量化的标准。

（三）现代化的内涵

哈贝马斯（Jürgen Habermas）认为，现代化涉及一系列的过程，包括"资本的积累和资源的利用；生产力的发展和劳动生产率的提高；政治权力的集中和民族认同的塑造；政治参与权、城市生活方式、正规学校教育的普及；价值和规范的世俗化，等等"❶。金耀基认为现代化可以等同为"工业化、都市化、普遍参与、世俗化、高度的结构分殊性（highly structural differentiation）、高度的'普遍的成就取向（universalistic – achievement orientation）'"❷，是一种实然状态。

罗荣渠指出，在经济上，现代化是指经济落后的国家赶超世界水平的历史过程；在社会发展方面，现代化是指不限于经济领域的，人类社会的急剧变动。在个体上，现代化是人们心里态度、价值观和生活方式改变的过程。顾明远先生认为："所谓现代化，是指人类认识自然、利用自然和控制自然（包括人类自身）的能力空前提高的历史过程，以及由此而引起的政治、经济、文化等社会各领域广泛而深刻的变革，其目标是创造高度的物质文明和精神文明。"❸ 我们所谈的教育现代化，实际上就隶属于其中的一个部分。"教育要面向现代化，面向世界，面向未来"是邓小平教育思想的精髓。因此，对于教育现代化的深刻理解，也同样需要基于对现代性最本质的追溯。同样，由于现代性本身的困境与矛盾，也导致了对教育现代化理解的冲突与不一致。

目前，现代化已成为一个多学科研究的对象，不同学科的学者对"现代化"往往有不同的理解，分别在各自的研究领域强调现代化的某种含义，这对于我们从总体上把握现代化的实质是有帮助的。"概括起来，当

---

❶ ［德］于尔根·哈贝马斯. 现代性的哲学话语［M］. 曹卫东，译. 南京：译林出版社，2011：2.

❷ 金耀基. 从传统到现代［M］. 北京：法律出版社，2010：93 – 97.

❸ 顾明远. 比较教育导论［M］. 北京：人民教育出版社，1996：208.

前人们对现代化的认识主要有以下几种观点：现代化是工业化的过程；现代化就是西化过程；现代化就是由传统的农业社会向现代工业社会的转变过程；现代化就是科学技术在生产过程中得到广泛运用，以及由此导致的经济、社会和政治结构的根本性变革过程；等等"❶。这几种观点各自从不同的侧面突出了世界现代化运动中所表现出来的基本特征，并且把现代化理解为一个过程，即从传统到现代化的转变过程。

综上所述，人们对现代化的理解基本趋于将现代化理解为事物由传统走向现代、由落后走向进步、由瑕疵走向完美的一个过程。如果一定要将现代化的结果进行结果性的诠释，那主要就是指社会上的事物发展为"美好的""完美的""理想的""进步的""适应的"一种状态。

二、教育现代化的提出与内涵

（一）教育现代化的提出与实践探索

1. 教育现代化的提出

从教育现代化在我国发展的时代背景来看，19 世纪中国社会的内忧外患，传统教育的危机以及西方文化的入侵❷，成为中国教育现代化产生的最主要因素。20 世纪初，民族资本主义的发展与清末新政在整体上推动了我国现代化的发展。在此期间，我国的教育开始了一定程度上的西化过程。新型学校建立，教育内容与学制也产生了巨大的变革，新的教育体制初步确立。直到 1949 年新中国成立，全面现代化的序幕正式拉开，我国的教育现代化由此第一次拥有了自主性与整体性。直到改革开放，我国的教育现代化发展在经历了很长一段时期的摸索与曲折后，才逐渐得以步入正轨。

1983 年，邓小平同志提出了"教育要面向现代化、面向世界、面向未来"，开启了我国教育现代化的发展之路。1993 年，在《中国教育改革和发展纲要》中，国家以政策文件的形式正式提出了教育现代化的概念：

---

❶ 刘智运. 对我国实现高等教育现代化的思考［J］. 中国高等教育，2010（10）：28－30.
❷ 张平海. 中国教育现代化的时代背景分析［J］. 河南师范大学学报（哲学社会科学版），2002，29（06）：110－112.

"再经过几十年的努力，建立起比较成熟和完善的社会主义教育体系，实现教育的现代化。"

2010 年，《国家中长期教育改革和发展规划纲要（2010—2020 年）》再次明确提出："全面推进教育事业科学发展，立足社会主义初级阶段基本国情，把握教育发展阶段性特征，坚持以人为本，遵循教育规律，面向社会需求，优化结构布局，提高教育现代化水平。"

2017 年 10 月，党的十九大报告强调，优先发展教育事业。建设教育强国是中华民族伟大复兴的基础工程，必须把教育事业放在优先位置，加快教育现代化，办好人民满意的教育。

近年来，教育现代化是我国主要涉及教育发展的重要文件政策的高频主题词，教育现代化已经成为我国社会主义现代化建设的重要内容和重要依托。

2. 教育现代化的实践探索

教育现代化这个概念具有综合的属性，不仅是指教育现代化涉及内容的综合性和全面性，也是指我们理解或阐述教育现代化的时候也应体现综合。与"现代化"概念的理解一样，对教育现代化的理解也具有很强的个人主观性。在理论方面，人们经历并正在经历多样化"定性"讨论；在实践中，人们在定性描述的基础上，也努力进行定量的描述，力争对教育现代化的结果有一个标准化地界定。这种量化标准的确立也许并不能完整、准确地描述教育现代化的应然状态，但不可否认，这对于教育现代化的推进是起着积极的助推作用的。

在我国教育现代化的实践中，有些地区就尝试采用通过现代化的指标体系来对现代化的水平进行量化定性。江苏省是我国最早实践教育现代化的区域，原江苏省教委于 1993 年 12 月发布的《关于在苏南地区组织实施教育现代化工程试点的意见》中，首次确立了实施教育现代化工程的目标。1996 年，随着江苏省委、省政府"江苏要在全国率先基本实现教育现代化"的提出，标志着江苏省教育现代化实践的开始。《江苏省中长期教育改革和发展规划纲要（2010—2020 年）》明确提出，江苏省要在 2020 年率先实现教育现代化。2013 年 5 月 13 日，江苏省政府办公厅发布了《关于推进教育现代化建设的实施意见》（苏政办发〔2013〕85 号），并自 2013 年起在全省范围内开展了教育现代化建设监测。经历三年的实践后，2016 年，江苏省政府办公厅修订印发了《江苏教育现代化监测指标》（苏政办发〔2016〕86 号），明确提出，江苏省教育现代化的指标体系由 8 个一级指标、16 个二级指标、49 个检测点和 103 个监测要点组成，目标值为 100 分。一级指标分别涉及教育的普及度、公平度、质量度、开放度、保障度、统筹度、贡献度、满意度等八个方面。

2004 年，《广东省教育现代化建设纲要（2004—2020 年)》确立了高等教育现代化指标体系，根据国际参照依据和本地区的现实依据构建了包括规模、效益、质量、资源 4 个一级指标，20 个二级指标，并附有评价标准的指标体系。2009 年，上海市确立的高等教育现代化指标体系，包括规模、结构、质量、经费与管理 5 个一级指标，20 个核心和 17 个扩展二级指标。❶

可见，我国在实践中对教育现代化的内涵把握仍不够一致，不同地区对现代化指标体系确立的不一致，也充分体现了现代化内涵的不确定性。

（二）教育现代化的内涵

教育现代化是社会现代化的主要组成部分，其核心是人的现代化，是建设社会主义现代化强国的关键。

由于教育现代化的概念由现代化的内涵衍生而来，因此，许多学者对教育现代化的理解天然带有现代化内涵的印记。教育现代化意味着一种过程，"是传统教育向现代教育转化的过程"❷。从历史的、纵向发展的角度来看，"教育现代化是从适应宗法社会的封建的旧教育转向适应大工业民主社会的现代教育的历史进程"❸。从国别的、横向比较的角度来看，教育现代化是发展中国家在全面学习、借鉴发达国家先进教育理念与实践的过程中，达到甚至超越发达国家教育水平。

---

❶ 俞佳君. 高等教育现代化指标体系构建探析 [J]. 中国高等教育评估, 2016 (01)：13 – 30.

❷ 顾明远. 关于教育现代化的几个问题 [J]. 中国教育学刊, 1997 (03)：10 – 15.

❸ 冯增俊. 试论我国教育现代化的基本任务主要特征 [J]. 中国教育学刊, 1995 (04)：5 – 8.

综合来看，所谓教育现代化是指教育经历从传统教育走向现代教育的一个发展过程，教育现代化的结果就是教育在数量和质量上都获得充分发展后的一种状态，是人们对教育数量、教育质量、教育效益等主要方面表示非常满意的教育发展状态。

三、农村职业教育现代化的内涵

与现代化和教育现代化的概念理解一样，农村职业教育现代化既是一个教育"趋好"发展的过程，也是一种教育发展后达到的完美结果状态。农村职业教育现代化是指从传统农村职业教育到现代农村职业教育的全方位"趋好"发展过程，也是指在优质教育资源、教育机会均等、教育功能定位、教育质量标准、教育治理能力、教育结构体系、教育保障体系、教育发展水平等方面都获得充分发展后的一种"趋于完善"的农村职业教育发展状态。

从农村职业教育现代化的应然状态而言，其内涵也可以理解为现代农村职业教育的特征。具体而言，可以从以下几个方面解读。

（一）凸显面向人人的全纳教育理念

1994年，联合国教科文组织在西班牙萨拉曼卡召开"世界特殊需要教育大会：入学和质量"（World Conference on Special Needs Education：Acecess and Quality），大会通过了《萨拉曼卡宣言》，并首次正式提出"全纳教育"（Inclusive Education）。"全纳教育"强调每个人都有受教育的基本权利，提出每个人都有其独特的个性、兴趣、能力和学习需要，学校要接纳全体所有的学习者，减少教育系统内外的排斥，关注并满足所有学习者多样化需求的过程。

相对于我国的中高等学历教育而言，现代农村职业教育本质上就是一种面向人人的教育类型，是一种真正属于人民的教育。从服务面向和功能定位来看，农村职业教育先天具有人民性、大众性、植根于民等特性。农村职业教育从其本身的功能源头来看，就发端于农村，源于人民（尤其是农民）大众对职业技术教育的实际需求。尤其在我国大力推进新型工业化、信息化、城镇化、农业现代化"四化同步"的时代进程中，我国农村人口对农村职业教育有更加强烈的需求，更凸显其重要的战略地位。

现代农村职业教育体系是终身教育体系的重要组成部分，其不仅面向农村青少年提供正规的职业学校教育，也面向所有的农村社会成员提供内容丰富全面的非学历教育（主要为培训）。可以说，农村职业教育在服务功能定位、教育组织形式、教育内容、办学主体等诸多方面，都具有丰富性和全面性。农村职业教育既可以给青少年提供学历教育，也可以给农村失业人员提供就业培训，还可以给农村在职人员提供在职培训；既可以给创业人员提供创业培训，也可以给农村弱势群体脱贫离弱提供教育支持。在教育组织形式方面也更为灵活，既可以在固定的教育机构施教，也可以灵活地采用"现场教学"和"送教上门"的方式进行。诸如此类，农村职业教育办学的丰富性和全面性则为实现"有教无类"的全纳教育理念提供了现实基础。

（二）突出终身教育的教育结构体系

不同年龄、不同职业、不同身份、不同阶层的人，在教育需求的层次和类别方面是不同的。现代农村职业教育要实现面向人人的教育目标，则必然要求有一个类型多样、层次清晰的现代农村职业教育体系。现代农村职业教育体系应该是一个能够主动适应农村经济发展方式转变和产业结构调整，能够满足农村人口不断接受职业教育的需求，能够满足农村人口终身学习需求，同时能够满足经济社会发展对高素质劳动者和技能型人才需要的教育结构体系。

在我国向全面小康社会建设的过程中，农村和农民的小康水平已经成为制约我国全面建设成为小康社会最难啃也是最关键的环节。习近平总书记在党的十九大报告中，明确提出了我国已经进入了一个新时代，社会主要矛盾已经转化为人民日益增长的美好生活需要和不平衡不充分的发展之间的矛盾，而这种不平衡的一个重要方面就是农村与城市之间的不平衡，更具体表现为农村人口在教育资源和教育机会，尤其是终身教育体系的构建方面依然与城市地区存在较大差距。作为安身立命在农村地区，以农村人口为主要服务对象的农村职业教育体系，必然要在构建农村地区的终身教育体系中发挥不可替代的作用。构建能够包括初层次清晰、教育类型全面丰富的农村职业教育结构体系，已经成为我国终身教育体系的关键环节。在层次上，要基于区域社会经济的发展特征，错落有致、重心明确、精准定位的农村职业教育层级体系。在类型上，能基于农村区域经济结构和产业结构，形成适合的教育内容体系；能基于农村人口实际的教育需求，形成合理的学历教育与非学历教育、正规学校教育与教育培训并举的办学体系；能基于求学者的工作实际，形成课内与课外、校内与校外、工学结合的教育组织形式体系。

（三）形成多元主体、国际视野的办学格局

办学主体多元化，是农村职业教育现代化的主要标志之一。从资源能力方面而言，多元参与的办学主体（如国家），能更好地提升农村职业教育的人财物资源能力，满足社会多样化的教育需求。从教育组织形式而言，多元的办学主体参与，办学机制、办学路径和教育教学组织形式方面更为灵活、多元，更具有针对性和实效性。国际化的办学视野和国际先进的办学水平，则是衡量农村职业教育办学的参考依据。国际化的办学视野不仅表现在国际间的人员交流、财力支援、信息交换，也包括教育观念、教育内容的互通互享，还包括教育机构的国际合作和跨国的教育活动等方面。只有坚持国际化开放办学，才能更好地吸收一切优秀文化和办学经验，提升农村职业教育的办学水平。国际化的办学视野，还体现在办学水平的国际标准方面，只有达到国际先进办学水平，才能更加趋近于现代化的标准。

（四）满足足量优质的教育资源条件

在实践中，我国最早提出教育现代化建设目标的江苏省和广东省，分别采用定量方式来对教育现代化水平进行水平定阶。从理论上来讲，没有足够的教育资源条件作为前期基础，教育现代化也可能成为无源之水、无本之木。而从实际来看，相对于城市地区而言，农村地区的经济结构相对单一、经济基础更为薄弱，办学经费来源单一（更多地依靠政府投入）、办学资源更为贫乏。农村职业教育现代化的重要体现就是人财物保质保量投入，尤其是优质教育资源的打造，更加离不开充足经费、优秀人才的参与。因此，农村职业教育的现代化需要在经费投入、教学场所建设、教学设备、实践教学基地建设等方面都能保障实际需要。

（五）体现"法治＋多维"的科学治理模式

现代农村职业教育体现着依法治理与科学治理的结合。一方面，依法治理是现代农村职业教育治理的前提。在法治思维盛行的当代文明中，依法治理是一切社会事务处理的基本准则，也是现代农村职业教育科学治理的先期基础和前提。另一方面，多维科学治理是彰显现代农村职业教育"现代性"的基本标志之一。传统的学校教育治理模式主要是行政干预为主的单一型治理模式，这种单一型治理模式的弊端伴随着我国特色社会主义市场经济体制的确立，其弊端已显露无遗。现代农村职业教育具有多元利益主体共同参与、市场机制发挥主导型作用、教育内容形式多样等基本特征，这客观上要求治理主体的多元化、治理路径的市场化、治理方法的丰富化、治理模式的多样化，这些都要求现代农村职业教育的治理必须是多维参与的。

（六）突破时空藩篱的教育组织形式

现代社会是一个基于互联网的大数据信联社会，这是现代农村职业教育在教育教学时空方面获得突破的技术背景。现代农村职业教育利用互联网信息技术，不仅可以突破教育资源的制约，也可以在教育教学的过程中，打破时空的限制。一方面，教师和教学资源多次重复使用，从很大程度上弥补了教育资源，尤其是优质教育资源的不足问题。另一方面，学生（学员）的学习可以不受教育场地设施、固定时间、固定内容、固定教师和固定形式等方面的限制，可以随时、随地、随景地进行学习。因此，农村职业教育现代化需要有全时空的大教育观的视野，把正规教育与非正规教育、正式教育与非正式教育统一起来，把学校教育、家庭教育、社会教育、自我教育有机地结合起来，真正实现线上与线下、课内与课外的随时随地交互学习。

第二节　构建完善的现代农村职业教育体系❶

习近平总书记曾说："小康不小康，关键看老乡。"在我国全面建设小

---

❶ 马建富. 职业教育学（第二版）［M］. 上海：华东师范大学出版社，2015：53－63.

康社会的进程中，农村地区小康社会建设情况直接成为影响我国小康社会战略目标能否实现的关键。而农村职业教育在农村小康社会建设、农业现代化的建设进程中，发挥着非常重要的作用。构建现代农村职业教育体系，不仅是实现我国农村发展振兴战略的现实需要，也是满足农民日益增长的教育需求的需要，更是优化国民教育体系的内在需要。

一、我国现代职业教育体系构建的历史溯源

构建与经济社会发展相适应的现代职业教育体系，是我国教育领域一直以来在孜孜追求的目标。从 20 世纪 50 年代至今，尤其是 21 世纪以来，国家层面一直都非常重视职业教育在经济社会发展和教育战略规划中的重要地位，并一直都围绕如何构建更为科学完善的职业教育体系进行总体规划和设计。

中华人民共和国成立后，在 1951 年颁布的《关于改革学制的决定》中，首次明确了职业教育的战略地位，并试图建构符合当时国情的职业教育体系，将专科学校、中等专业学校、工农速成学校、各类业余学校等都包括在新学制中。

1985 年，《中共中央关于教育体制改革的决定》提出了发展职业技术教育，首次提出要构建起从初级到高级、行业配套、结构合理与普通教育相互沟通的职业技术教育体系。

1996 年颁布实施的《中华人民共和国职业教育法》第七条专门对职业教育在我国农村地区经济建设及农村社会发展中的重要地位进行了明确的规定，"国家采取措施，发展农村职业教育，扶持少数民族地区、边远贫困地区职业教育的发展。国家采取措施，帮助妇女接受职业教育，组织失业人员接受各种形式的职业教育，扶持残疾人职业教育的发展"。第二章专题阐述了构建职业教育的体系问题，指出应根据经济发展水平和教育普及程度的地区差异，实施以初中后为重点不同阶段的教育分流，建立健全职业教育与培训共同发展、与其他教育协调发展的职业教育体系，并进一步明确了职业学校教育系统的层次结构和职业培训系统的类型结构问题。

2005 年颁布的《国务院关于大力发展职业教育的决定》首次提出要构

建"中国特色的现代职业教育体系"，指出"要建立适应社会主义市场经济体制，满足社会大众终身学习需求与市场需要和劳动就业紧密结合，校企合作，工学结合，结构合理，形式多样，灵活开放，自主发展，有中国特色的现代职业教育体系"。

2010年，《国家中长期教育改革和发展规划纲要（2010—2020年）》提出："到2020年，形成适应经济发展方式转变和产业结构调整要求、体现终身教育理念、中等和高等职业教育协调发展的现代职业教育体系，满足人民群众接受职业教育的需求，满足经济社会发展对高素质劳动者和技能型人才的需要。"《纲要》不仅对现代职业教育体系的内涵进行了全新表述，而且对体系构建的目标、理念和依据进行了阐述。

2011年，《教育部关于推进中等和高等职业教育协调发展的指导意见》（教职成〔2011〕9号）提出："合理确定中等和高等职业学校的人才培养规格，以专业人才培养方案为载体，强化学生职业道德、职业技能、就业创业能力的培养，注重中等和高等职业教育在培养目标、专业内涵、教学条件等方面的延续与衔接。"

2014年3月25日，教育部副部长鲁昕在现代职业教育体系建设国家专项规划编制座谈会上提出，要加快构建以就业为导向的现代职业教育体系，为促进经济提质增效升级提供人才支撑。

2014年颁布的《国务院关于加快发展现代职业教育的决定》（国发〔2014〕19号）中明确提出，到2020年，形成适应发展需求、产教深度融合、中职高职衔接、职业教育与普通教育相互沟通，体现终身教育理念，具有中国特色、世界水平的现代职业教育体系。相对而言，现代职业教育体系将具备三个方面的优势：一是结构规模更加合理；二是院校布局和专业设置更加适应经济社会需求；三是职业院校办学水平普遍提高；四是发展环境更加优化。

2014年6月16日，教育部、国家发展改革委、财政部、人力资源社会保障部、农业部、国务院扶贫办联合颁布了《现代职业教育体系建设规划（2014—2020年）》（教发〔2014〕6号），明确提出"牢固确立职业教育在国家人才培养体系中的重要位置，到2020年，形成适应发展需求、产教深度融合、中职高职衔接、职业教育与普通教育相互沟通，体现终身教育理念，具有中国特色、世界水平的现代职业教育体系，建立人才培养立交桥，形成合理教育结构，推动现代教育体系基本建立、教育现代化基本实现"。

综上所述，从 2005 年"现代职业教育体系"这一概念的明确提出，经历了十余年时间的探讨，我国已经对现代职业教育体系构建的内涵、功能、价值、理念、边界、路径、内容等方面有了更为清晰的认识。

二、现代农村职业教育体系的内涵

（一）现代职业教育体系的内涵解读

现代农村职业教育体系属于现代职业教育体系的一部分。要把握现代农村职业教育体系的内涵，首先需要对现代职业教育体系的内涵进行分析。

"现代职业教育体系"是与"传统职业教育体系"相区别的概念。只有符合现代经济社会发展需求，具备"现代"特征的职业教育体系，才能被称之为"现代职业教育体系"。那么，什么样的职业教育体系才具有现代特征，才可以被称为"现代职业教育体系"呢？

事实上，国家有关职业教育体系构建的相关文件精神中，关于现代职业教育体系的表述也越来越清晰。

《国家中长期教育改革与发展规划纲要（2010—2020 年）》指出：到2020 年，形成适应经济发展方式转变和产业结构调整要求，体现终身教育理念，中等和高等职业教育协调发展的现代农村职业教育体系，满足人民群众接受职业教育的需求，满足经济社会发展对高素质劳动者和技能型人才的需要。据此，有研究者将"现代农村职业教育体系"的内涵概括为："'两个适应'即适应经济发展方式转变，适应产业结构调整；'两个满足'，即满足人民群众接受职业教育的需求，满足经济社会发展对高素质劳动者和技能型人才的需要）；'一个体现'，即体现终身教育理念；'一个协调'，即中等和高等职业教育协调发展"❶。这与教育部副部长鲁昕在2011 年 5 月 16 日教育部召开的 2011 年度职业教育与成人教育工作视频会议上，对"现代农村职业教育体系"内涵的解读相一致。❷

《现代职业教育体系建设规划（2014—2020 年）》（教发〔2014〕6 号）则进一步明确了现代职业教育体系在国家人才培养体系中的重要地位，并明确指出，到 2020 年应该形成具有如下要义的现代职业教育体系，即在功能上要适应经济社会发展需求，在办学路径方面实现产教深度融合，纵向结构上实现中职高职衔接、横向结构方面实现职业教育与普通教育相互沟通，在设立理念方面要紧扣终身教育理念，在表现形式方面体现中国特色，在发展水平方面体现世界水平，在教育自身功能方面能助推现代教育体系的建立和教育现代化。

（二）现代农村职业教育体系的内涵

在我国，人们往往从所在区域作为区分农村职业教育和城市职业教育的主要依据。依此维度来划分，职业教育体系包括城市职业教育体系和农村职业教育体系。在这里着重介绍农村职业教育体系。

在我国，传统意义上，农村是指县及县以下的区域，是一个行政区域的概念。作为职业教育体系的组成部分，我们可以对现代农村职业教育体系进行如下解读。所谓现代农村职业教育体系是指能够适应农村城镇化、农业现代化对人才的现实需求、产教深度融合、初等职业教育与中高等职业教育有效衔接、农村职业教育与城市职业教育联动、职业教育与普通教育相互沟通、农村社区学院、农村职业学校与职业培训并举，能够体现终身教育理念和世界职业教育水平的农村职业教育结构体系。现代农村职业教育体系由层次结构、类型结构、专业结构、布局结构、办学结构等组成。

---

❶ 周建松. 关于全面构建现代农村职业教育体系的思考 [J]. 中国高教研究，2011（07）：74.

❷ 孟凡华. 鲁昕强调：推动现代农村职业教育体系建设 [J]. 职业技术教育，2011（05）：45.

三、现代农村职业教育体系的构建

（一）现代农村职业教育体系的构建依据

1. 构建现代农村职业教育体系的理论依据

职业教育体系的建构需要理论指导。人才结构理论、终身教育理论、人力资本理论等，是指导我国现行职业教育体系构建的重要理论依据。

人才结构理论。无论是"金字塔"型、"职业带"型，还是"阶梯型"人才结构模式都从不同角度对人才结构进行了表述。现代人才结构应由不同系列、不同层次的人才按比例组合而成。不同性质的工作岗位有不同系列的人才结构。依照人才结构理论，职业教育体系也应该是多种层次（由初级到高级），各成序列（各类人员由低到高自成序列），又相互可以沟通的系统。目前，我国农村人力资源总量不足和人力资本存量不足同时并存；低学历、低技能素养、低就业能力、传统农民多，高学历、高技能素养、高就业能力、现代职业农民、创业型人才缺少，这些方面构成了我国当前农村人才结构的基本现状。农村职业教育体系构建时必须要依托这一现实，在功能定位、层次、类型结构上进行合理规划构建。

终身教育理论。1965 年，在联合国教科文组织主持召开的成人教育促进国际会议期间，保罗·朗格朗（Paul Lengrand）正式提出了"终身教育"这一概念。时至今日，终身教育理论已经不再是人们热烈讨论的话题，而是一个如何从理论走向实践的话题。教育体系的构建必须要适应人们终身教育的需要。农村职业教育的多样性和丰富性中就体现着"人民性""大众性""草根性""终身性"等特定内涵。从教育的对象来看，农村职业教育彰显着"有教无类"的现代教育理念，从学龄期到老年期，从职业前到职业中再到职业转换，都可以随时进入职业教育机构接受教育；从功能定位和教育内容来看，从教育教学组织形式来看，农村职业教育无不具有多样性和丰富性特征。从性质来看，农村职业教育从其一产生就与终身教育理论具有内在逻辑的一致性。农村职业教育体系的构建需要基于特定时代、特定区域的实际情况进行科学构建。

人力资本理论。人力资本即是附着在个体身体的知识、技能和能力。

由于这些知识、技能与能力能够影响个体的未来职业和报酬，因此，也被看作一种比传统资本（生产资料、货币、机器、厂房等）更重要的新型资本。美国经济学家舒尔茨通过分析发达国家和发展中国家经济发展道路，发现两者的主要不同在于对人力资本的投资是否足够重视。在现代社会，教育不再被视为一种单纯的消费性投资，而被看作一种导致经济增长的主要投资活动。因此，大力发展职业教育，建立完善的职业教育体系，应理解为现代国家对国民的一种人力资本投资，这种投资将对国家发展、民族振兴具有战略意义。

2. 构建现代农村职业教育体系的现实依据

一方面，农村社会经济建设的现实需要是构建现代农村职业教育体系的现实依据。在我国全面推进小康社会建设、农村"四化"同步发展、土地流转制度实施、精准扶贫战略实施、新型职业农民培育、返乡创业农民工等时代背景下，我国农村经济社会正在经历由传统农村社会向现代农村社会过渡的深刻变革。在这样一种时代背景下，现代农村职业教育的功能作用如何重新定位？现代农村职业教育的体系结构如何进行重构？这些方面都是农村职业教育改革的重要领域。

另一方面，我国农村的农村人力资源和人力资本的现状也应成为构建现代农村职业教育体系重构的现实依据。从农村人力资本的视角而言，伴随着我国改革开放的进程，我国农村人力资源大量涌向城市，由农业向非农产业转移，这直接导致了农村人力资源的总量不足，直接影响了我国"四化"的步伐。即便是留在农村地区的人口，也基本上是一支"三八六一九九"部队。农村人力资源总量不足、人力资本不足同时并存。

作为面向"三农"服务的农村职业教育，必须面对农村人力资源的现实，进行体系的优化和完善。首先，应致力构建主要面向农村人口的职业学校教育体系。农村的现代化建设需要大量懂得现代农业生产和农村经济社会建设的农村人口，需要从青少年的教育做起，构建未来农村经济社会建设的人力资本库。其次，要构建完善面向涉农产业的职业培训体系。农村经济建设的核心关键词是"农"字，要围绕农业产业做文章，构建起面向涉农产业相关的职业培训系统。最后，要构建以农村职业教育功能和内容为主体的农村社区学院。农村社区学院是构建农村终身教育体系的重要组成部分，具有提升农村人口学历和基本素养、职业教育与培训、丰富农村文化氛围等多重功能。在目前，针对农村人口人力资源存量不足、农村人力资本较低的现状，农村社区学院应在办学功能定位上、在教育教学内容体系的构建上适当向职业教育方面适当倾斜。

3. 构建现代农村职业教育体系的参考依据

世界发达国家关于农村职业教育的发展趋势是构建现代职业教育体系的参考依据。世界职业教育体系发展趋势总的来说，一是表现为职业教育的各个层次以及它们与普通教育之间相互沟通和衔接，形成了"职业教育—就业—继续教育（培训与深造）—更高层次的再就业"这种良好的循环机制，形成了纵横交错而又畅通的有机网络。特别是普通高等教育为接受职业教育的人们提供了良好的深造机会和条件。二是职业教育又具有相对独立和相对完整的结构体系、运作管理机制和评价考核标准，它的师资、课程标准、教材以及教学方法等都有自己的鲜明特色，不同于普通教育，形成了职前、职后相互衔接，初等职业教育、中等职业教育和高等职业教育相互衔接的体系。这些对构建我国职业教育体系有很大的参考价值。

（二）现代农村职业教育体系的构建原则

1. 县域性原则

在我国，农村本就是一个行政区划的概念，农村地区指的是县及县以下的地区。农村职业教育自然是指县及县以下地域设立的职业教育。农村职业教育与地方社会经济发展联系最为紧密，经济社会环节是农村职业教育健康发育的现实土壤。我国不同区域社会经济发展存在较大差异，即便是同一个区域，不同县域的经济异质性和差距都很大，这就导致不同县域农村职业教育发展的规模、层次、水平存在较大差距。这种县域性特征不仅表现在量和水平上的差距，也表现在教育内容方面的异质性。因此，应根据地方社会经济发展需要和尊重职业教育发展的历史和现状，构建出反映县域发展特色的现代农村职业教育体系。也只有区域特色明显的现代农村职业教育体系，才能更好地服务地方社会经济的发展。

2. 城乡协同性

农村职业教育与城市职业教育统筹协调发展是实现和谐发展的时代诉求。20 世纪后期，我国基于特定的时代背景，实施了"以农养工"的国家战略，在实现振兴工业的过程中，城乡贫富差距也日益拉大。进入 21 世纪，我国已经步入了"工业反哺农业，城市支持乡村"的时代。但由于历史的原因，城乡在诸多方面的差距依然很大。在职业教育的发展方面，也呈现出较大的城乡差距。从我国社会和谐发展的实践诉求来看，城乡职业教育协同发展是实现我国经济社会和谐发展和全面建设小康社会的必然要求。

城乡协同发展也是构建现代职业教育体系的内在要求。作为职业教育系统的两个子系统，城乡职业教育虽然在自身功能定位、发展环境、教育内容等方面存在不同，但作为同属于职业教育系统的两个组成部分，既有不同，也有相通之处，各自还独具自身优势。城乡职业教育之间应通过加强沟通与合作，相互取长补短，从而构建更为科学的现代职业教育体系。

3. 系统性原则

体系是由构成体系的相互联系的要素组成，具有系统特征。系统性是现代农村职业教育体系的基本特性。其含义包括：一是要把职业教育体系作为教育体系的有机组成部分，纳入教育事业发展的整体规划之中；二是要对农村职业教育体系进行整体设计。现代农村职业教育体系既包括作为职业教育实施机构的农村职业学校教育系统和农村职业教育和培训系统，也包括农村职业教育管理体系，以及相应的课程体系、专业体系、评价体系、保障体系、制度体系等职业教育子体系，并表现出相互之间的关联性。

（三）现代农村职业教育体系构建的助推机制

1. 现代农村职业教育体系构建的分区推进机制

适应我国各地区农村社会经济发展新形势的现代农村职业教育体系，应具有区域特色。一方面，我国现行的农村职业教育体系在形成过程中已经表现出一定的区域性特征。一般来说，经济发达地区应大力发展农村中等职业教育，适度发展农村高等职业教育。而经济欠发达地区，以发展农村中等职业教育为主，同时兼顾农村初等职业教育的发展。我国现代农村职业教育体系的构建，应尊重各地区的实际情况，尊重其历史和现实基础。另一方面，职业教育发展与区域经济社会发展存在内在的密切联系，不同区域社会经济发展对区域农村职业教育发展有不同的诉求。在我国现代农村职业教育体系的构建过程中，应充分发挥地方主体性，鼓励各地结合自身特点和需求，有重点、有针对性地探索区域职业教育发展的特殊性和规律，形成区域农村职业教育体系的特色。

2. 不同层次农村职业学校的有效衔接机制

（1）改革面向农村中职学校的招生机制。主要是通过调整高职院校对口单招农村中职的生源比例，从而提升农村中职的吸引力。一些职业教育比较发达的国家和地区都把中职毕业生或具有一定职业知识和技能的综合中学毕业生作为高职生源的首选目标。如韩国职业专科学院的生源约50%来自中职毕业生。我国部分地区应根据自身实际情况，积极尝试扩大农村职教对口招生比例。这既有利于中高等职业教育的有效衔接，又有利于拓宽农村中职生的深造路径，提高农村职业学校的吸引力，构建现代农村职业教育体系。

（2）建立不同层次农村职业学校之间的教育资源共享机制。由于历史的原因，农村职业学校总体数量不够，相对于城市职业院校而言，在软硬教育资源能力方面也相对欠缺。因此，不同层次职业院校之间，在教育资源能力和功能定位上也各有不同，不同层次农村职业院校之间应发挥各自的优势来补足各自的短板，从而实现教育资源的最大化利用。在这方面，高层次院校更应发挥其主动意识和积极作用。

3. 建立不同类型农村职业教育的有效融通机制

农村普通职业学校、农村成人职业学校和农村职业教育和培训机构等不同类型的职业教育机构，具有各自的功能定位和各自的资源优势，应做好不同类型职业教育之间的交融与合作，尤其是要建立农村职业学校教育和职业培训机构之间的深度、长期合作机制。相对于职业培训教育，农村职业学校在教育教学的软硬实力方面都要更强。而职业培训机构，在资金来源方面更加具有灵活性和多样性，办学机制更加灵活。因此，可通过有效合作，实现优势互补，协同发展，从而形成更加健康可持续的农村职业教育体系。

4. 探索形成农村高等职业教育体系，形成农村中高等职业教育协调发展的内生动力

在农村地区积极试点发展专科以上学历层次的高等职业教育。在农村地区，主要是以中等职业学校教育为主体，多数农村地区仍没有高等职业院校。因此，应该积极鼓励探索专科以上学历层次的农村职业教育。首先，可在条件较好的地区独立设置高等职业院校，实现农村职业教育体系初、中、高三级体系的完整性。其次，可以通过农村中职与城市高职合作办学的方式，开辟农村高等职业教育的探索试点工作。

5. 大力发展农村职业教育和培训事业，逐步建立一个能够满足终身教育需要的现代农村职业教育体系

相对于发展农村职业学校教育而言，致力发展农村职业教育和培训不仅更具可行性，而且更加具有时效性和针对性。相对而言，职业培训具有灵活性、针对性和成效性强的特点。首先，表现在功能定位和服务面向方面，不同于职业学校有相对稳定的专业，职业培训的服务面向更加灵活，可以随时根据市场的需求迅速做出调整。其次，表现在服务的时效性方面。职业培训能及时地根据农村经济社会需求迅速做出调整和反应，并以短、平、快的特点实现对接。最后，表现在办学机制方面。职业培训的办学机制更为灵活，能通过市场机制迅速地将培训项目、培训资源、培训实效三者之间实现对接。因此，要大力发展农村职业教育和培训教育。

一是要整合区域农村职业学历教育与农村职业教育和培训资源，形成职业学历教育与职业培训合力。首先，应积极扩大和强化劳动部门的作用，促进各类农村职业教育和培训迅猛发展；其次，将职业学历教育与职业培训有机整合，通过科学的证书体系设计，将学历教育与职业培训贯通，将技术技能证书与学历文凭证书对接；最后，农村职业学校应统筹规划与发展职业培训与职业学历教育，实现协同发展，将两块蛋糕同时做大、做好、做强。

二是发挥非政府组织在农村职业教育和培训体系构建中的作用。非政府组织（NGO）是独立于政府和企业之外的非营利性组织，具有正规性、

民间性、非营利性、自治性、志愿性和公益性等特征。职业培训专业（工种）涉及面广，单靠职业学校或者成人教育机构、社区教育中心还远远不够，而非政府组织能够较好地把脉劳动力市场的需要特点和动向，及时拓展培训市场进行人力资源的培训开发；同时，由于非政府组织具有"非营利性""志愿性"和"公益性"特点，往往更受社会欢迎。

三是发挥职业教育评估机构评价的导向作用。有关评估机构或者部门应将职业培训的规模与质量纳入国家级、省级示范职业学校的评价指标中，或其他各类考核或者评比指标中，以挖掘职业学校的培训潜力，规范职业培训市场，提升培训能力，提高职业培训的实效性。

6. 建立企业深度参与现代农村职业教育办学机制

培养面向农村的实用性技术技能型人才更加需要涉农企业、现代农场、农村新兴经济体等经济实体对职业教育的深度介入。农村职业教育是一种典型的面向"三农"问题的教育，从其功能定位来看，主要是面向农村经济、农业领域、现代职业农民提供教育服务，旨在通过提升农村人口职业素养实现为"三农"服务价值。无论是职业学校教育，还是职业培训，在教育目标确立、教育内容选择方面都是基于"实用"价值取向。而在教育教学过程中，农村职业教育机构则需要面向农村社会开放，通过下田地、进企业、进基地、进农场等现场教学组织形式，才能实现"实用"技能目标。

应该将涉农企业、现代农场、农村新兴经济体等的职业教育与培训纳入现代职业教育体系建设的范畴，企业自办培训与参与职业培训工作成为现代农村职业教育体系构建的重要内容。首先，在观念上，让农村相关经济实体了解参与职业教育和培训的重要性，并认识到参与职业教育和培训是其责任和义务，也是其逐渐融入职业教育体系，使职业教育与培训成为其自觉行为。其次，应积极构建一个政府、行业或企业与学校三方全新的发展职业教育的合作机制，通过相关法律法规以及创建激励机制，从政策导向上真正调动企业全面参与职业教育的积极性，让"学校学习"与"职场训练"紧密结合，使职业教育与培训由对涉农企业的"强制性"行为逐步成为企业的自觉行为，形成企业积极参与职业教育与培训的"习惯"与

"传统"。同时，还应制定相关法律制度，具体规定职业教育与培训各合作主体、参与主体的权利和义务。

7. 建立有助于现代农村职业教育发展的服务支撑体系

在农村职业教育发展和现代农村职业教育体系建设的过程中，必须强化政府的主体领导责任和主体投入机制。无论是基于历史"农村服务城市"的历史原因，抑或是农村经济社会发展在我国经济社会发展中的弱势地位和弱势现状，都需要政府在农村发展中发挥出"主体责任"，体现出"主体作用"。因此，应在国家和地方政府层面建立相应层级的农村职业教育事业发展和体系建设的相关领导机构。这种领导机构应由政府、行业（企业）、社会组织和教育机构代表等共同组成，分别负责整体设计和统筹规划国家和区域现代农村职业教育体系的构建与发展。

在宏观层面，政府必须基于各个农村区域的实际，统筹一个在功能结构、层次结构、类型结构等与之相适应的现代农村职业教育体系，并通过相关配套制度和经费保障的方式得以贯彻落实。在中观层面，应做好各政府职能部门的力量和资源统筹工作，并基于各农村地区的实际，兴办职业学校和职业培训机构，从而构建一个能满足农村区域发展需要的农村职业教育办学实体。在微观层面，要加强对各职业教育机构的调研，组织力量指导各职业教育机构的具体发展，协调好不同层次、不同类型职业教育机构之间的关系，实现该地区职业教育系统的协同发展。

第三节　建立健全现代农村职业学校制度

建立和完善现代职业学校制度是发展现代职业教育的必然要求。进入21世纪以来，国家不断从宏观战略层面对现代职业学校制度建设进行布局并提出明确要求。2004年国务院批转的《2003—2007年教育振兴行动计划》提出，"深化学校内部管理体制改革，探索建立现代学校制度"。这是我国官方文件首次提出现代学校制度这一概念。2010年，《国家中长期教育改革与发展规划纲要（2010—2020年）》明确提出："要逐步建设现代学校制度，推进政校分开、管办分离，落实和扩大学校办学自主权。"

2012 年，为进一步落实《国家中长期教育改革与发展规划纲要（2010—2020 年）》提出的建立现代学校制度精神及要求，教育部又出台了《依法治校——建设现代学校制度实施纲要（征求意见稿）》，将现代学校制度的实施进一步引向深入。2014 年颁布的《国务院加快发展现代职业教育的决定》在第十二条首次规定，"完善现代职业学校制度。扩大职业院校在专业设置和调整、人事管理、教师评聘、收入分配等方面的办学自主权。职业院校要依法制定体现职业教育特色的章程和制度，完善治理结构，提升治理能力"，并用 228 个字作了内容上的完整阐述。

现代职业学校制度涉及职业学校举办的制度、政府管理职业学校的制度以及职业学校内部治理的制度等不同层面；涉及招生、培养过程、评价监督、学生管理、教师管理、校企合作等全方位的制度安排。建立现代职业学校制度，是在当前时代背景下，推进职业学校管理制度的现代化进程，是教育现代化进程中的必然要求。

一、现代农村职业学校教育制度的内涵与意义

（一）现代农村职业学校制度的内涵解读

1. 制度与教育制度

"制度"一词在社会学、政治学、管理学和教育学中的界定均有不同，权威工具书《辞海》（缩印本）中的含义是：要求成员共同遵守的、按一定程序办事的规程；一定历史条件下形成的政治、经济、文化等方面的体系；政治上的规模法度。❶ 美国经济学家、历史学家、诺贝尔奖获得者诺斯认为，所谓制度是一种社会的游戏规则，是人们设定用来约束人们行为互动的规则。也有学者认为，制度是由当时社会上通行或被社会所采纳的习惯、道德、戒律、法律、规章等构成的一组约束个人社会行为因而调节人与人之间社会关系的规则，是调节人与人之间利益关系的一种社会机制。❷

---

❶ 辞海编辑委员会. 辞海（缩印本）［M］. 上海：上海辞书出版社，1980：185.
❷ 樊刚. 渐进改革的政治经济学分析［M］. 上海：上海远东出版社，1996：13.

系统梳理较有影响的制度的定义，大致可以分为三种：一是规则、规范说，即制度是一种社会规范的行为；二是结构、体系说，即制度作为社会生活中实际存在的一种建制结构的综合体；三是行为方式、生活方式说，即制度是一种共同体的生活方式。在此基础上，也有学者给出综合性的制度定义，即制度不仅是规则、共识，还是相对稳定的行为方式和结构状态，制度是由规则、信念、规范和组织构成的系统等。❶

制度可以分为正式制度和非正式制度两种。正式制度也称正式规则、正式约束，即"包括政治规则、经济规则和契约，以及由这一系列规则构成一种等级结构，从宪法到成文法到不成文法，到特殊的细则，最后到个别契约，它们共同约束着人们的行为"。非正式制度也称非正式约束、非制度化规则，是社会共同认可的、不成文的行为规范，主要包括价值信念、伦理规范、道德观念、风俗习惯、意识形态等因素，在正式制度无法定义的场合规范着人们的行为。❷ 从起源看，制度还可分为内在制度和外在制度；从实践看，也存在宏观制度和微观制度。

正如教育系统是整个社会系统中的一种，教育制度也是众多制度中的一种类型。顾明远主编的《教育大辞典》认为，教育制度是"一个国家各种教育机构的体系。包括学校教育制度（即学制）和管理学校的教育行政机构体系。教育制度是一定社会历史阶段的产物，受一定社会的政治、经济、文化的影响和学生身心发展特点的制约。有的国家把教育制度看作按国家性质确立的教育目的、方针和设施的总称"❸。

一般而言，教育制度是指国家各级各类教育机构与组织的体系及其管理规则。包括相互联系的两个基本方面：一是各级各类教育机构与组织的体系；二是教育机构与组织体系赖以生存和运行的整套规则，如各种各样的教育法律、规则、条例等。

---

❶ 肖凤翔，黄晓玲. 治理视角下我国职业教育制度发展回顾及未来展望 [J]. 职业技术教育，2015（16：）：14－19.

❷ 卢现祥. 西方新制度经济学 [M]. 北京：中国发展出版社，1996：24. 21.

❸ 顾明远. 教育大辞典（第1卷）[M]. 上海：上海教育出版社，1990：68.

2. 现代农村职业学校制度

对"现代"的解读。所谓的"现代"农村职业学校制度，不单纯是对应于"传统"职业学校制度的时间概念，"现代"也是一个价值观判断的词语，对应的内涵至少包括"好的""理想的""进步的""适应的"等积极要义。"好的""理想的""进步的""适应的"相互关联、相互交叉，但侧重点各有不同。现代的职业学校制度应凸显科学、有效、灵活、符合社会道德规范等要义，更要凸显人文关怀、人性设计，同时还要适应所处时代、所在区域、管理体制、文化背景等方面的实际。

如果说教育制度是对整个教育系统（包括不同层次、不同类型、不同形态的教育）的体系和规则进行设计和规定的话，那么，农村职业学校制度则只针对农村职业学校举办、政府管理农村职业学校、农村职业学校的内部治理进行制度方面的设计和安排。

目前，关于现代学校制度的研究成果较多，对于现代学校制度的概念界定也很多。下面仅列举几例。

2012 年，中国教育科学研究院孟照海先生在回答网友关于"什么是现代学校制度"这个话题时，认为"通常所提的学校制度是指国家各级各类教育的制度安排，它规定了各级各类学校的性质、任务、培养目标、入学条件、修业年限、管理体制以及学校之间的关系，属于'宏观'的学校制度"❶。

李继星（2003）认为，现代学校制度指的是在新的社会背景下，能够适应市场经济发展和建设学习型社会的基本要求，以学校法人制度和新型的政、校关系为基础，举办者产权与学校日常管理权基本分离，学校依法自主管理，由教育管理行家负责学校日常管理，教职工依法民主参与，学校与社区中的各种组织及家长密切合作，指导和约束学校可持续发展的一套完整的制度体系。❷

徐桂庭（2014）认为，现代职业学校制度具体包括体现政府与职业学

---

❶ 孟照海. 什么是现代学校制度 [EB/OL]. 教育部网站 http://old. moe. gov. cn/public-files/business/htmlfiles/moe/s6073/201208/140720. html, 2012 – 09 – 15.

❷ 李继星. 现代学校制度初论 [J]. 教育研究, 2003 (12).

校的权力、义务和责任划分的教育法律、法规，体现学校自主发展的教育规则和校内各种管理制度与体制机制，以及针对职业教育参与主体如政府、职业学校、家长与学生、市场、社会、行业企业在共同参与职业教育活动过程中所应该共同遵守的基本规则。鉴于职业教育是一种跨界的教育类型，因此在进行现代职业学校制度设计时，除考虑教育系统内部不同类型、不同层次教育的相互关系与建制（如中等职业教育与高等职业教育衔接、中等职业教育与初中职业意识渗透、职业教育与普通教育融通）外，还必须考虑职业教育与国家产业结构调整人才需求对接，职业教育与企业人才培养质量标准、规格匹配对接，职业教育与社会发展需求的人力资源开发对接，职业教育与人的全面可持续发展需求对接，职业教育与培训、终身教育学习需求的对接等方面的内容。❶

陈衍（2015）认为，现代职业学校制度，是在现时代背景下，优化中高等职业学校内外部治理的系统规范与程序。它涉及职业学校举办的制度、政府管理职业学校的体制，以及职业学校内部的治理结构等。❷

张森（2015）认为，现代职业学校制度就是职业学校在社会现代化进程中，为了协调各种职业学校办学及教育教学中利益主体之间的关系而制定的一系列的规范体系。它应是对职业学校办学及教育教学活动中的特殊主体间行为进行的规范，不同于中小学现代学校制度、现代大学制度，但与二者共同构成我国现代学校制度体系。❸

从以上种种对现代学校制度的阐述可以看出，对学校教育制度这一概念的内涵、外延和边界认识上各不相同。有的从宏观层面进行整体把握，将学校制度理解为宏观的学校教育制度（学制）；有的从中微观层面进行理解，认为学校制度是一种协调各学校教育相关利益者的规范和约束。有的侧重于国家对学校教育的整体要求和外部调控，有的则侧重于学校相关

❶ 徐桂庭. 关于现代职业学校制度建设的若干思考 [J]. 中国职业技术教育, 2014 (30)：53 – 26.

❷ 陈衍. 建立和完善现代职业学校制度 [J]. 职业技术教育, 2015 (30)：卷首语.

❸ 张森. 现代职业学校制度的内涵、特征、体系——基于利益主体关系的分析 [J]. 职教论坛, 2015 (13)：13 – 16.

利益主体间的利益协调，有的则侧重于学校的内部管理和治理。

由于看待问题视角以及对制度功能的理解各不相同，不同的学者或专家对现代职业学校制度这个概念的内涵理解难以完全达成共识。但这种认识上的偏差，势必会影响在实际工作中，现代职业学校制度在学校教育体系中功能的准确定位和功能发挥。因此，有必要理清现代职业学校制度概念的内涵、外延与边界。

综合来看，现代职业学校制度是对职业学校教育的办学机制、利益主体、过程管理以及办学质量等各方面行为进行调控的相关规则和规范。在纵向层次上，现代职业学校制度包括宏观、中观、微观三个层次，宏观层面主要侧重于对国家及政府对职业学校的办学体制、办学行为（宏观）、质量监控与评价等方面进行宏观调控；中观层面主要侧重于指地方政府对各职业学校办学形式、利益主体、办学过程（中观）、质量监控与评价等方面进行控制的规范和规则。宏观和中观层面的制度侧重于对职业学校的外部管理，微观层面则主要侧重于职业学校的内部治理的规范和规则。在横向类别方面，主要是从现代职业学校制度发挥功能的视角层面而言，职业学校的所有工作，都应有相应的制度进行合理约束和规范。

（二）建立现代农村职业学校制度的意义

建立现代农村职业学校制度体系，对于现代农村职业教育的发展来说具有非常重要的价值和意义。好的制度体系，不仅能很好地促进职业学校的各方面工作的规范性，而且能有效提升各方面工作的科学性和实效性。

1. 是推进农村职业教育现代化的内在需要

首先，现代农村职业学校制度本身就是农村职业教育现代化的重要建设内容。制度文明本身就是教育文明的重要内容和体现，制度的现代化进程也是教育的现代化进程。其次，建立现代农村职业学校制度，也是推进农村职业教育现代化的重要抓手。农村职业教育的现代化进程，需要形成"软硬兼施""多管齐下""齐心协力""内外兼治"的局面，这就需要现代农村职业学校制度作为保障，而且现代农村职业学校制度的建设要坚持"两手都要抓、两手都要硬""多点开花""合作共赢""内外结合"。

2. 是激发现代农村职业学校办学活力的内生需要

首先，从体制机制方面激发办学活力。通过构建科学、高效的现代农村职业学校制度体系，通过深化改革不断健全和完善与社会主义现代化建设要求相适应的教育体制机制，从根本上扫除制约教育发展的体制性障碍、提升教育资源的利用效益、优化教育结构、增强农村职业学校依法自主办学的能力、完善农村职业学校内部治理制度等方面，从而激发农村职业学校自身的办学活力。

其次，从制度上激发办学利益主体的办学动力。相对于基础教育和高等教育而言，农村职业教育与社会经济发展的关系更为密切，涉及的相关利益者（办学主体）也更多元。相关利益者的办学热情和动力则会直接决定现代农村职业学校的办学成效，而利益主体的办学动力需要现代职业学校制度得到保障和持续。有了科学合理的制度，则会尽可能地避免"内耗""搭便车""功能离散"等负面效应，尽可能地实现"齐心协力""各尽其责""集聚效应"等局面。

3. 是凸显农村职业教育"育人中心"的现实需要

现代农村职业学校制度的现代性对应的内涵就包括"好的""理想的""进步的""适应的"等方面要义。现代化的职业学校制度将"育人"作为自身的本质规定，更加重视教师的教和学生的学，并以此作为构建整个学校制度的法则。在现代学校制度的框架下，所有的规则体系都是围绕更好地促进学生发展来构建的，从而更加凸显了教育的独立性和学校的自主性。正如梅兰芳剧团的所有工作都是为了让梅兰芳唱好戏一样，现代学校制度也是为了促进教师更好地教和学生更好地学。因此，现代学校制度主要是为学生更好的发展搭好舞台，系统构建学校教育的核心制度和外围制度。❶

4. 是营造农村职业教育良好发展环境的迫切需要

从文化学的视角来看，现代农村职业学校制度能较好地营造发展所需

---

❶ 孟照海. 什么是现代学校制度［EB/OL］. 教育部网站 http：//old. moe. gov. cn/public-files/business/htmlfiles/moe/s6073/201208/140720. html，2012－09－15.

的软环境。现代农村职业学校制度可以减少环境的不确定性和人们行为的不可预期性，促使个人或团体之间易于产生信任、易于协调，从而为人们提供较为固定的预期。好的制度能给人们以心理上的舒适感和安全感，感到自己属于一个有序地、文明的共同体。制度创造着诱发归属感的多种纽带。多数人发现，这种归属感是令人满意的。相对稳定、具有高认可度的现代职业学校制度能使人们在不同范围、程度和层次上成为人们共同接受和认可的做法，产生共鸣，形成向心力，从而形成有利于职业学校发展的文化"软环境"。

二、现代农村职业学校制度的特征

对现有研究成果进行归纳总结，发现现代职业学校制度具有法制化、规范化、相对稳定性、民主化、人本化、市场化等一些基本特征。农村职业学校制度不仅具有上述特征，还包括如下一些特征。在实践中，应尽可能结合自身的特征，构建符合特征要求的现代农村职业学校制度体系。

（一）区域性

所谓区域性特征是指现代农村职业学校制度应因地制宜，与农村区域经济社会发展水平相适应，从而更好地约束、规范和激励各农村职业学校的办学和教育行为，促进该区域农村职业学校的建设和发展。

首先，从制度的产生与缘起这个视角来看，现代农村职业学校制度必然体现区域性特征。从层次方面而言，学校制度分为宏观、中观和微观三个层面。一般而言，国家会从宏观层面对职业学校制度进行顶层设计，往往是针对职业学校运行的基本原则、根本性要求对职业学校运行进行宏观规定。而中观、微观层面的学校制度则会更多地基于本地区、本校的实际工作要求，建构符合本地或本校实际工作需要的职业学校体系，尤其是针对具体的职业学校办学行为的相关制度，则更加体现出符合本校的特定情况而制定产生。

其次，从制度的功能价值来看，现代职业学校制度也必然要打上区域烙印。从现代农村职业学校制度存在的实体价值层面而言，其本身就是为了约束或者规范农村职业学校的办学行为的。换句话说，许多的学校制度则是因职业学校在发展过程中遇到的实际问题和矛盾而产生。在不同区域的农村职业学校，鉴于不同区域的环境差异，发展过程中遇到的问题和矛盾必然不同，则产生的学校制度也必然不同，带有区域特色。

最后，从制度适应性和实效性这个视角而言，现代农村职业学校制度必然要体现和适应特定区域环境，体现出区域性特征。职业学校的办学和管理行为是在特定的环境中进行的，也必然会受到特定经济社会环境的影响。不同国家和地区在社会经济发展水平、文化背景、生活习俗、价值观念、道德标准和水准等方面存在较大差异，即便是同一个国家的不同区域在上述方面也会存在较大差异。这就意味着现代职业学校制度建设必须要适应特定区域环境，只有如此，现代职业学校制度才能得到真正的落实，实效性才能得到体现。

（二）时代性

首先，现代农村职业学校制度是时代发展的产物。在原始社会，由于深受极度落后的生产力发展水平所限，教育与生产劳动和社会生活融为一体，学校也还未出现，学校教育制度的建设自然更是无从谈起。在奴隶社会时期，为了维护奴隶制、私有制并巩固奴隶主政权，迫切需要专门的教育机构来培养奴隶社会的继承者及为其服务的知识分子，原始学校开始萌芽。伴随着工业革命的产生，以蒸汽机为代表的机器化大生产逐步取代原来的手工业生产，工厂化大生产取代了原来的小作坊生产模式，需要大量的掌握一定文化基础知识并懂得特定生产技术的大批量劳动者，学校形态的职业教育机构开始出现。为适应专门的职业学校管理和发展需要，职业学校制度开始产生。进入 21 世纪，人们对高质量教育的需求变得日益增强，教育现代化和民主化进程的加快，再加上各学校之间的竞争变得越来越激烈，现代农村职业学校的发展迫切需要现代职业学校制度作为支撑。

其次，现代农村职业学校制度必然体现特定时代的内容。一方面，从宏观层面而言，不同时代国家的经济管理体制不一样，则现代农村职业学校的制度必然不同。在不同时代，国家所处的时代任务和战略重心会发生转移，农村职业教育的战略任务和地位也会有所差异，涉及的农村职业学校制度也必然不同。如党的十八大提出农村"四化同步"战略，即新型工业化、新型城镇化、农业现代化和信息化同步发展，在这样新的时代背景下，现代农村职业学校的使命和任务必然会不同。同样，在国家扶贫攻坚战略的关键阶段、在返乡创业农民工培养过程中、在新型职业农民培育进程中等，现代农村职业学校的相应重点目标和任务的战略定位、对办学利益主体的约束、对教育教学内容和形式的规定、教育教学资源的配置等方面都会表现出在制度配置上的不同，从而体现出鲜明的时代性特征。

另一方面，在不同的时代，制度在职业学校发展的不同阶段所发挥的作用不同，制度的内容侧重点也会呈现一个由宏观布局到中观调控，再到微观治理的转化过程。从微观治理层面而言，农村职业学校在不同的发展阶段，在发展水平、发展目标、面临问题和矛盾等方面必然不同，这不仅需要有新的相关制度制定出台，而且对原来的相关制度也必然更新和修订。

（三）系统性

现代农村职业学校是属于职业教育系统的一个子系统，而且是一个具有相对独立性的完整系统。如上所述，现代农村职业学校制度在农村职业学校系统的正常运行、功能发挥、目标实现、可持续发展过程中，具有基础性的保障作用。

现代农村职业学校系统的健康运行，客观上需要该系统中各组成部分工作正常进行。而各个部分功能的正常发挥，需要一个层次清晰、内容全面的现代农村职业学校制度体系来得以保障。从对办学主体（相关利益者）到运行主体（教师和学生），从办学目标的确立到人才培养方案的制定，从理论教学到实践教学，从教学运行管理到教学质量监控，从行政管理部门到教学辅助部门等各个方面，都需要相应的制度体系来进行有效的约束和规定，唯有如此，职业学校系统才能正常运转，系统目标才能得以有效实现。

（四）融合性

功能整合是健康的农村职业学校系统的主要标志，也是任何一个系统所追求的目标。相对于其他类型的学校系统而言，现代农村职业学校具有自身特点。一是利益主体多元性。现代的农村职业学校既可以是公办，也可以是民办；既可以是集体办学，也可以是个人投资办学；既可以是农村企业办学，也可以是行业协会或社会组织办学。这就决定了现代农村职业教育的利益主体是多元化的。二是功能目标的多样性。在我国实现全面小康战略布局中，在国家扶贫攻坚计划实施中，在新型职业农民及返乡创业农民工培育过程中，在农村弱势群体脱贫离弱进程中，都离不开现代农村职业学校的主战场作用。当这些战略任务同时并存的今天，现代农村职业学校办学的目标功能必然体现出多元化特点。三是培养内容和形式丰富性。现代农村职业学校的多样化功能决定了教育内容和教学形式的复杂性。

现代农村职业学校的这些特征体现了该系统构成要素和影响因子的多样化和复杂化，导致系统目标（人才培养）实现难度加大。这不仅要求有更加层次分明、内容全面的制度体系，而且本制度体系中各类制度在设计的过程中需要做到"你中有我、我中有你"，从而实现相关制度之间相互支撑、相互融合、相互印证，实现系统目标和功能的整合，避免矛盾、内耗、功能离散，从而更好地实现农村职业学校的总体目标。

三、现代农村职业学校制度体系构建的理念与策略

现代农村职业学校的运行与发展离不开制度保障。基于现代农村职业学校及其制度特征的分析，现代农村职业学校制度体系的构建必然要基于现代农村职业学校的实际和特殊性。既要考虑到制度制定的系统性和科学性，也要考虑到制度执行的实效性；既要考虑到制度内容的完整性，也要考虑到制度体系的融合性。这就要求在制度体系构建的过程中，既要遵循正确的理念，也要寻求到适合的路径与策略。

（一）顶天立地、纵横交错——强化现代农村职业学校制度的系统建构

相对于其他类型的教育而言，现代农村职业学校在利益主体、办学目标与任务、教育教学的内容和形式、办学资源及办学场所等诸多方面都表现出复杂多样的特点。现代农村职业学校在实现全面建设小康社会的国家战略、精准扶贫、新型职业农民及返乡创业农民工培育等一系列工作中，都具有非常重要的战略作用。功能和任务的多样性决定了现代农村职业学

校办学的利益主体更加丰富多元。这就要求在制定现代农村职业学校制度体系的时候，要基于"顶天立地、纵横交错"的理念来进行合理设计。一方面，国家和政府在制定宏观、中观层面的制度时，深入基层开展调研，基于各地各校的发展水平、发展阶段、规模、现实困难、突出问题等实际情况和特点，进行基于实际的总体判断，并基于实际制定能够"立地"的制度。这不仅有利于提升制度的针对性和有效性，也利于制度最终的"落地生根"。另一方面，各学校（学校各部门）在制定微观治理层面的制度时，也要结合国家和政府对本校（本部门）的功能定位和战略布局，并对上位制度进行研究。这样，不仅可以提升制度执行的"力度"，而且可以有效提升"效度"，避免与上位制度矛盾与冲突。

其次，在纵向和横向两个维度上，实现制度制定和实施过程中的衔接沟通。纵横交错一方面是指在纵向维度方面，国家、各级政府以及学校不同层面的制度需要保持一致和合理衔接，不同层级在政策制定的过程中，都能吸取不同层面制度制定主体的意见和建议。在横向维度上，在制度制定过程中，要注意征求和吸纳校内与校外、内行与外行、门内与门外的意见和建议，同时要了解校内外相关部门的制度内容，避免矛盾与冲突，提升制度体系的合理性与融合性。如上所述，现代农村职业学校在诸多方面具有复杂多样的特点，尤其表现在办学相关利益主体多元这方面。这就要求在现代农村职业学校的制度构建过程中，要充分考虑到各利益方的利益点，也要对其进行有效约束和规定，寻找到合适的契合点，寻求稳定可持续的契约内容，保持制度体系的稳定性和有效性。

（二）系统建构、分步推进——促成现代农村职业学校制度的内容完整

结构决定功能。现代农村职业学校的内容完整性直接会影响到现代农村职业学校事业发展的成效。要实现制度内容的完整性，就有必要通过纵向梳理和横向切面的立体化设计框架，真正促成现代农村职业学校制度内容的完整性。另外，要结合现代农村职业学校的实际情况，基于分步推进原则，按照有计划、分步骤、重点推进的方式优先设计重"点"制度，逐步实现现代农村职业学校制度的全"面"性。

首先，系统构建制度框架，促成制度的完整性。一方面，从纵向层面而言，各层级的制度设计既要相对独立、相对完整，也要相互印证、相互呼应。从设计路径层面，可以按照宏观→中观→微观以及国家→地方政府→学校→部门的路径，逐层设计、分层推进。当然，制度设计路径也可能是按照由下而上的路线进行。事实上，不同层面制度的目标任务、具体内容、约束对象等方面相差较大。一般而言，会按照从上到下、从宏观到微观，现代农村职业学校制度会越来越全面、越来越具体。另一方面，从横向层面而言，现代农村职业学校的制度设计需要基于现代农村职业学校的办学实际，进行全方面设计。以学校层面的制度为例，现代农村职业学校制度设计至少要包括学校章程与规划类、合作办学类、教学管理类、学生管理类、人事管理类、财务管理类、资源建设类、后勤保障类等方面，需要进行截面解剖。

其次，基于由点到面、点面结合、分步推进的原则，实现制度的完整性。如上所述，现代职业学校在制度制定之初，必须要基于系统全面的原则，整体设计，照顾完整性。但在实际的工作中，则要按照重点先行、紧要先行的原则，按计划、分阶段逐步制定与实施。事实上，很多制度都是在具体的情况、问题、矛盾情境中产生的需求"点"中而产生，但这些需求"点"有紧急、重要程度之分，需要遵循分步推进、由点到面的实践路径。

（三）目标导向、互利共生——实现现代农村职业学校制度的功能整合

首先，目标趋同是实现现代农村职业学校制度功能整合效应的基础。实际中，在同一所学校，可能会出现相互矛盾的制度或政策，导致这种现象的原因可能是多方面的，如"上下不通、左右不联"等问题，但更多的时候是由于不同制度的价值目标不同导致。因此，目标趋同是避免同一个系统中出现相互矛盾冲突制度的前提和基础。学校教育系统的核心目标是育人，要让不同层面、不同利益主体在制度设计时都将人的培养作为利益实现的根本，并基于人的培养来思考问题，所有的制度都围绕这一目标实现来设计，能有效规避根本性的矛盾和冲突。

其次，互利共生是实现现代农村职业学校制度功能整合效应的关键。目标趋同是实现现代职业学校制度功能整合效应的基础，但要高效地实现制度体系的功能整合效应，还必须在制度设计的具体内容方面寻求互利，从而追求共生，让相关制度间能产生集聚效应，实现"1+1>2"的功能整合效应。

（四）利益驱动、契约精神——提升现代农村职业学校制度的执行效益

从经济学、管理学、系统论等学科理论视角来看，任何制度的产生都是基于一定的利益诉求，不管这种利益诉求指向的归属及表达形式。同时，制度的本质其实就是对相关利益主体的一种约束和规范。从外部来看，现代农村职业学校的利益相关者涉及国家及政府管理层面、涉农企业、相关个人、行业协会等；从内部来看，涉及教师、学生、管理及教辅人员等。如果从制度的执行效果来倒推制度的制定过程的话，相关利益者的民主参与并达成共识是提升制度执行效益的根本。

首先，在现代农村职业学校制度制定过程中，利益相关主体的参与机制是提升制度执行有效性的前提。在现代农村职业学校制度的制定过程中，要尽可能吸引相关利益方积极参与，开展广泛深入的调研，尽可能地让相关利益主体民主表达，多方取智，集思广益，这是提升制度的科学性和可操作性的基础。其次，要在民主征集意见的基础上，尽量平衡各方利益，并让利益各方就制度达成一致。只有如此，才能真正提升制度的执行力度和实效性。

第四节 建立科学的农村职业教育治理体系

构建治理体系与提升治理能力，是推进我国农村职业教育健康持续、更好更快发展的需要，也是进一步提升我国农村职业教育吸引力和实效性的重要举措。构建科学的农村职业教育的治理体系和提升农村职业教育治理能力两个方面相互关联。一方面，科学高效的治理体系是提升农村职业教育治理能力的基础和前提。科学的治理体系有助于发挥农村职业教育相关利益者的主体作用，激发治理体系的正向积极功能，以促进农村职业教育的健康发展。另一方面，治理能力提升后的功能信息将会反作用于治理体系，为治理体系结构的调整与改善提供依据，反向作用于农村职业教育的治理体系——科学的农村职业教育治理体系的构建，是科学治理的前提和基础。

一、教育治理理论的源起与发展

（一）治理理论在西方社会的产生

自世界银行 1989 年在讨论非洲发展问题时首次提出"治理危机"以来，"治理"这个概念在国际学术界很快就流行开来。20 世纪 90 年代以来，有关治理的著述大量涌现，治理理论迅速应用于社会经济、公共管理、国际关系等各个领域，成为各领域研究中的理论新宠。治理理论认为，很多社会问题已经不再是只能靠政府自身的管制就能解决得了的，社会事务的管理需要政府的力量，但是又不限于政府，而应该包含更多的社会公共机构和公共服务组织。治理理论源于其很好地适应了特定时代背景，"治理理论和实践不仅被西方发达国家所推崇，且被世界银行、经济合作与发展组织、联合国教科文组织、联合国开发计划署等国际组织系统总结并向发展中国家推广"[1]。

治理的兴起主要源于政府管理和市场机制的"双重失灵"。一方面，由于西方国家出现的政府管理危机。第二次世界大战后，西方一些国家的政府被视为"超级保姆"，职能扩张、机构臃肿、服务低劣、效率低下，财政危机遍布各国，社会分裂和文化分裂同时出现。在这样的背景下，治理作为一种既重视发挥政府的功能，又重视社会组织群体势力相互合作、共同管理的方式和理念登上了历史舞台。另一方面，与市场和调节机制发生危机有关。市场机制在发展和提高资源配置效率方面显示出巨大的优越性的同时，也会产生分配不公、外部化、失业、市场垄断等失灵现象。因此，社会急需新的调节机制。这个新的调节机制就是治理机制。"单纯的市场手段和单纯的积极干预都不能实现对社会资源配置的高效率，治理就被认为是对付市场失灵和政府失灵的重要机制。"[2]

---

[1] 郑言，李猛. 推进国家治理体系与国家治理能力现代化 [J]. 吉林大学学报（社会科学版），2014（02）：5–12.

[2] 陈明明. 治理现代化的中国意蕴 [J]. 新华文摘，2014（13）：32–33.

同时，西方国家近年来社会组织的迅速发展，则为多元治理提供了现实基础和资源能力。治理的核心就是多元共同参与管理和决策。治理的兴起是为了缓和日益复杂的社会事务与相对集中的公共权力之间的矛盾，治理试图重新配置公共权力，通过向社会组织、私营部门等开放权力的方式提高国家管理的弹性与韧性。治理理论的魅力不仅在于其将民主、参与、协商、分权、责任、人权、平等、合作等诸多美好的价值融入其中，而且在实践过程中展现出其相对于垂直统治的巨大灵活性，在一定程度上降低了国家管理的成本与风险。

教育治理作为国家治理的有机组成部分，必然会受到国家治理变革浪潮的影响。但教育本身所具有的特殊性，突出表现在公益性和私利性并存，教育的社会公益性往往还具有隐蔽性和阶段性等特征，导致教育治理的发展绝不是简单地照搬其他领域的治理模式，从国际上看，教育中的政府单一管理与市场化改革带来的问题，亦即教育管理中政府和市场"双重失灵，是促使教育治理勃兴的现实原因"❶。我国的教育管理和教育治理，也受到国际治理理论与实践的影响。

（二）教育治理理论在我国植根的现实土壤

进入新世纪以来，教育治理已经引起了我国学者的普遍关注和研究，这不仅是基于对治理理论体系本身的科学性和合理性，也是解释及解决我国教育管理实践问题的现实诉求。

"西方发达社会的治理和教育治理，是建立在尽管政府发育（现代科层制）和市场发育（市场经济）都比较成熟但却'双重失灵'的基础上的。"❷ 中国的治理土壤显然不同于发达国家，我国的现代科层制和市场经济都不成熟，因此，我国教育治理的制度基础、目标设定、路径选择等与发达国家有较大差异。因此，在扩大微观教育领域基层参与式民主的同时，还要致力于建设现代科层制政府、完善教育行政机构与职能，以及更好地规范市场并促进市场健康发育。改革开放以来，我国的教育取得了历

---

❶ 褚宏启. 我们需要什么样的现代学校制度 [J]. 教育研究，2004（12）：32-38.
❷ 褚宏启. 教育治理——以共治求善治 [J]. 教育研究，2014（10）：4-11.

史性成就，但我国教育的促进人的发展及促进社会发展的能力亟待提升，可持续发展能力不强。教育管理中也存在一些突出的问题：政府在教育管理中越位、缺位和错位严重，学校办学活力不足，利益相关者参与管理不够等。我国已有的教育管理体制机制不足以解决现存的教育问题，教育管理改革势在必行，政府教育行政职能亟待转变。

中国现代社会教育体系尚未完全建立，近些年经济的高速发展与社会文化、教育之间的不同步问题较为明显。从计划经济体制向市场经济体制转轨的过程中，政府的职能与角色应该如何重新定位，尤其是如何定位中国政府在教育管理中的角色，等等，都需要重新思考与研究。在计划经济体制向市场经济体制转轨的过程中，政府在教育治理体系中的地位，政府的绝对权力向相对权力转化，教育治理主体也由政府单一主体向多元治理转化。政府不应该垄断对教育的管理权，应与社会、学校合理分权，只保留对教育事业发展起决定作用的重要事项的决策权和控制权，把原先由它独立承担的一些责任转移给社会和学校，变强势政府对学校的单边管理为政府、社区（家长）共同参与的多边管理和共同治理。因此，教育治理需以转变政府职能为突破口，以构建政府、学校、社会新型关系为核心内容，旨在形成政府宏观管理、学校自主办学、社会广泛参与的格局，更好地调动中央政府和地方政府的积极性，激发每个学校的活力，发挥全社会的作用。

自改革开放以来，我国教育管理体制方面（不仅仅是教育管理体制）变化的主要特征是"分权"，在分权的背景下，地方政府获得更多的管理、主办地方教育事务的权力，这就为地方政府进行自主教育治理模式变革提供了基础。同时因为社会结构的分化导致社会权力、利益结构多元化，不同群体为了自己群体教育利益最大化而进行的竞争愈来愈激烈，这也促使地方政府加快进行教育治理模式变革。这一点从实际观察和媒体报道中可以看到，自20世纪90年代以来，各级地方政府纷纷开展以制度创新与机构重组为特征的教育治理模式变革，不断地改革旧体制、机制，移植或模仿新的体制、机制。比如，山东省潍坊市建设服务型政府和新型政校关系的改革、福建省颁布中国首部地方终身教育法、浙江省长兴县教育券的实

践、安徽省铜陵市城区推行义务教育均衡发展的实践、江苏省无锡市教育领域"管办分离"改革，等等。❶

二、农村职业教育治理体系的内涵与特征

（一）农村职业教育治理的内涵解读

"治理"一词在政治学领域，通常指国家治理，即政府如何运用国家权力（治权）来管理国家和人民。现在治理理论已被应用到经济学、管理学、教育学等多个学科的研究之中，在实践中已经被广泛应用于社会各个系统的管理之中。

在治理理论的大量学术文献中，最负盛名的是治理理论的主要创始人之一——罗西瑙（J. N. Rosenau）将治理定义为一系列活动领域里的管理机制，这些管理机制"虽未得到正式授权，却能有效发挥作用"。联合国全球治理委员会（CGG）对治理的概念进行了界定，认为"治理"是指"各种公共的或私人的个人和机构管理其共同事务的诸多方法的总和，是使相互冲突的或不同利益得以调和，并采取联合行动的持续过程"，这既包括有权迫使人们服从的正式制度和规则，也包括各种人们同意或符合其利益的非正式制度安排。

在我国，还有一些学者对治理进行了自己的解读。"治理是指市场在资源配置中起决定作用条件下，多元利益主体围绕共同目标协调互动的过程"❷；"从社会学意义上说，所谓治理指的是在权力流散（权力结构多元化）背景下，公共权威为实现公共利益而进行的管理活动和管理过程"❸。

通过上述对"治理"一词的解读，我们不难看出治理这一内涵的核心要素至少包括"目标（共同事物）导向""多元主体参与""市场化互动协商过程""强调正式制度（法规）与非正式制度（协商达成）的结合"

---

❶ 庄西真. "意识形态"视角下的地方政府教育治理模式改革［J］. 教育理论与实践，2009（06）：23－26.

❷ 李玉静. 建立多元主体共同参与的职业教育治理体系［J］. 职业技术教育，2013（03）：2.

❸ 庄西真. "意识形态"视角下的地方政府教育治理模式改革［J］. 教育理论与实践，2009（06）：23－26.

等四个方面。

基于不同的学科视角和学术观点，关于教育治理的理解不一。北京师范大学褚宏启教授认为："教育治理是指国家机关、社会组织、利益群体和公民个体，通过一定的制度安排进行合作互动，共同管理教育公共事务的过程"❶；"教育治理是共治主体依据规则开展的教育管理活动，涉及管理的多主体、多层级、多因素、多环节"❷。

我们认为，所谓教育治理就是指教育利益相关方在一定的制度框架范围内，通过互动协商的方式对教育问题进行民主管理的过程。农村职业教育治理的内涵界定可以依照上述理解路径来表述。所谓农村职业教育治理是指农村职业教育相关利益各方在有关农村职业教育法律法规框架范围内，通过互动协商的方式对农村职业教育发展问题进行民主管理的过程。

我们认为，对农村职业教育治理内涵的准确理解与把握，需要注意以下几个关键点：

一是相关利益主体的多方参与是实现农村职业教育治理的必备条件。农村职业教育的利益相关主体包括各级政府、职业教育机构（学校或培训机构）、相关行业协会、社会相关组织、相关企事业单位（含企业举办的职业教育实体机构）、教师、学生，等等。需要强调的是，科学的治理体系必然是相关利益主体的共同参与。

二是以共同事物作为核心内容来链接相关主体，但各主体利益目标可以"趋异"。共同事物（农村职业教育的发展）应成为参与各方的"目标"导向，成为共同参与的链接点，但参与各方的目标不一定是趋同（参与各方的利益目标不一定一致）。

三是农村职业教育治理的本质是利益各方通过民主、协商、达成契约的互动过程，其终极价值目标是促进农村职业教育更好、更快地发展。缺乏民主协商的工作机制和过程，治理则无从进行，也难以实现治理的价值目标。治理的本质是一种多方参与、民主协商的新型管理。

---

❶ 褚宏启，贾继娥. 教育治理与教育善治［J］. 中国教育学刊，2014（12）：6－10.
❷ 褚宏启. 教育治理：以共治求善治［J］. 教育研究，2014（10）：4－11.

四是治理与管理不是对立关系。治理不能简单等同于管理，但是传统管理模式向现代管理模式的发展与超越，是管理科学化进程的一个阶段。治理的过程并非不要法律制度的规范和约束，而是在一定的法律制度的约束下，达成非正式制度（有利于事物更好发展的非制度性的规则和契约，这种规则和契约可能成为未来的正式制度内容）。

五是依法治理是农村职业教育实现科学治理的重要保障。民主协商、契约精神是农村职业教育治理的本质要求，但体现这个本质要求的前提是依法进行，依法治理是现代教育治理的基础性要求，也是教育治理实现的现实基础。"以法治引导教育治理方向。法律对教育治理不仅可以'护航'，更能够为其'导航'。对教育治理的目标、方案、行动加以科学规范，能够使教育治理与创新得到法律强有效的保护。"● 依法治理是完善农村职业教育内部治理结构、提高管理水平与效益，办人民满意教育的迫切需要。

（二）农村职业教育治理体系的内涵

党的十八届三中全会明确提出，全面深化改革的总目标是完善和发展中国特色社会主义制度，推进国家治理体系和治理能力现代化。这是国家改革的总目标，也是各领域改革的总要求。教育改革作为全面深化改革的重要领域，一切改革的举措和行动，都要自觉围绕这一总目标、落实这一总要求，完善科学规范的教育治理体系，形成高水平的教育治理能力。

构建科学的教育治理体系和提升治理能力现代化是"治理"的一体两面，紧密相关。构建科学治理体系是提升治理能力的基础和依赖，没有科学的治理体系就谈不上治理能力的提升。"教育治理价值目标的实现，教育治理能力的提升，善治的达成，这些均有赖于教育治理体系的建构与完善。推进教育治理，关键是完善教育治理体系。"● 可见，构建科学的治理体系是实现农村职业教育治理的核心问题。那么，农村职业教育治理体系是什么呢？

● 陈亮. 法治思维引领下的国家教育治理体系创新［J］. 河北师范大学学报（教育科学版），2016（01）：109 - 113.

● Manna, P. & Mc Guinn, P. Education Governance for theTwenty - First Century ［M］. Washington, D. C.：The Brookings Institution, 2013. 332 - 348.

所谓农村职业教育治理体系就是指实现农村职业教育科学民主治理所涉及的实体要素和相关规则构成的复杂系统。这一系统既包括农村职业教育治理涉及的相关利益主体（含组织和个人）、治理环境（含保障体系）、治理对象和内容等，也包括一整套"协同治理"的工作规则和机制。

具体而言，农村职业教育治理体系的核心要素（子系统）至少包括治理的目标（为了什么而治理）、治理的主体（谁来治理）、治理的内容（治理什么）、治理的规则（如何治理）、治理的保障（靠什么实现治理）、治理的评价（治理效果如何）六个方面。这六个方面内容相互关联，互成一体，组成了农村职业教育治理体系的核心要素。农村职业教育治理体系的构建主要围绕上述要素展开。

（三）农村职业教育科学治理体系的特征

从对农村职业教育进行治理的结果来看，既可能出现理想的"善治"，也有可能出现"差治"。能否构建一个科学合理的治理体系，则会成为影响治理的结果和效度的基础性因素。我们认为，一个科学合理的农村职业教育治理体系，应该具备如下基本特征。

1. 系统性特征

科学合理的治理体系应具有相对完整健全的结构体系。系统论强调结构和功能的统一，系统的功能取决于系统的结构。结构的完整性决定了系统功能的完整性。农村职业教育治理体系的结构是否完整，会影响治理目标的实现。

从农村职业教育治理体系的要素结构来看，观念、主体、内容、规则、保障、评价等基本要素结构中任何一个要素的缺失，都会直接影响治理体系目标的实现。农村职业教育治理结构的完整性只是治理目标实现的必要条件，治理目标的实现还要求各结构要素（各子系统）之间的协同配合。对任何一个要素的治理，都会是一个系统的工程。

以提升职业教育吸引力的治理为例，其就是一个系统工程，需要从观念的转变开始，到教育资源条件的投入、办学机制的治理、教育教学内容和方式方法的等方面进行系统治理。首先，有些农民往往因为看不到农村职业教育在人力资源开发以及提升就业能力中的价值，甚至有些人在心里轻视农村职业教育的想法，改变他们的固有观念是农村职业教育治理的前提。其次，要提升农村职业教育的吸引力。要通过有效的资源治理机制，切实加大教育经费和资源的投入，彻底改变"在黑板上种田、在黑板上开机器"的现象。要加大教育教学方式方法的治理力度，探索适合对象的农村职业教育办学模式、教学组织形式和教学方法，让农村职业教育的功能和成效典型化、案例化。再次，要进一步丰富治理的规则机制，提升治理实效。总之，对任何一个环节和要素的治理，都需要对其他环节和要素进行系统治理。

2. 开放性特征

相对于普通基础教育而言，农村职业教育与社会经济的联系更为紧密，功能定位更为多元，结构类型更加多样，办学资源路径更为多样，教育过程更为复杂，教育形式和方法也更为丰富，参与结果评价的主体也更多，这些因素都导致了农村职业教育过程的开放性，也决定了农村职业教育治理过程具有开放性特征。

首先，在农村职业教育的功能定位与结构治理上需要坚持开放性。农村职业教育需要根据经济社会背景，调整自己的办学功能定位。需要根据区域经济社会的产业结构和农村人力资源需求，调整办学规模、专业结构、教学内容，等等，从而有效提升适应度。

其次，在农村职业教育的教育过程治理中需要坚持开放办学思路。一方面，在教育资源的利用开发方面，必须坚持开放办学，充分利用当地的社会资源为农村职业教育服务。另一方面，在教育教学的过程中，可以走出校门、走出课堂，到田间地头、生产车间、现代农场等地方进行现场教学。

最后，在对农村职业教育的评价治理中也要坚持开放性。坚持将自我评价、教师评价、他人评价、社会评价相结合，坚持采用第三方评价等，从而提升评价的有效性。

3. 多样性特征

多样性特征表现在以下三个方面：

首先，农村职业教育的多样性决定了治理体系多样性。农村职业教育的办学类型多样，办学层次丰富，这决定了农村职业教育治理体系的多样性特征。从办学类别方面来看，农村职业教育既包括学历职业教育体系，也包括非学历职业教育体系；既包括学校形态的职业教育体系，也包括以职业培训形态的职业教育体系；既包括政府层面举办的公立职业学校教育体系，也包括企业举办的职业教育体系，还包括社会组织以及个人主办的职业教育体系。从层次来看，农村职业教育体系包括初等职业教育体系、中等职业教育体系和高等职业教育体系。

其次，不同区域的治理体系不一致。不同区域农村职业教育的规模、结构、功能定位、教育过程、教育资源能力、办学主体资质、区域文化经济制度环境、教育质量监控等方面必然具有区域特色。同时，不同区域农村职业教育所碰到的具体问题也不同，这些都会导致农村职业教育治理目标、内容侧重点、治理环境、治理规则等方面存在差别。

最后，不同时代农村职业教育的治理体系不一致。一方面，从治理的内涵来看，农村职业教育治理是一个时代的概念，虽然"治理"一词早已有之，但赋予"治理"一词新的内涵只有20余年历史。"治理"一词的内涵仍在不断丰富和发展。另一方面，从不同时代农村职业教育的特征来看，不同时代的教育思潮、教育理念、教育理论等方面存在差异，再加上不同时代的农村职业教育，在经济社会中的功能定位、办学主体、教育资源、教育目标、教育内容、教育形式、教育手段等方面都必然有所不同，这就导致农村职业教育治理体系也必然烙上时代的印记。

三、科学农村职业教育治理体系构建的基本策略

（一）理论依据

1. 利益相关者理论

1984年，弗里曼出版了《战略管理：利益相关者管理的分析方法》一书，明确提出了利益相关者管理理论。利益相关者管理理论是指企业的经营管理者为综合平衡各个利益相关者的利益要求而进行的管理活动。与传统的股东至上主义相比较，该理论认为任何一个公司的发展都离不开各利

益相关者的投入或参与，企业追求的是利益相关者的整体利益，而不仅仅是某些主体的利益。利益相关者包括企业的股东、债权人、雇员、消费者、供应商等交易伙伴，也包括政府部门、本地居民、本地社区、媒体、环保主义等的压力集团，甚至包括自然环境、人类后代等受到企业经营活动直接或间接影响的客体。这些利益相关者与企业的生存和发展密切相关，他们有的分担了企业的经营风险，有的为企业的经营活动付出了代价，有的对企业进行监督和制约，企业的经营决策必须要考虑他们的利益或接受他们的约束。从这个意义讲，企业是一种智力和管理专业化投资的制度安排，企业的生存和发展依赖于企业对各利益相关者利益要求的回应的质量，而不仅仅取决于股东。

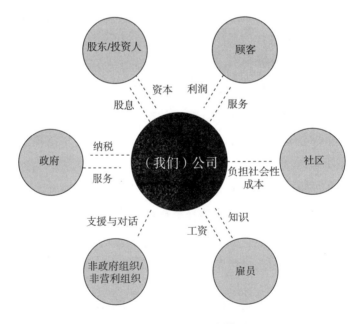

图 3-1　利益相关者模型

　　目前，相关利益者理论已经被广泛应用于社会经济管理的方方面面。农村职业教育的发展会涉及众多的利益相关者，如政府（社会公众利益、解决经济发展和民生幸福等）、职业教育机构、教师、学生、企业（投资者利益、人才红利）、相关行业协会、社会组织，等等。再者，治理的本质就是相关利益者共同参与管理的过程，其根本性目标就是充分激发利益相关者参与管理，从而通过有效的过程管理达成相应目标。

2. 协同理论

协同学概念由德国理论物理学家赫尔曼·哈肯于1977年首先提出。他指出了系统内各子系统或各要素相互协同、相互合作与相互配合的重要性，且各子系统或各要素的这种能量的聚集会形成一种超越原各自功能总和的新功能。协同学理论强调系统联结，而系统联结是构成社会要素之间相互联系、相互作用和相互协同的结果。"正是由于各要素内部及其各要素之间的协同才会促成组织结构的有序性，进而引发有组织现象的产生。"❶ 而作为系统活力的"人"的合作与互动是优化组织结构、提高系统恢复力的重要途径与有效方式。

农村职业教育的本身是一个完整开放而又复杂的系统。农村职业教育治理体系包括治理的多元主体、治理的丰富内容、治理的手段方法、治理的保障体系等复杂的要素结构，要实现有效治理，则离不开各要素之间的协同过程，离不开农村职业教育所在的环境要素之间的协作，涉及社会、政府、学校、社区、家庭甚至个人的协商与合作。因此，协同学理论强调"人"所处的系统各要素之间"联结"的重要性，为农村职业教育治理现代化提供了重要的方法论基础。

3. 群体动力理论

群体动力理论创始人库尔特·勒温（Kurt Lewin）采用格式塔心理学观点，将个体行为变化视为在某一时间与空间内，受内外两种因素交互作用的结果。群体动力理论主要研究群体的凝聚力、群体压力、社会规范、群体目标和社会成员的动机作用、群体的结构特性等。

库尔特·勒温指出，社会个体在合作性群体中具有较强的工作动机，群体目标结构会导致人际吸引，形成动态的、多样化的、现实的合作观。教育系统的健康发展，必须凝聚作为系统活力的"人"的凝聚力，制定恰切的群体目标，采用合适的方式，充分调动"人"的动机作用。教育治理现代化作为保障教育系统持续发展的策略与机制，必须聚合社会群体力

---

❶ 郭治安，沈小峰. 协同论［M］. 太原：山西经济出版社，1991：91-95.

量，充分利用群体动力效应，设立群体行动目标，引导并发挥社会群体的正能量，构建社会、政府、学校、家庭、个人等完善的教育治理体系。由此可见，群体动力理论不但为教育治理现代化提供了方法论，还为教育治理现代化阐明了群体行动目标的重要性。

（二）基本策略

农村职业教育治理体系的构建是一个系统工程，需要围绕农村职业教育治理体系的科学内容展开。

1. 基于利益驱动、目标聚合原则，实现多元治理主体体系

治理的本质是相关利益主体的协同管理。换言之，参与主体多元化是农村职业教育治理的前提。而实现治理主体多元化，则必须基于利益驱动的动力机制，这是保持治理长效性的关键要素。然而，不同主体利益诉求的多元化，则会导致治理过程的协同性不足、治理效果不佳。因此，需要以趋同的发展目标来聚合多"维"主体的合力。

从其功能来看，农村职业教育兼具"事业"和"产业"双重属性。从国家层面而言，农村职业教育能有效提升农村人口的素质，提升农村人口的就业能力，能有效降低失业率、犯罪率等，对社会的和谐稳定、社会主义新农村建设、返乡农民工的职业培训和创业培训、农村弱势群体职业培训、全面实现小康社会等国家战略工程具有非常重要的价值。从企业层面而言，农村职业教育能有效提升员工的基本素质和技术技能水平，从而有效提升生产率和企业利润。从家庭和个人层面而言，也具有非常重要的积极价值。农村职业教育功能多维决定了相关利益主体的多元。政府、学校、企业、行业协会、社会组织、教师、学生、家长等都成为农村职业教育发展的利益主体，同时也是影响农村职业教育发展的重要影响因素。

在参与农村职业教育治理的实际过程中，不同利益主体会基于自身对农村职业教育利益诉求的不一致，以及对农村职业教育认识上的差异，导致各自在农村职业教育治理过程中的治理目标、治理内容侧重点、治理路径方法、治理的效果达成等方面存在较大差别，甚至会决定农村职业教育治理的结果是"善治"还是"差治"。

因此，要实现不同利益主体的协同共治，就必须促使利益各方寻找到

实现自身利益目标的共同目标。农村职业教育的又好又快发展则可以成为不同利益主体进行协同治理的"趋同目标"，从而实现治理目标的聚合效应。

2. 基于层次清晰、重点明确的原则，构建合理治理内容体系

治理的对象和内容是农村职业教育治理体系的实体部分。治理内容事关相关利益主体治理目标的实现，也关系到农村职业教育自身的健康可持续发展。如果从治理的内容体系而言的话，那么影响农村职业教育发展的一切因素，都可以成为治理的内容，如农村职业教育的功能定位、规模控制、结构布局、教育教学过程、学生管理、人财物管理、资源建设、质量控制、评价体系，等等。

治理内容体系具有层次性特征，基于不同层面的治理主体，其治理内容侧重点各有不同。在农村职业教育发展的系列问题中，要结合不同的时代背景、不同发展阶段，确定治理的重点。同时，应该结合具体情况，寻求突破点。

从宏观层面治理内容而言，应发挥国家政府在治理过程中的主导性作用，包括职业教育功能定位、规模控制、结构布局、质量评价等治理内容。国家要对农村职业教育在农村经济社会发展以及国家战略中的功能进行系统定位，加强农村职业教育与农村经济社会发展之间的吻合度和协调性研究，并对如何实现职业教育的功能，进行宏观战略布局。从国家近些年发布的"中央一号文件"，到《中国农村扶贫开发纲要（2011—2020年)》《国家新型城镇化规划（2014—2020 年)》《中共中央国务院关于推进社会主义新农村建设的若干意见》《"十三五"全国新型职业农民培育发展规划》等系列涉农重要政策文件，都对农村职业教育提出了功能上的诉求，在国家扶贫攻坚、农村经济振兴、返乡农民工职业技能培训、新型职业农民培育等诸多方面都对农村职业教育的功能提出了明确要求。然而，关于农村职业教育发展现状、规模、结构布局、吻合度现状、办学资源投入、办学机制等方面却显得"力不从心"，缺乏相应的"治理"思路和行动。相对于诸多文件精神提到农村职业教育的强大功能而言，农村职业教育发展的现实却显得有些"苍白"和"无力"。

从中观层面治理内容而言，应发挥农村职业院校（含培训机构）、企业等主体的主体性作用，治理重点应该包括办学机制、办学模式、办学定位（功能、发展类别层次、特色等）、校企合作、学校发展规划、院校治理、人才培养的吻合度—有效度—保障度—满意度等方面。此类问题的治理应该发挥农村职业学校的主体性作用。治理的突破点可以根据本校的实际情况进行灵活确定。从行业、企业层面而言，企业参与农村职业教育治理更多地从学校办学资源、人才培养过程、人才培养的资源问题等方面发力；而行业协会则更多地将农村职业教育的人才培养规格、行业标准与专业标准等作为重点。

从微观层面治理内容而言，应发挥学校管理者、教师、学生和家长等方面的主体性作用，尤其是学校管理者和教师的主导性作用，主要涉及人才培养（培训）方案的设计和制定、课程设计与实施、教学评价与反馈等方面。在培养方案的设计和制定过程中，应发挥学校管理者和专家们的主导性作用；在课程教学设计和实施的过程中，要体现出教师的主体性作用；在教学评价与反馈的过程中，要充分调动学生和家长在治理过程中的积极作用。

3. 基于平等参与、民主协商的准则，形成科学治理规则体系

治理之所以不同于传统意义上的管理，主要源于规则的不一致。治理一词的内涵随着时代的发展而发展，大致经历了从治理约等于管理、治理约等于服务，到治理约等于协商共治几个阶段。传统的管理强调单一管理主体，权力集中，缺乏民主协商机制，自上而下的单线封闭式管理，导致管理低效、无效甚至阻碍事物的发展。现代科学治理则强调多元利益主体平等参与，强调治理主体的责权利一体化，将平等参与、民主协商作为治理过程的基本行动准则。

首先，构建目标驱动的责权对等机制。基于利益目标导向，激发农村职业教育各方面、各条块办学资源的投入，包括管理主体在时间、精力、智力等无形要素上的投入，协同配合，发挥规模效益、功能整合效应。

要对农村职业教育的多元治理主体进行利益分析，基于责权统一的原则明晰主体责任框架体系。农村职业教育具有准公共产品属性，政府部门

在享受农村职业教育公益事业功能的同时，应通过制定法律法规，来约束利益各方的行为，以免农村职业教育在功能定位上发生方向性偏移。行业企业在参与农村职业教育的过程中，在享受农村职业教育带来人力资本红利的同时，需要在农村职业教育资源投入与共享、行业（产业）标准与教学标准对接、参与人才培养过程等方面承担责任。

其次，搭建民主互动的协商治理平台。以农村职业学校为中心，可将治理平台分为外部治理平台系统和内部治理平台系统。从外部自理平台来看，主要包括以下三种。一是农村职业教育工作联席会议。这种治理平台的构建应充分发挥农村职业教育管理部门的主导作用，构建由政府分管领导牵头，农村职业教育主管部门具体组织，政府相关管理部门、相关企业、个人、社会组织等积极参与的治理平台。治理内容主要包括农村职业教育资源的统筹协调、共同协商讨论本地农村职业教育发展中的重大问题、制订职业教育发展的相关政策法规等，构成职业教育治理的最高决策机构。二是农村职业教育与行业对话活动。涉农行业组织通过本地区农村人才需求预测、职业标准制订以及专业设置、教学活动与教材建设的参与等手段指导职业教育实践活动。三是组建农村职教集团（联盟）。形成以行业性、区域性的农村职教集团（联盟）平台，实现产教深度融合与校企合作，解决农村职业教育发展资源的统筹协调，深度治理等问题。❶

从农村职业学校的内部治理平台来看，主要有：一是理（董）事会。《现代职业教育体系建设规划（2014—2020年）》提出："职业院校设立理（董）事会，50%以上的成员要来自企业、行业和社区。设立专业指导委员会，50%以上的成员要来自用人单位。"理（董）事会是职业教育治理的核心，应成为院校治理的决策机构。二是党委常委会及校长办公会。三是专业建设委员会。四是教师代表大会。五是各种专题研讨会。可以举办实践基地建设研讨会、课程建设研讨会、教学工作研讨会等专题会议，主要为专业建设、校企合作、课程建设等实践问题提供研讨平台，通过邀

---

❶ 肖凤翔，贾旻. 协商治理：现代职业教育治理体系现代化的路径探析［J］. 中国职业技术教育，2016（03）：6－10.

请企业家、致富带头人、专业技术能手、农场主、创业标兵等一线实践专家前来献言献策。

最后，形成约定俗成的对话治理机制。

协商治理强调公民理性参与的重要作用，是一种基于公民理性参与的治理。协商式民主通过对话平台让多方协商讨论，改变各利益主体的个人偏好而达成基本共识。职业教育各利益相关者理性表达的关键在于：清楚自己的职责和角色，同时清楚其他人的角色和职责。各种力量都在治理体系内找到了自己的位置，这些位置由人们在争夺各种权力或资本分配中所处的地位决定。❶

无论是农村职业教育的外部治理，还是院校发展的内部治理，既需要一个平台，还需要形成一种理性、自由表达的机制，建构一种保护这种民主表达、共同决策的机制。建立这种机制的前提是共同的目标愿景——农村职业教育的更好发展，核心是各自利益以及相应责任，路径是约定俗成，即通过相关主体必须达成这样一种共识和预见：通过对农村职业教育的协商治理过程，实现共同的发展目标和各自的利益诉求。同时，通过不断的协商对话治理实践让这种愿景和预期得以实现，行为得以强化。

4. 基于法治先行、系统推进原则，优化治理环境

对农村职业教育科学治理这一目标的实现，需要一个良好的治理环境（保障体系）。

首先，需要法治先行。农村职业教育治理应该是在一个法治的环境中才能有效和高效进行。在治理的过程中，需要将法治思维方式贯穿农村职业教育治理的始终；需要以法治为基础目标，从而有效引导教育治理方向；需要以法治达成治理共识；需要以法治规范治理程序；需要以法治来确定治理方式；最终通过法治来保障治理成果。

其次，需要系统推进农村职业教育治理的环境建设。除了法治环境之外，农村职业教育的科学治理还需要在其他方面进行系统推进。一是需要

---

❶ 肖凤翔，贾旻. 协商治理——现代职业教育治理体系现代化的路径探析［J］. 中国职业技术教育，2016（03）：6 – 10.

良好的理论环境。农村职业教育科学治理的实践需要理论的引领。治理和传统的管理的本质差别是什么？怎样的治理才算是科学的治理？农村职业教育在治理方面有何特征？如何通过有效治理来推进农村职业教育的良性发展？这些问题，都需要进行理论上的研究和梳理。二是需要相应的人、财、物等资源作为保障。治理平台的构建，除了政策和观念等方面之外，还需要众多人、财、物等资源的共同参与。三是需要一个良好的文化环境来保障。相关利益主体的文化观念、自身修养、社会文化环境等一些软性的环境是保障治理工作进行的助推剂和软化剂。四是需要有一个治理的评价体系。农村职业教育科学治理的结果如何？效果如何？如何检测？这是测评治理是否有成效的必备环节。农村职业教育的利益主体多元，这些利益主体自然不能"既做运动员，又做裁判员"，进行自我授权认定。从结构完整性角度而言，科学治理体系不能缺少评价体系。从实际出发，治理体系可以采用自我评价和他方评价相结合，可以积极采用第三方评价的方式，采用购买服务的方式来进一步健全评价体系。

发展路径：农村职业教育发展的选择

　　农村职业教育是解决我国"三农"问题、"精准脱贫"和实现"乡村振兴战略"的重要路径依赖，应当在技术技能型人才、新型职业农民培养、农村剩余劳动力转移、农民工市民化、返乡农民工创业和促进农村更多适龄人口接受高等教育方面发挥其重要作用。在城镇化进程中，社会需求量最大的仍是技能技术型人才，是具有熟练操作能力的高素质普通劳动者。在培养技能技术人才方面，职业教育有着其他教育不可替代的优势。为此，要更好地服务于城镇化进程，农村职业教育就应着眼于城镇化发展对技能技术型人才的巨大需求，既考虑农村剩余劳动力转移的需求，也考虑新农村建设和现代农业发展的需求；既考虑当前需求，也考虑将来的需求；既立足当地，又了解市场，构建一个多种发展路径协调发展的农村职业教育体系。

第一节　稳步发展农村中等职业教育

　　农村中等职业教育是我国农村正规职业教育中最为基础的职业教育形式，对农村人口素质的提升有着十分重要的意义，也是农村职业教育体系中十分重要的组成部分，是发展农村教育的重要路径之一，是构建农村学习型社会的重要内容，是从根本上解决"三农"问题，实现乡村振兴战略、构建和谐社会的基本途径之一。

一、农村中等职业教育稳步发展的必要性

在应试教育的影响下，中等职业教育一度成为中考分流之后学习失败者的无奈选择，再加上人口数量下降、生源减少，严重影响了中等职业教育的发展及其社会地位。有学者甚至认为农村中等职业教育影响了农村义务教育的发展，在县域范围内有没有中等职业学校并不重要。事实恰恰相反，在国家提出"乡村振兴战略"的背景下，促进农村中等职业教育的稳步发展是十分必要的。

（一）发展农村中等教育是普及高中阶段教育的需要

"普及高中阶段教育，努力让每个孩子都能享有公平而有质量的教育。"党的十九大报告对城乡新增劳动力教育问题的关注，体现了党中央进一步推进教育公平的决心。2017 年 3 月教育部等四部门印发了《高中阶段教育普及攻坚计划（2017—2020 年）》（以下简称《攻坚计划》），其总目标是：到 2020 年，全国普及高中阶段教育，适应初中毕业生接受良好高中阶段教育的需求。

我国的高中阶段教育包括普通高中教育和中等职业教育两种类型，当前国家提出"普职比大体相当"的高中阶段教育政策充分说明了这两类教育是"一体两翼"，不可偏废的。

中等职业教育作为高中阶段教育的重要组成部分，担负着培养数以亿计高素质劳动者的重要任务。而在我国当前的中等职业教育中，农村地区生源在中等职业教育生源结构中占有很大比例，其生源的稳定程度直接影响到中等职业教育的发展规模，大力发展中等职业教育，可以在一定程度上保障农村地区高中阶段教育的普及率。由此可见，稳步发展农村中等职业教育是普及高中阶段教育的迫切需要。

特别是在中西部不发达地区，通过免费中等职业教育，吸引家庭经济困难、不适应普通高中教育的应届初中毕业生接受中等职业教育，一方面可以促进当地人口素质的整体提高、推进高中阶段教育的普及，另一方

面，也可以让更多农村学生获得一技之长，进而为农村劳动力有序、高质量的转移打下基础，为新型城镇化建设储备充足的人力资源，甚至可以起到精准扶贫的效果。《攻坚计划》中也指出"特别要求职业教育比例较低的地区要重点扩大中等职业教育资源"。这正是对稳定发展农村中等职业教育的肯定，也是对"稳定发展"的最好注解。

（二）发展农村中等职业教育是实施乡村振兴战略的需要

习近平总书记在党的十九大报告中首度提出"实施乡村振兴战略"，这是新农村建设进入一个新阶段的标志性战略，报告中提到了三个"优先"，即优先发展教育事业、坚持农业农村优先发展、坚持就业优先战略。也就是说，教育、"三农"和就业，都是需要优先发展的事业。而农村中等职业教育是事关教育、"三农"和就业的一项事业，因此发展农村中等职业教育是实施乡村振兴战略的需要。

要振兴乡村，实现全面小康，就需要促进农村经济社会的发展，而农村经济社会的发展关键在于人。中央农村工作领导小组办公室主任韩俊表示，实施乡村振兴战略，它的着力点就是要调动亿万农民的积极性、主动性和创造性。而当前对农民的教育培训主要有两个方面，一方面是面向农村培训有文化、懂技术、爱农村的新型职业农民，另一方面是面向城市促进农村剩余劳动力的有序、高质量转移，这都离不开农村中等职业教育。目前，农村中等职业教育是全面提高农民及农民子弟素质最有效的教育形式之一。首先，是因为我国目前农村人口的受教育水平偏低。据浙江大学中国农村家庭研究创新团队的统计，我国农村人口从"60后"到"90后"，有82.9%仅有初中及初中以下学历，具有高中/中专/职高学历的有11.9%，具有高等教育的仅有5.2%。❶ 由此可见，从提高农村人口学历来讲，中等职业教育是比较适合其学习能力的教育形式。其次，在农村职业教育体系中，中等职业教育相对于社区职业教育和培训、企业培训等更为全面。它不仅立足于受教育者职业技能的提高，同时也全面关注受教育者

---

❶ 浙江大学中国农村发展研究院. 中国农村家庭发展报告（2016）[M]. 杭州：浙江大学出版社，2017：25.

道德文化水平的提高，因此，发展农村中等职业教育有利于全面提高农村人口素质，促进"乡风文明"建设。

（三）发展农村中等职业教育是促进农村城镇化发展的需要

中国发展研究基金会秘书长卢迈在 2016 年举行的《中等职业教育国家资助政策落实效果评估报告》发布会上表示，发展中等职业教育对经济发展有四方面的重要意义，其中之一就是加快城镇化步伐。

新型城镇化战略的推进，促进了各类资源、生产要素向城镇的聚集，人口资源等各方面给农村中等职业教育提出了新的需求。在城镇化进程中，越来越多的农民离开土地，成为城镇市民。新市民的生活环境、居住环境和工作环境都发生了根本性的改变，工作的条件和职业活动也由原来的田间地头变成了工厂、企业。同时新型城镇化发展也加速了产业集聚，越来越多的岗位需要招聘具有一定专业技术水平或者实际操作能力的员工上岗，且岗位之间的差异性也越来越大，这些都对新市民提出了更高的职业素养要求，他们迫切需要通过职业培训来获得市民化所需要的专业技能、文化知识和观念转变，提高自身的市民化能力。这就需要发展农村中等职业教育，为其提供精准服务。农村中等职业教育植根于农村，最了解当地农民的实际，针对城镇化后新市民就业、创业所需要的知识储备、技术技能，通过加快课程体系改革、积极探索创新教学模式等，能够更有针对性地提高农民的市民化能力，推动城镇化的快速发展。

二、新时期农村中等职业教育的转型

随着城乡一体化建设、新型城镇化建设等一系列发展新农村政策的颁布与实施，我国的农村发生了很大的改变，原本对立的城乡二元制结构被打破，劳动力的流动比以往任何一个时期都要更为频繁与复杂，无论是农民工市民化还是新型职业农民培育、鼓励农民工返乡创业等政策，都告诉我们农村中等职业教育所赖以存在的背景已经发生了很大的变化，对于农村中等职业教育的需求也发生了很大的变化，如何让农村中等职业教育"香起来""亮起来"成为摆在我们面前的一个重要问题。

（一）农村中等职业教育应转变办学定位

随着社会的发展，农村中等职业教育的一系列历史遗留问题暴露出来，农村中等职业教育面临了前所未有的危机，甚至有学者指出应取消农村中等职业学校，认为农村中等职业学校影响了农村普教的发展。但我们认为，我国仍是农业大国，这一基本国情决定了我国的人才需求的层次仍以初、中级人才为主，而农村劳动力是我国劳动力市场的重要组成部分，农村中等职业教育仍然担负着培养高素质劳动者和中、初级技术人才的重任；特别是国家提出了要"普及高中阶段教育""大力培育新型职业农民"等战略方针，更是对农村中等职业教育提出了新的要求。因此，农村中等职业教育虽然在教育中的地位不高，但受欢迎程度也正在提高，有着广阔的发展前景。农村中等职业教育必须与时俱进、更新观念，以市场经济发展、农业产业化等新形势为依据，以职业教育的新理念为指导思想，理清办学思路，转变办学定位。

基于农村中等职业学校教育定位在为"三农"服务，培养高素质劳动者和新型农业科技型人才上，农村中等职业学校应创新办学机制，立足于社会经济发展和新农村建设的新形势，将着眼点落实于创新型人才的培养上。因此，新时期农村中等职业学校的办学定位应在原有的"就业教育"之外加入"职业培训"和"基础职业教育"这两个方面，三者统筹，融合发展。"职业培训"是针对当前无论是新型职业农民的培育还是农民工市民化，都急需职业培训，农村中等职业教育作为农村正规教育的重要形式之一，应针对农民教育需求的特殊性，开展形式多样、时间灵活的职业培训，使更多的农民具有一技之长；而"基础职业教育"主要是基于当前普及高中阶段教育、促进普职融合的大背景，为农村青年通过中等职业教育向高等职业教育发展打下基础，促进农村人口素质的提升。

（二）农村中等职业教育应拓宽办学功能

农村中等职业学校创建之初是为农村培养农业人才、促进农村经济发展服务的，随着社会的变革和经济的发展，这一功能已经远不能满足社会和经济发展对农村中等职业教育的需求了，农村中等职业教育需要着眼于经济社会发展的大背景，分析形势，结合自身条件，从服务"三农"的基点出发，拓宽办学功能，为"农"而不限于"农"。新时期农村中等职业教育应发挥以下功能。

1. 为社会发展培养具有创新精神的技术人才

农村中等职业教育始终是以就业为导向的教育，其办学宗旨是为社会培养适应劳动力市场需求的技术人才，同时农村中等职业教育也是为需要就业的农村青年提供合适的教育，使其能够顺利就业，"使需要工作的人，培养成工作需要的人"❶。现代科学技术一日千里、迅速发展，特别是在互联网＋、大数据时代，旧职业在不断被淘汰，新职业在快速诞生，新职业的出现迫切需要相应的专业技术人员，而这一切都需要职业学校来完成。社会对技术技能型人才的需求越来越旺盛、要求越来越高，中等职业教育不能仅停留在技术传授上，而应立足于立德树人，以大国工匠为引领，培养具有创新精神和创新能力的创新型技术技能人才。

2. 为高等职业教育打好职业教育基础

普及高中阶段教育、高等教育大众化是我国推进教育公平的两大政策。有关调查研究表明，中等职业学校毕业生选择升学的比例呈逐年上升趋势。这与各地政府在高等教育大众化需求下着力构建职业教育人才立交桥不无关系。在此背景下，就业和技能水平不再是农村中等职业教育追求的唯一方向，终身学习能力、职业素养和职业能力的培养也越来越受到中职学校的重视。《攻坚计划》在重点任务中也提出，要"提高中等职业教育专业吸引力，加强技术技能培养和文化基础教育，实现就业有能力、升学有基础"。因此，中等职业教育在以就业为导向的同时，还要为学生的升学深造打好基础，在课程体系的设置上尽可能与高等教育做好衔接，为培养高层次的职业技术人才夯实职业基础。

3. 全面提高农村劳动力素质

农村中等职业教育是最接近"三农"的教育，直接为"三农"服务，也是最适合当前农村劳动力教育状态的教育层次，因此农村中等职业教育应强化全面提高农村劳动力素质的办学功能。首先，农村中等职业教育可

---

❶ 北京市昌平职业学校办学使命。

以充分发挥农业科技优势作用，推广应用新技术、新成果，提高留守农民的劳动生产技能，培育新型职业农民；其次，通过中等职业教育使农民具备一定的职业能力和技能，增加其转移就业的资本，提高农村剩余劳动力转移质量；最后，农村中等职业教育还可以充分利用学校的各种资源，发挥在农村精神文明建设中的重要作用，提高农民的文化素质与道德素养，成为创建"乡风文明"的主力军。

三、发展农村中等职业教育的政府支持

任何教育的发展都离不开教育的内部发展和外部发展，就教育外部来讲，农村中等职业教育的发展需要在可能的范围内积极争取多方支持，如通过多种渠道争取地方政府对农村中职学校的经费投入、对农村中职教师待遇提高的重视、对农村中职学校人才聘用方面的支持、对校企融合的政策鼓励等。而由于农村中等职业教育是一项公益产品，对国家解决"三农"问题、进行"精准扶贫"有着十分重要的作用。发展农村中等职业教育是政府的应有职责，农村中等职业教育的发展也离不开政府部门的大力支持。

（一）加大宣传力度，完善舆论引导

党的十九大提出要普及高中阶段教育，人们首先想到的是普高，甚至认为国家要把高中纳入义务教育，这也是当前中等职业教育面临的尴尬状态。社会舆论中普遍存在不把中等职业教育视为高中的观念，很多家长宁愿花钱读普高也不愿意把孩子送到中职学校去，特别是在农村，许多家长都有孩子上不了高中就意味着外出打工的想法。课题组在调研中发现，虽然国家大力提倡职业教育，但社会仍然是戴着有色眼镜看待农村中等职业教育，包括中等职业教育内部的师生对中等职业教育的认同度也不高。部分农村中等职业学校为了保证生源，出现了两种现象，一是中职普高化，为了吸引生源将具有升学意向的学生单独分班，进行普通文化教育，以帮助学生参加考试，进入本科；二是保留学籍，即允许一部分学生学籍在中等职业学校，人却在普通高中借读，接受普通高中教育，为升学作准备。这些妥协都违背了中等职业教育的办学宗旨，对职业教育的可持续发展十

分不利。

在 2016 年教育部召开的"现代职业教育发展推进会"上，教育部部长陈宝生提出"要让职业教育香起来""要持续不断地宣传职业教育对经济社会发展的特殊地位，对培养多元化人才的重要作用，积极转变成才观念，为职业教育发展提供思想前提，创造良好环境"。如何创造农村中等职业教育的良好发展环境？首要的就是修订完善《职业教育法》等系列政策法规，改变社会对农村中等职业教育的偏见，在这一点上，政府大有可为。

首先，政府应大力宣传农村中等职业教育入学的优惠政策，使农民及农民子弟了解"以国家免学费、国家助学金为主，以顶岗实习、学校和社会资助为辅"的农村中等职业教育政策，这不仅能增强农村中等职业教育的吸引力，同时也可以让社会了解国家对农村中等职业教育发展的支持与保障。

其次，地方政府应改革高中段招录政策。查阅部分由县、市教育局编制和印发的《高中学校招录办法》，基本都是按照两个批次招生录取，第一批次为普通高中各学校志愿，第二批次为职业高中各学校志愿，也就是说职业教育被政府打上了"次等教育"的印记，职业学校学生被打上了"普高淘汰生"的烙印。中等职业教育与普通高中教育是高中阶段教育的"一体两翼"，应该是地位平等、没有高低之分的，但两个批次的招录政策客观上反映了普、职地位不等，给学生和家长造成了价值误导，弃普高而选中职成为一种难以理解的行为。因此，有必要改革高中段招录政策，取消普高与中职这种招生批次的划分，从政策上将中职提高到与普高同等的位置。

最后，政府应做好农村中等职业教育成就的宣传。通过政府网站等公众平台，宣传当前农村中等职业学校所取得的成就，使社会更全面地了解农村中等职业教育，从而改变对农村中等职业教育的偏见。如由团中央学校部、全国学联秘书处、中国青年报社共同举办的 2016 年度全国"最美中职生"寻访活动，深入挖掘和宣传表彰了中职学生先进典型，在全社会营造促进中职学生健康成长的良好环境，撕掉长期以来强加于中职生身上的不良标签。

总之，只有从政府、政策层面加大对农村中等职业教育的支持与宣传，才能改变社会舆论，提高农村中等职业教育的地位。

（二）做好统筹规划，保障经费投入

职业教育的跨界性决定了职业教育是一项需要社会多方参与的综合性事业，政府应做好各方面的统筹，在经费投入上，完善中职经费投入机制和生均拨款制度，提高经费保障水平，逐步分类推进中职免除学杂费，提高国家助学金资助标准，保障农村中等职业教育的经费投入。

在城乡一体化建设背景下，我国在总体上已进入"以工促农、以城带乡"的局面，针对当前农村中等职业教育面临的困境，应加强对农村中等职业教育的支持力度，促进城乡中等职业教育的统筹发展。一方面要统筹城乡中等职业学校的专业设置，解决好中职学校理、工、文、医、农、艺等专业跨界混搭，办学专业重复建设、办学同质化问题。由政府统筹规划专业设置，按照"做强主体专业，拓展新兴专业，改造传统专业"的思路，着力推进职业学校专门化建设和特色化发展。在县域范围内，根据本地区经济社会发展的实际情况，合理规划下属各农村中等职业学校的发展方向、专业设置等，统筹兼顾，协调发展，发挥各自的优势，打造特色专业，如农村有着近农的地理优势，农村中等职业学校应根据地域特色开设涉农专业，城市则少设甚至不设涉农专业，避免专业的重复建设。另一方面，城市中等职业学校与农村中等职业学校应开展全方位、多形式的合作办学，对口支持农村中等职业学校，如提供硬件设备改善办学条件，接受农村职业学校学生到实训基地进行技术训练，加强教师流动与交流，让城市优秀教师送教下乡、农村教师进城学习等。这些都需要政府部门，特别是教育局的统筹安排以及出台相应政策才能实施。另外，政府还应针对农村中等职业教育校企合作、产教融合的困境，统筹政府、学校和企业的合作，促进农村中等职业教育的良性发展。

当前，随着国民经济的增长，国家在不断地增加对农村中等职业教育的财政投入，但各地政府对农村中等职业教育的经费落实存在很大差异，造成农村中等职业教育长期存在经费不足问题。研究者们在调查中均发现，在农村，特别是西部不发达地区，教育经费本身就捉襟见肘，在职业教育和普通教育之间，政府部门由于种种原因均将财政拨款向普通教育倾斜，而事实上职业教育的办学成本更高，根据联合国教科文组织相关机构测算，职业教育办学成本应该是普通教育办学成本的 2.64 倍。❶ 因此，虽然农村中等职业教育已基本实现免费教育政策，但是这些投入并没有改善农村中等职业教育的困境，究其原因还是在于农村中等职业教育建设经费投入不足。《攻坚计划》中指出应"完善政府、行业、企业及其他社会力量依法筹集经费的中等职业教育投入机制"，对于当前的农村中等职业教育，应建立以财政投入为主、多渠道筹措经费的保障机制，切实加大对农村中等职业教育的投入力度，合理规划，保证农村中等职业学校软、硬条件的明显改善。

因此，对农村中等职业教育的财政投入，一方面要继续实施免费教育政策，落实 2017 年财政部、教育部、人力资源社会保障部印发的《中等职业学校免学费补助资金管理办法》，保证生均经费不低于普通高中，完善对优秀学生和涉农专业学生的奖励政策；另一方面要加大对农村中等职业学校改善办学条件的经费投入，在统筹规范的基础上支持学校在教学设备、实训基地以及师资培养与引进方面的经费需求。同时，结合中央和省级财政的专项扶持政策，将有条件的农村中等职业学校列为项目学校，并将其作为扶持申报对象。

（三）推进产教融合，优化师资队伍

在《攻坚计划》的主要措施中明确提出："实施职业教育产教融合工程，集中力量建设一批高水平职业教育学校，办好一批适应当地经济社会发展需要的特色优势专业。"这就需要政府部门改进管理者的职责，树立和提高促进校企合作的战略意识，开发一批产教融合的校企合作项目，建设一支适应产教融合需求的"双师型"农村中等职业教育师资队伍。

首先，产教融合是中等职业教育生存的基础，也是中等职业教育稳步发展的基石。政府要发挥顶层设计的引领功能，以加速当地经济和社会发

---

❶ 张少琴. 建设现代职业教育体系须突破四大瓶颈 ［J］. 人民论坛，2015（13）：10－13.

展为出发点，统筹政校企合作，把政校企合作作为一个整体，深化产教融合，科学地规划政府、农村中等职业学校和企业的共同发展。国务院发布的《关于深化产教融合的若干意见》中指出要"鼓励以引企驻校、引校进企、校企一体等方式，吸引优势企业与学校共建共享生产性实训基地。支持各地依托学校建设行业或区域性实训基地，带动中小微企业参与校企合作。通过探索购买服务、落实税收政策等方式，鼓励企业直接接收学生实习实训"。具体来说，政府要从法律法规上建立和完善产教融合机制，明确规定政府、学校和企业在推动农村中等职业教育产教融合、稳步发展中所应承担的责任和享有的权利，从而在制度上保障校企的深度合作，有效利用双方资源构建学生实践实训的平台，联合培养专业技术人才，实现经济社会发展和中等职业教育的良性互动；同时，政府还应通过一系列优惠政策，调动行业、企业寻求合作的积极性，并将接收教师实践和学生实践作为一项衡量和评估企业的重要指标，保证校企合作在政策上的合理化和制度化。

其次，建设一支高质量的"双师型"师资队伍是促进产教融合，提高农村中等职业教育质量的关键力量。政府要通过制定相关扶持政策，重视农村职业教育师资的引进和培养，提高教师素质、优化教师结构。2016年，教育部印发了《关于实施职业院校教师素质提高计划（2017—2020年）的意见》，其目标是加快建成高素质专业化的"双师型"教师队伍。为此，政府应继续推进卓越教师培养计划、职业院校教师素质提升计划、中小学教师国家级培训计划（简称"国培计划"），优化培训内容，扩大教育硕士招生规模，培养高层次中等职业学校教师；同时创新补充机制，采取政府购买服务的方式，解决农村中等职业教育"双师型"不足的问题，加强"双师型"教师培养培训基地和企业实践基地建设，深化区域校企、校际合作，吸引行业企业深度参与并组建专业化培训专家团队，注意构建从上而下的校企共建支持服务体系；完善教师引入机制，加大对农村中等职业学校紧缺急需人才的引进力度，鼓励高技能人才到农村中等职业学校任教，对于那些符合条件的中等职业学校紧缺急需人才，可适当降低其他限定条件、提高待遇，采取社会招募、公开考试、实践考核的方式招聘入编，为优秀人才创建"引得进、留得住"的工作环境。

（四）推进普职融通，规范升学渠道

2010 年颁布的国家《教育规划纲要》明确提出，要搭建终身学习"立交桥"，促进各级各类教育纵向衔接、横向沟通，提供多次选择机会，满足个人多样化的学习和发展需要。《攻坚计划》明确提出要"实行普职融通，探索发展综合高中，建立普通高中和中等职业学校合作机制""推进学校教育质量综合评价改革，改变单纯以升学率评价教育质量的倾向"。因此，发展农村中等职业教育，政府要着力推进普职融通，规范升学渠道。

一方面，要建立中等职业教育和普通教育的学分互认、转学机制，这是促进中职和普高平等发展的一项有力举措，能够为学生提供多元选择的尝试。但目前由于中职和普高地位的不平等，这种互转很容易成为中职向普高的单转。因此，必须在建立普职融通机制的同时，改革教育管理制度以及人才评价体系，提高农村中等职业教育的地位。

另一方面，要合理构架"中高职升学立交桥"，正确引导中职学生的升学观念。随着社会经济发展对人才要求的提高，农村劳动力对学历有了更高的追求，特别是本科扩招，一部分高职院校可注册入学，使得中等职业教育的生源困境愈加严重。因此，打通中等职业教育与高等教育之间的升学路径是解决这一问题的重要措施。政府要结合实际需求，搭建"中高职升学立交桥"，建立升学深造机制，以增强农村中等职业教育的吸引力和竞争力，同时也进一步畅通职业教育人才多样化成长渠道。如江苏省面向中职学生升学的有对口单招和转段升学两种渠道，其中转段升学是针对中高职"3＋3""4＋2"分段培养项目和中职与本科"3＋4"分段培养项目。

与此同时，也需要注意规范升学渠道，引导学生和家长对升学的正确认识。目前，打通升学渠道在给予中职生更多选择的同时，也使社会对中等职业学校产生了误解，将中等职业教育当成了学生曲线升学的跳板。学校迫于压力本末倒置，将职业教育普通化，职业教育沦为升学教育，虽然在短期内缓解了生源困难，但这种做法既不利于中等职业教育的长远发

展，也损害了其中一部分学生就业的需求。因此，政府在现代职业教育体系建设的同时，需要从政策层面规范和引导，使中等职业教育升学体系良性发展。

四、实施农村中等职业教育供给侧改革

虽然现在国家执行"普职比大体相当"的政策，这将对农村中等职业教育的发展起到促进作用，但这是在政策层面强制执行的。从需求侧而言，农村中等职业教育并不受农民青睐，因此，要寻求农村中等职业教育的可持续发展，就必须要进行农村中等职业教育的供给侧改革，从学生、家长、企业、高职等的需求出发，改革农村中等职业学校的供给。

（一）合理设置，增强凝聚

农村中等职业教育的发展与专业设置有着密切的联系，基于教学的超前性，农村中等职业教育应打造面向未来适应市场的中高端专业。但目前低水平重复建设、求大求全是农村中等职业学校发展中的一个重要问题。农村中等职业学校本身存在着经费严重不足的问题，为了能招到生源，盲目开设一些所谓的热门专业，甚至在不具备开设条件的情况下仓促招生。这一方面使原本紧张的办学经费更加捉襟见肘，另一方面也无法保证人才培养质量，影响学校的可持续发展。因此，要提升农村中等职业教育自身实力，首先要改变农村中等职业学校的办学思路，由政府统筹安排，紧密结合地方需求，兼顾学生需求，增强专业大类聚集度。所谓专业大类聚集度是指同一所学校在专业设置上尽量集中在一两个专业大类上，学校这样设置的专业与专业之间有一定的共性，便于建立共用性的实习、实训基地，提高教学资源的利用效率和办学效益。❶随着我国城镇化进程的不断加快，第一、二、三产业的结构在我国也有了较大的调整。在农村地区，第二、三产业正在逐步兴起，第一产业也在加快升级。农村劳动力的就业领域和就业要求有了新的变化，这就要求农村职业教育根据市场和社会需

---

❶ 卢金燕，曹晔. 江西省公办与民办中职学校专业设置抽样调查分析［J］. 教育与职业，2009（18）：30－31.

要，不断更新教学内容、改进教学方法，合理调整专业结构。农村职业教育既要为现代农业服务，也应该大力发展面向新兴产业和现代服务业的专业。在农村剩余劳动力的外出就业过程中，劳动力素质是其被选择的依据，双向选择的机制决定了一个劳动力要从农业向非农行业转移，必须要有一定的文化素质和综合能力。

（二）凝练特色，发展内涵

牢固树立质量意识，是农村中等职业学校提高人才培养质量的基础和前提。农村职业教育要服务于区域经济的发展，那么，农村职业教育的专业设置，就必须根据农村经济社会发展的需求，不断地进行调整。当今社会城镇化进程如火如荼，非农产业不断向城镇聚集，成为地方经济发展的支柱，而传统的农业也向高效现代农业发展。农村在自然景观、产业结构、生活方式等方面随着城镇化发展而变化。产业结构的变化，给农村提供了更多的非农就业机会，市场的人才需求也从农业向第二、三产业发展。农村职业学校的专业设置在适应产业结构的变化过程中，显得步调缓慢，导致学校专业设置趋同，失去特色。随着农业产业化和现代农业的快速推进，现代农业技术复杂程度越来越高，所需的管理水平和技术水平要求也越来越高，这种发展趋势需要有更多的通过涉农专业培养的技术性人才投身现代农业，而此类人才却严重缺乏。供给与需求不能对接，这就要求农村职业教育，必须充分考虑发展现代农业的需求，建立结合当地农业产业结构调整的、富有时代特色和发展潜力的新型农业专业。

在教育供给侧改革大背景下，中等职业教育的可持续发展只能是内涵发展，注重结构、效率、效益、成长性、满意度、教学水平、社会评价。职业学校应从提升办学质量出发，着重于内涵建设，致力于学校、教师和学生的内在发展，致力于校企的深度融合。学校管理要从提高管理质量出发，立足于学生普遍比较突出的行为模式，在科学化、精细化等方面做好文章。人才培养要从高质量出发，一方面致力于所有学生的健康成长和技术技能水平的提高，另一方面要关注职教学生中创新型人才的培养，始终以需求侧（学生、学生家长、用人单位、行业、政府）为关注焦点，分析需求，开发和完善专业、课程和其他各项教育服务，努力提高学生、家长、用人单位和各级政府的满意程度。

（三）创新办学，多元合作

随着农村中等职业学校办学定位及功能的转变，必然要求农村中等职业学校打破学校封闭办学的状况，创新办学思路，寻求多方合作与支持。首先，农村中等职业学校应与政府合作，提高农村中等职业学校在促进地方经济发展中的地位，在财政拨款、政策支持、舆论导向等方面寻求政府的支持。

其次，农村中等职业学校需要更加密切地进行校企合作，在政府支持下寻求行业、企业的支持，进行全方位的合作。一方面，学校应邀请行业、企业参与学校专业发展规划、人才培养方案等的设置，根据当地经济发展的需求，合理设置专业，在教学上还可以聘请企业能手作为学校的兼职教师，在毕业生方面可以给合作企业以优先选择毕业生的权利，或者采用订单式培养模式，探索校企联合招生、联合培养的现代学徒制办学模式；另一方面，由于农村职业教育办学条件差，实践设备短缺，在学生实践实训方面，可以与企业密切合作，企业为学生提供教育教学实训环境，为学校培训教师，学校则可以为企业员工进行理论培训，双方合作共赢。

再次，农村中等职业学校应与普通中学寻求合作。目前，职业学校生源竞争非常激烈，招生混乱，学生与家长对中等职业学校存在认知偏差，甚至有些家长让孩子上职业学校仅是为了让孩子晚几年走上社会，只要有书读，至于读什么专业、将来如何就业都不抱任何期望。对此，中等职业学校可以与初级中学合作，加大宣传力度，让学生与家长了解中等职业学校，可以通过到中学与学生、家长座谈，适时邀请学生、家长到校参观等方式，使家长充分了解中等职业学校，从而消除社会对中等职业教育的误解，吸引生源。

最后，农村中等职业教育还可以寻求与教育同行的合作，如与城市中等职业学校合作进行集团化办学、与社区教育中心等成人培训机构进行合作等，广泛拓展学校办学思路，实现学校的可持续发展。

（四）加强管理，改革教学

管理和教学是提高农村中等职业教育质量的两个抓手，也是影响农村中等职业教育声誉的两个重要方面。农村中等职业学校要依据"系统思考、整体设计、学校现状、企业参与、纵横一体"的原则，通过加强管理和改革教学，建构学校内部质量保证体系。

从管理的角度来说，它是学校可持续发展的重要环节，决定着学校能否顺利成长和可持续发展，在教育现代化背景下的学校管理，应更多地体现科学化、精细化的要求。一方面，农村中等职业学校要努力打造一个适应学生培养需求的良好校园环境，能够为学生提供合理的管理规章制度、优雅的学习环境、舒适的学习条件、完备的实训资源、良好的师生关系、生动的课堂教学、周到的学生服务和丰富的校园生活等；另一方面，农村中等职业学校要努力打造一个适应教师发展需求的良好工作环境，能够为教师提供张弛有度的教学环境、灵活多样的进修学习制度、高质量的样本研修课程、协同发展的教师团队等，从而为学校师生创造满足其发展需求的良好环境，促进学校教学质量的提高。

从教学层面来讲，人才培养质量的持续提高，关键在于通过对教学工作的"诊断与改进"，建构较为完善的内部质量保证体系，从制度、机构、工作流程等层面将质量工作落到实处。农村中等职业学校要依据教育部《教学工作诊断与改进指导方案》，研读诊改文件、制定诊改制度、编写学校诊改工作实施方案、建构诊改工作运行机制、完善教学标准体系，全面开展教学诊改，强化教学规范管理，提高教学质量水平。同时，引导教师建构质量自我反思意识，不断更新教学理念、提高教学水平，依据人才培养目标和企业需求，在教学中引导师生在做中教、在做中学，做到工学一体、产教融合，实现脑体结合。

农村中等职业教育只要实现了"管理有方、教学有法、升学有门、就业有路"的办学目标，就会得到社会的赞誉和肯定，从而实现中等职业教育的稳步发展。

第二节　积极推进农村高等职业教育

随着国家对"三农"问题的重视，特别是优先发展农村、农业战略提出后，我国农村经济发展和社会发展都有了很大的转变，但我国农村大部分仍处于弱势地位，这从根本上讲是教育的弱势，农村职业教育，尤其是培养技能型、复合型人才的高等职业教育十分欠缺。发展农村职业教育，必须有效发挥高等职业教育在新农村建设人才培养中的重要作用。

目前，我国高职院校布点呈现不断向中小城市延伸的趋势，《2016年全国高等职业院校适应社会需求能力评估报告》指出，高职院校"为城乡居民'在家门口上大学'提供了极大便利，成为服务区域、推动城乡均衡发展的重要力量"。这也说明了高等职业教育向农村发展已经成为一种趋势，由此可见，积极发展农村高等职业教育成为发展农村职业教育的重要组成部分。

一、农村高等职业教育发展的必要性与可行性

（一）农村高等职业教育是"四化同步"背景下新型城镇化发展的需求

2017年12月国务院办公厅发布的《关于深化产教融合的若干意见》中指出要"促进高等教育融入国家创新体系和新型城镇化建设"。随着新型工业化、城镇化、农业现代化和信息化的深入推进，我国农业、农村发展进入了一个新的阶段，大量的先进农业科学技术、高效率农业设施装备、现代化经营管理理念越来越多地被引入到农业生产的各个领域，农业的组织形式、发展方向以及农村社会结构面临着深刻变革。党的十八大提出"促进工业化、信息化、城镇化、农业现代化同步发展"，实现"四化同步"发展，农业现代化是关键，而实现农业现代化的关键就在于解决"谁来种地"和"怎样种地"的问题，解决好这些问题，根本在于人。十九大报告指出要优先发展农村，这除了要政策的推动以外，更为关键的也是对人力资本的需求。正如经济学家舒尔茨认为，土地并不是使人贫穷的主要因素，而人的能力和素质却是决定贫富的，也就是说人力资本在经济增长中的作用通常要高于物质资本。[1] 而当大量优秀人才都留在城市时，

---

❶ [美] 舒尔茨. 论人力资本投资 [M]. 吴珠华，等，译. 北京：北京经济学院出版社，1990：44.

农村靠什么来优先发展？因此，推进新型城镇化发展最关键的是人力资本的提升。

目前，我国农村人力资本无论是农民工还是留守农民，都存在着人力资本薄弱的问题。我国农民的整体素质偏低，小学及以下文化程度占38.2%，初中文化程度占49.35%，高中及中专文化程度占11.9%，大专及以上文化程度占0.6%，受过专业技能培训的仅占9.1%。基于人力资本在推进城乡一体化建设中的重要作用，加快新农村建设，就需要进行农村人力资源的开发，要为农村培养大批有知识、懂技术、善管理的高素质人才，原有的农村中等职业教育已不能满足这种需求，需要高等教育走向农村，真正实现大众化。目前，我国农村人力资本开发还是主要依赖于基础教育和中等职业教育、成人职业教育，高等职业教育相对还没有展开，不能满足新农村建设的需要。

农业现代化要求推进适度规模经营、集约化标准化生产，提高农业生产效益，这依赖于高水平农村科技和高素质农民的支撑。随着大规模的农村人口流动，农村劳动力进入总量过剩和结构性短缺并存阶段。对此，《全国农业现代化规划（2016—2020年)》强调："加快构建新型职业农民队伍。加大农村实用人才带头人、现代青年农场主、农村青年创业致富'领头雁'和新型经营主体带头人培训力度，到'十三五'末，实现新型经营主体带头人轮训一遍。将新型职业农民培育纳入国家教育培训发展规划，鼓励农民采取'半农半读'等方式就近就地接受职业教育。建立教育培训、规范管理、政策扶持相衔接配套的新型职业农民培育制度，提高农业广播电视学校教育培训能力。"面向农村发展适合农村的高等职业教育，提升农村劳动力的受教育程度，有利于培育农村科技人才和新型职业农民，促进农村就地城镇化和农业现代化的发展。

（二）发展农村高等职业教育是高等教育发展及其结构优化的必然趋势

20世纪90年代，著名教育家潘懋元就提出了"高等教育通向农村"的命题，包括高等学校或其他高等教育机构的毕业生通向农村与基层，通过毕业生向农村传播科学文化知识或推广适用科技成果，以及高等学校或其他高等教育机构为农村提供各类直接的社会服务。❶ 自此，我国便开始了高等教育通向农村的步伐。但是，效果并不理想，这与传统的高等教育是离土离乡的教育目标指向有着很大的关系。据 2016 年全国教育事业发展统计公报，全国共有普通高等学校和成人高等学校 2880 所，其中，普通高等学校 2596 所（含独立学院 266 所），成人高等学校 284 所，普通高校中本科院校 1237 所，高职（专科）院校 1359 所，其中位于市辖区的高等学校约占总数的 91.7%，县和县级市的高校数量占比不到 10%。这种现状助长了高等教育人才培养、学科专业设置方面的"离农倾向"，阻碍了大学毕业生流向农村基层、服务"三农"。因此，高等教育亟待拓展服务农村的畅通渠道，发挥在教育、科技、文化方面对农村的辐射影响。

高等教育大众化是我国高等教育重要的发展战略。高等教育的发展要适应外部社会需求，与社会发展的阶段性特征和规律相适应，根据社会发展需要合理调整高等教育的内容、结构与格局。我国已经实现了高等教育大众化的目标，一些经济和教育发达的省区也已实现了高等教育的普及化，但高等教育的结构有待进一步优化，这就是如何进一步适度扩大高等职业教育，尤其是农村高等职业教育比例，以为农村经济社会发展培养人才。

就当前而言，在某种程度上，大学生就业难更多地表现为人才培养类型与社会需求错位而造成的"结构性"就业难，如农村大学生难以回乡服务农村，原因之一是人才培养的城市倾向不切合农村实际。农村大学生首选在城市就业，造成农村精英人力资本的大量外流，不利于农村社会的发展进步。虽然国家出台了"大学生村官""一村一名大学生"、鼓励大学生返乡创业等一系列政策，但调查显示，农村大学生回到农村、留在农村的比例还是非常低的。而农村在城镇化与农业现代化的发展契机下，对金融、法律、物流、生态农业、电商等方面人才有着很大需求，发展面向农村、服务农村并贴近农村的农村高等教育，是增强高等教育适切性、加速

❶ 赵叶珠. 潘懋元"高等教育通向农村"学术思想初探 [J]. 集美大学学报，2002（02）: 1-4.

农村社会经济发展的有力举措。而结合当前农村地区经济发展与人力资本的现状，高等教育服务农村，首先要推行的就是农村高等职业教育的发展，这也有利于解决农村中等职业教育的困境。

（三）发展农村高等职业教育是实现教育公平的需要

目前，我国的高等职业教育大多聚集在大中城市，这样的地理分布也必然影响到农村学生进入高职的入学机会。有研究显示，"如果不考虑学生所处的社会经济阶层，附近地区缺少中学后教育机构也会制约相当一部分人的高等教育入学机会"❶。有研究者指出，近年来受高等教育成本、高职生就业难等情况的影响，农村高考生弃高人数有所增加，这也就造成了教育的不公平。因此，发展农村高等职业教育，拉近高等教育与农村的空间和距离，对于减少农村学生高考弃考、扩大教育公平大有裨益。而且，"适合的"就是"最好的"，这种教育理念越来越受到社会认同，学有所用已成为农村学生选择高等职业教育产品的重要标准。向农村学生提供最适合的高等职业教育，使之具备建设和服务家乡的基本能力，是农村高等教育发展的应有方向，这将大大丰富教育公平的内涵。

同时，在政府着力构建中高职衔接的现代职业教育体系的背景下，中职学生毕业的去向也显示出对农村高等职业教育的迫切需求。据教育部统计数据，2016 年中职毕业生升入各类高一级学校就读的占 25.10%，比 2015 年增加 5.08 个百分点，这充分表明，社会对高等职业教育的需求正在不断增加。

（四）"互联网＋"背景下高等职业教育服务新农村建设具有了更大可能性

随着社会进步、信息技术的不断发展，我们已经步入了"互联网＋"的时代，"互联网＋"是创新 2.0 下互联网发展的新业态，是知识社会创新 2.0 推动下的互联网形态演进及其催生的经济社会发展新形态。"互联网＋教育"也推动了教育改革的新发展。目前，远程教育已经具有开放性、灵活性、共享性等多种特点和优势。另外，随着 MOOC 等微课程的快

---

❶ ［美］达瑞尔·刘易斯，哈利·丹达. 发展中国家高等教育的公平效应——入学机会、选择权与就读持续性［J］. 谭敏，译. 国际高等教育研究，2008（01）：1-13.

速流行，为现代快节奏、碎片化的学习提供了更多便捷。这些都为高等职业教育通向农村，推动农村职业教育的发展提供了极好的支撑。因此，高职学校可以结合自身的专业优势，丰富远程教育体系，给广大农村劳动力提供学习平台，满足他们的学习需求。这样，不仅可以降低他们的学习成本，而且能免去学员奔波之苦，对提高农村人口素质有很大的益处。

二、农村高等职业教育体系的构建

（一）农村高等职业教育的办学定位

农村高等职业教育是为社会主义新农村建设服务的，这就要求农村高等职业教育在总体规划与发展思路中，要思考和确立农村高等职业教育如何为促进农村经济发展和人的发展服务的功能，如何结合新型城镇化发展对高等职业教育发展的要求，尤其是着眼于当前解决"三农问题"的迫切性，构建新的人才培养和评价体系。农村高等职业教育要以大众化教育的时代背景为依据，把精英教育和大众教育有机结合起来。正如习近平总书记在参加 2017 年"两会"四川代表团审议时指出的，要"就地培养更多爱农业、懂技术、善经营的新型职业农民"，要把培养应用型、实用型、技能型的大众化人才和培养服务新农村建设的高科技精英人才结合起来；同时还要在教育中引导大学生的爱农思想，培养在农村"留得住""用得上"的大学生，鼓励大学生去农村创业，成为推进新农村建设的中坚力量。

首先，农村高等职业教育要为"三农"服务，立足于美丽乡村建设的需要。随着城乡二元结构向城乡一体化结构的发展，农村第二、三产业的发展越来越迅速，农业和非农业、农村和城镇的界限越来越模糊，所以农村高等职业教育在办学理念和指导思想上要密切联系教育对象和农村经济发展的实际需求，培养目标要符合新农村建设对人才的需求，立足农村，面向全局，合理设置专业，更新教学内容，形成办学特色，在学历教育的基础上把职业技能培训和新技术的推广纳入学校教育教学中去。

其次，农村高等职业教育要立足市场需求。在城市出现"用工荒"的同时是大学生"毕业等于失业"、农村大量剩余劳动力转移困难的状况。这是因为随着科学技术的发展，我国制造业与服务业技能型人才特别是高技能人才十分紧缺，而农村剩余劳动力素质普遍不高。未来几年，随着产业结构的调整和城镇化进程的加快，如果农村劳动力素质不提高，这种人才不对等缺口将越来越大。因此，从人力资本的提高来讲迫切需要农村高等职业教育的发展，而从市场对人才的需求来讲，农村高等职业教育应树立大职教观，从市场角度去拓展办学思路，充分利用资源优势，将学历教育与非学历教育的短期培训协调发展，根据学校自身的特点、条件做好专业设置与规划，并根据市场发展趋势适度超前确立专业方向，培养出"学有所用，适销对路"的毕业生。

最后，农村高等职业教育是面向农民的教育。农村高等职业教育应立足广大农民的实际情况，从农民的实际需求出发。党的十九大提出要优先发展农业农村，而农民是农业和农村的主体，提升农民素质不仅是解决"三农"问题核心，也是建设美丽乡村、和谐社会的关键。而实际情况是农民一方面意识到自己的文化程度低、没有一技之长限制了自身的发展，另一方面又因为教育成本高和投资意愿不足、担心不能就业等各种原因，拒绝或放弃高等教育机会。因此，农村高等职业教育要根据农民的实际需求，采用多种教育形式，以就业为导向，以提高农民职业技能和职业素养提升为主，激发农民对高等职业教育的积极性，提升农民的文化素质、职业技能和经营技能，提高就业能力，使之具备终身学习能力，适应现代化生产的要求。

（二）农村高等职业教育体系的构建

发展农村高等职业教育是新农村建设的必然需求，虽然目前各地都有了不同形式的农村高等职业教育，但还处于零散状态，尚未形成较为系统的农村高等职业教育体系。农村高等职业教育体系的构建有其特殊性，应是多层次并进，多种形式共存的一种网状体系。从学校来说包括农业院校、普通院校的涉农专业、农村高等职业学校和社区学院，从教育形式来说包括普通招生入学和送教下乡、远程教育，等等。

1. 发展高等农科类职业院校，落实面农政策

高等农科类职业院校是农业科学发展、人才培养的重要阵地，其对于推动"三农"问题的解决有着重要的战略意义。高等农科类职业院校肩负着人才培养与社会建设的重任，随着经济全球化与高等教育大众化，高等农科类职业院校在迎来机遇的同时需要面对新时代的挑战和传统观念与农业弱势地位的冲击，现代经济发展新形式的影响以及高等农科类职业院校自身定位不准。面对这些挑战、冲击和新形势，高等农科类职业院校应加强人才培养，强化专业特色，以先进校园文化消解社会偏见，引领高校人才热爱农业并投身农业建设，落实高等农科类职业院校的发展重任。但由于在改革开放之初的现代化建设中对农业的现代化建设有所忽视，使得高等农科类职业院校在经费投入、生源水平上处于弱势地位，影响了高等农科类职业院校的发展，因此，国家应在优先发展农村农业的大环境下，落实面农政策，通过各种方式支持高等农科类职业院校的发展，使其更好地面农、近农，为农村经济发展服务。

2. 支持涉农专业，改革招生机制

虽然在城乡一体化发展的推动下，农村的产业结构正在发生变化，但农业仍是农村的支柱产业，支持高等职业学校涉农专业的发展，是提高农村人口素质、发展农村经济的关键路径。目前，全国高校涉农专业由于涉农专业普遍存在就业率相对较低、工作环境艰苦、待遇低且难有保障等问题，加上社会有偏见、国家政策不到位等原因，长期以来，涉农专业在多数考生、家长心目中没有地位；从志愿填报的角度来说，属于"冷"专业，使得涉农专业发展缓慢，甚至出现缩减现象。为此，一方面，国家与地方政府应出台相关鼓励政策，通过减免涉农专业学生学费、奖励涉农专业毕业生服务农村等鼓励学生报考；另一方面，改革高校涉农专业的招生机制，灵活招生，对接中等职业学校涉农专业，进行对口招生，进一步提升涉农专业学生的素质。

3. 推广自学考试，建立助学体系

潘懋元先生通过对比分析指出，相对于其他形式的高等教育，自学考试具备投入少、成本低、学习时间自主性强、专业和课程设置灵活等优

点，且最重要的是，它能够较好地解决农村青年"上得来"，城市青年"下得去"，且二者都能够"用得上""留得住"的问题。❶ 因此，潘先生认为在各种形式的高等教育中，自学考试是将高等教育引向农村地区的最有效途径。但是有研究表明，农村自学考试的推广并不理想，农民普遍反映由于学习能力不足、农村自学考试助学体系缺失等问题，参加自学考试的积极性并不高。因此，构建农村高等职业教育体系必须更好地推广农村高等教育自学考试，并根据农民的实际需求建立和完善农村高等教育自学考试助学体系，充分利用互联网＋时代所带来的技术便利，通过打造自学考试辅导网络平台、送教下乡等方式，构建县、镇、村三级助学体系，为农民参加自学考试保驾护航。

（三）现代农村高等职业教育体系的特点

农村高等职业教育是面向"三农"的教育体系，是基于"四化同步"发展背景的现代农村职业教育体系，因此，农村高等职业教育体系应以科教兴农方针和乡村振兴计划为指导，以高等农科院校和普通院校的涉农专业为依托，以地市高等职业院校为龙头，以县市农村社区发展学院为主体，面向农村经济社会发展的需要，由中央政府提供政策和部分资金支持，由地方政府统筹整合诸如电大、技校、中职校、成人学校等现有教育资源，构建多层次整合的农村高等职业教育体系。基于农村高等职业教育体系的办学定位，应具有以下特点。

1. 适农性

农村高等职业教育体系应是能够适应和服务于新农村建设的。农村高等教育体系应立足于农村经济和社会发展的需要，着眼于农村人口整体素质的提高，致力于使学习者具有适应农村生存与发展需要的良好文化基础和适应农村生产生活的适用技能，为农村培养多方面多层次的留得住、用得上的适用人才。应根据所在区域的经济社会发展情况，如产业特点、人口素质、地域文化等，因地制宜，灵活地开设专业和办学，始终切实地服务本地区的新农村建设和农民素质的提升。

---

❶ 潘懋元. 自学考试应通向农村［J］. 有色金属高教研究，1999（03）：9.

2. 开放性

农村高等职业教育基于受教育对象的特殊性，更需要坚持体系的开放性，一方面通过"三教统筹、协调发展"的方式开展学历教育和非学历职业培训，另一方面还应依托高校资源开展社区服务、终身教育和文化素质教育等，以其包容性满足农民的多样化需求。

3. 辐射性

农村高等职业教育体系具有分散性、网络化的特征。在我国现有条件下，农村高等教育体系的建立应以普通高等院校为依托，以地市高等职业院校为龙头，以县市农村社区发展学院为中心，形成辐射乡镇的多层次、分散性网状结构。

4. 导向性

农村高等职业教育是依据科教兴农的要求，适应农村人口接受高等教育和多方面发展的需要，为农村培养适用人才和农村教育全面实施素质教育的"立交桥"。同时，农村高等职业教育应多元化办学，改变过去单一的教育投资模式，尤其是要鼓励事关农村、农业、农民的投资主题流向农村高等职业教育，使高等职业教育通向农村的办学目标更加清晰、明确。

5. 贯通性

农村高等职业教育体系应体现现代农业对高素质人才的需求，贯通各层次的职业教育，一方面能对接中等职业教育，多渠道打通中等职业教育进入高等职业教育的通道；另一方面能够贯通专科、本科甚至研究生各学历层次，为培养服务于现代农业的高层次人才服务。

三、农村高等职业教育的发展策略

（一）整合现有教育资源，统筹发展农村高等职业教育

目前我国高等教育大多集中于城市，多数省份县级高等职业教育比较落后，高职院校总量偏少，导致高层次技术人才培养不足，制约了县域产业的升级与优化。积极规划发展县级高等职业技术学院，与县域原有的电大、高等教育自学考试和位于地市的普通高等院校形成地方高等教育的新格局，加强与普通农业高、中等教育的衔接，并使之与农村基础教育、成

人教育、中等职业教育相互沟通，这不仅对带动县级农村社区学院的发展和提升劳动者素质有重要意义，而且有利于形成与地方经济相适应的人才优势、技术创新优势。

农村高等职业教育的发展应建立以政府统筹为核心，教育行政部门主抓为基础，农业、科技、文化等相关部门积极参与为依托的管理体制，建规章制度、增教育投入、抓师资培训，并建立相关保障机制，将农村高等职业教育纳入国家现有的整体高等教育体系之中，有效利用农村现有的文化、教育、信息、网络等各种资源，并不断开发和完善，构建包括成人教育（函授教育）、自学考试、开放大学、网络教育等多种形式在内的立体的远程教育体系，只有努力构建起"普、职、成"三教统筹的教育体系相互沟通的终身教育体系，才能有利于农村高等职业教育的发展，才能满足日益增长的社会需求。

（二）加强政策引导，促进农村高等职业教育大众化

农村高等职业教育的发展、产学研工作的推进、农村实用人才的培养、服务农村现代化的实践，已充分证明了农村高等职业教育的必要性和可行性。但是，农村高等职业教育的推进需要政府的不断引导，需要进一步发挥高等职业教育学以致用的优势，着力推进农业产业、农业行业企业及生产组织、农民个体及团队的高层次学习需求。面对高等教育的城乡差距越来越大，农民对高等教育投资意愿不强等现状，政府需要加强政策引导，促进农村高等职业教育的大众化。目前，教育部及地方政府都对此进行积极的政策引导，如"大学生村官""一村一名大学生工程"，引导部分"农"字高校在农村建立科技示范基地，等等，这些政策均取得了一定的效果但远没有达到预期。"推拉理论"认为，导致人口流动的原因有二，即流出地的推力和流入地的拉力，两者共同作用的结果。大学毕业生不愿到农村就业的原因表明，一方面政策的推力不够，另一方面农村的拉力不够。因此，必须进一步加强政策引导，促进农村高等职业教育大众化，促进农村大学生和农民工回流。

（三）加大宣传力度，转变农民观念

高等教育被赋予一种"升学转化"功能，使得农村中具有一定素质的人力资源大量流失，很难再回流农村。另外，高校扩招以后，缴费上学、市场就业逐渐得到人们认可，也使农村高等教育与城市高等教育差距越来越大。许多农民不愿意投资高等教育，大量农村新生劳动力加入农民工行列，在农村许多地方形成了高等教育无用论的偏见。同时，面对当前农村人力资源转移的规模和速度，高等职业教育应对这一变化的举措相对滞后，在专业设置、转换服务对象和服务领域方面缺乏动力机制，这些都是构成农村人力资本尽快形成社会效益的障碍，直接限制了高等职业教育发展规模的扩大和对农村人力资源迁移进程的推动作用。因此，发展农村高等职业教育，一方面要加大对农村学生的引导，宣传报考农业院校和涉农专业的奖励政策，转变农村家庭对高等教育投资的观念，鼓励高中生参加高考、鼓励中职生继续升学；另一方面，要着重引导农民向"学历＋技能＋创业"发展，出台农业培训、农民工培训等专项补助政策，鼓励农民积极参加高层次学历教育和非学历培训。

（四）改革高校办学机制，适应新农村发展

我国高等教育改革须控制规模、追求质量，发展农村高等职业教育绝不是盲目增加农村基层高等学校的数量。首先，发展农村高等教育应优先立足于整合现有资源，促进地市本科及县域高职高专院校的内涵转型。在条件允许的情况下，经济较发达、人口数量多的县（县级市）可新建一所高职或高专院校，增加农村高等职业教育的产品供给。其次，发展农村高等教育应适应农村劳动力相对分散的社会形态，实行多样化策略，提供学历教育与非学历教育、全日制教育与非全日制教育等多种选择，并以弹性灵活的学习时限，满足农村学生和农民、农民工对高等职业教育的多种需求。最后，高额的学费和生活费增加了高等职业教育的获取成本，这也是农村学生放弃高等教育的原因之一。发展农村高等职业教育要降低学费标准，以及降低高校布局重心以便减少生活开支，使农村学生、农民和农民工接受上得起、用得上的农村高等职业教育。

（五）加大经费投入，减轻农民负担

教育负担能力在广大的农村地区普遍较弱，农民的收入也就能够满足家庭日常开支。只有当收入满足了家庭的基本生活需要之后，还有剩余才会用于子女的教育。在目前大学生就业比较困难的情况下，花钱上学却找不到合适的工作，农村居民也就丧失了教育投资的热情。

近年来，农业产量在不断增长，导致农产品供给相对过剩，价格持续走低，农民收入并没有增加，还是低于城镇居民水平。而目前我国高等教育实行的是交学费读大学的方式，虽然有各种奖、助学金，但这并不能从根本上解决或者减轻农民上大学的成本与压力。因此，发展农村高等职业教育，政府要提高认识，基于现阶段我国农村的国情与区情，加大对农村高等职业教育的统筹和支持力度，建立"政府投入、社会多方参与、个人合理分担、国家助学贷款"的农村劳动力职业教育与培训经费筹措和保障机制。其一，政府可以设立农民学历教育专项拨款机制，限定名额，定向资助符合条件的农民免费参加全日制学习。其二，指定普通农业高校或高等职业学校接受任务指标，根据农民的需求和地方经济社会发展需求，免费送教下乡或进行远程培训，带动农民参加高等职业培训的积极性。其三，政府可以采取措施提高农民的收入水平，从而增强他们进行人力资本投资的负担能力。

第三节 大力发展农村社区教育

农村社区教育是农村职业教育的重要组成部分，它是相对于城市社区教育而来的，是以农村社区的所有居民为对象，充分利用区域内外的教育资源，以提高社区居民的素质为目的，最终促进农村社区经济、文化全面良好发展的综合性社会学习活动。农村社区教育是进行农民职业培训的一个平台，大力发展农村社区教育，是促进农村职业教育发展的一个重要途径。

一、农村社区教育的发展现状

自1999年国务院明确提出开展社区教育实验工作以来，我国社区教育开始蓬勃发展。特别是党的十八大以来，按照国家教育规划纲要的部署，社区教育进入新的发展阶段，探索出具有中国特色的社区教育发展方式和路径，形成了东部沿海发达地区广泛开展、中西部地区逐步推进的发展格局，建设了一大批全国和省级社区教育实验区、示范区，社区教育参与率和满意度逐步提高。农村社区教育虽然相比城市社区教育起步晚发展慢，但也有了长足的发展，各地农村社区教育中心都根据本地区的经济发展情况，有针对性的开设培训课程，对农民进行了多种形式的、多种内容的职业培训，成为新型职业农民培育和农民工市民化的一个重要支撑。目前，农村社区教育已取得了很大的发展，成为最受农民欢迎的农村职业教育和培训机构。❶

（一）农村社区教育组织已基本完善

2010 年 7 月《国家中长期教育改革和发展规划纲要（2010—2020年)》提出，到 2020 年要构建体系完备的终身教育，统筹开发社会教育资源，积极发展社区教育。各地方政府也出台相应的政策法规，要求以行政区划为单位，组建完备的农村社区教育组织。笔者在调研过程中发现大多数农村社区教育中心都建立了社区教育委员会，其成员由当地政府、经济、文化、科技、司法、教育部门以及有关代表等各方人士组成，集行政管理与社会协调于一体，统筹协调社区内的各种教育资源，在社区教育中发挥强有力的组织协调作用。

（二）农村社区教育政策环境持续优化

自 20 世纪末以来，我国政府出台了多项有关发展社区教育、推进学习型社会建设的政策文件。1999 年，国务院批转教育部《面向 21 世纪教育振兴行动计划》明确提出："开展社区教育试验工作，逐步建立和完善终身教育体系，努力提高全民素质。"为落实该文件，2000 年，教育部发布《关于在部分地区开展社区教育实验工作的通知》，决定在全国开展社区学院试点工作，推动社区教育加快发展。近年来，随着全民学习、终身学习的需求不断增加，国家越来越重视社区教育，2014 年教育部等七部门《关于推进学习型城市建设的意见》提出："广泛开展城乡社区教育，把社区

---

❶ 马建富，吕莉敏，陈春霞. 留守农民职业教育培训现状的调查及发展建议——基于江苏的调查［J］. 职教论坛，2016（06）：50－59.

教育工作纳入社区服务体系建设规划中。"2016 年，教育部等九部门《关于进一步推进社区教育发展的意见》明确提出：到 2020 年，社区教育治理体系初步形成，建设全国社区教育实验区 600 个，建成全国社区教育示范区 200 个，全国开展社区教育的县（市、区）实现全覆盖，社区教育工作开始全面推进。

（三）农村社区教育培训体系已初步建成

农村社区教育功能不断拓展，教育服务平台得到创建，教育资源得到有效整合，教育培训网络初步形成，部分地区形成了省、市、县（市、区）、镇（街）、村（居）五级社区教育网络，基本形成了以国家级和省级社区教育示范和实验区为引领，以市、县社区学院为龙头，以镇街社区学校为骨干，辐射所有村居的社区教育网络。如四川省依托广播电视大学的资源，在全省建立和完善省、市、县三级社区教育体系，开展大规模的社区教育进农村活动。截至 2016 年 10 月，经当地政府和编委（办）批准，在四川省电大系统中，已成立绵阳、泸州、巴中、达州、内江、广元、自贡 7 所社区大学，成立荣县、威远、南江、苍溪、平昌、巴州区、三台、泸县、富顺 9 所社区学院，建立社区学习中心 121 个，初步搭建了省、市、县、乡四级社区教育框架体系。教育层次不断丰富，项目推进成效显著，电大系统推行的"一村一名大学生工程"、高职院校的"农村经济实用人才培养工程"、农经部门的"农村劳动力转移培训工程"等，较好地满足了农村居民不断增长的多样化的学习需求。

（四）农村社区教育模式越来越多样化

随着农村社区教育的发展，各地政府和农村社区教育中心对农村社区教育模式展开了积极地探索，全国各地均根据当地的实际情况，探索适合本地区社会经济形态的社区教育模式。如以社区学院为中心的实体型模式、以宅基为阵地的互动型模式、以政府为主导的统筹型模式、以企事业单位为中心的辐射型模式，等等。其中以政府为主导的统筹型城镇社区教育模式是最为常见的农村社区教育模式，它是指在一定区域范围内由政府出面，对管辖地区的人力、财力、物力等城镇社区教育进行统一协调并统一策划的城镇社区教育活动，是一种自上而下的模式，基本框架由整体规划、服务平台、技术指导、城乡联动、广泛参与四大要素构成，如湖南湘阴县县政府牵头，整合当地多个农村教育资源成立农村社区学校，开展当地"绿色证书"培训。

二、农村社区教育发展存在的问题

农村社区教育经历了从无到有的过程，并不断在促进社会经济发展方面体现了其重要作用，但不可否认，与城乡一体化进程中新农村建设对农村劳动力的需求相比，农村社区教育还没有发挥其应有的作用，还存在着一些问题。

（一）区域差异很大，发展极不平衡

我国社区教育发展存在很大的区域差异，这种差异一方面是由于我国经济发展水平的不平衡，经济发达地区对社区教育的投入多，社区教育就能够无后顾之忧而得到长足的发展，而经济欠发达地区则相反。但这并不是社区教育发展产生区域差异的唯一原因，从深层次来讲，地方政府和各级领导对社区教育的重视程度也对社区教育发展的不平衡产生很大的影响。我国欠发达地区受传统农村和农业观念的影响，重普通教育轻职业教育，重正规教育轻社区教育，发展社区教育的意识不强。一是有些地方政府领导对开展社区教育的认识不足，社区教育的开展缺乏制度保证。二是农民不了解社区教育的职能，参与意识不强，参与程度不高。而我国一些大城市的郊区和沿海一些发达地区的农村，社区教育发展迅速，已经建立了以社区学院为龙头的社区教育网络，促进了农村社会的发展。有研究者指出当前我国社区教育的发展在东部沿海地区，以长江三角洲地区为代表，社区教育广泛开展；在中部地区，虽然也在逐步向前推进，但进展缓慢；而在广阔的西部地区，除少数城市外，整体上则是刚刚起步甚至还没有起步。上海、浙江、江苏的人均经费在 8 元以上，而西部一些省份的人均经费还不到 1 元。❶

---

❶ 我国社区教育亟待突破两大"瓶颈"［EB/OL］. http：//www. gov. cn/xinwen/2016 – 11/13/content_5131918. htm，2016 – 11 – 13.

（二）农村社区教育资金投入不足

虽然随着政策文件的完善，农村社区教育的资金来源已有明确的规定，但地方政府在下拨经费时因为种种原因，往往不能足额发放，导致部分农村社区教育办学经费严重不足。农村经济发展水平本来就不高，加上农村社区教育经费严重不足，这在很大程度上阻碍了农村社区教育的开展。课题组调查发现，许多社区教育中心的农民职业教育和培训经费严重不足，调查数据中认为经费完全能够满足培训需要的仅占 10.84%，认为严重不足的占 37.76%，苏北地区则高达 42.69%。❶ 目前，农村社区教育中心普遍存在"巧妇难为无米之炊"的现象，"政府拨一点、社会集一点、自身挣一点"的多渠道社区教育经费筹措模式，并不能满足社区教育活动的需要，研究者对社区教育的研究中均指出社区教育存在教学设施陈旧、教学环境简陋、师资队伍不足等问题，而这些问题的根源主要在于社区教育经费的不足，这给社区教育工作和活动的开展造成很大的困难。

（三）农民参与农村社区教育的积极性不高

社区中的农民是农村社区教育的主体，农村社区教育的目的之一就是要提高农村居民素质，提高农民生活质量，因此农村社区中农民个体对农村社区教育的认识和观点，将直接影响农村社区教育的建设和发展。有研究表明，社区教育发展与经济发展状况并不完全一致，而是取决于农村居民的主动需求。虽然发展农村社区教育得到了一些地方政府的高度重视，但仍存在农民认识普遍不足的问题。在课题组调研中发现，约 58.3% 的农民认为自己不了解农村社区教育，仅有 12.7% 的农民认为自己大致了解，而这部分人中有许多人认为农村社区教育主要就是教农民一些休闲娱乐活动，比如跳广场舞，或者学一些农业技术，对社区教育的作用缺乏足够的认识。另外，很多农民处于农忙时在家务农，农闲时外出打工的状态，由于时间问题不具备主动学习的意愿，再加上社区教育职业培训很难在短时间内显示出提高农民收入的效果，因而相当数量的农民认为其可有可无。

---

❶ 马建富，吕莉敏，陈春霞. 留守农民职业教育培训现状的调查及发展建议——基于江苏的调查［J］. 职教论坛，2016（06）：50－59.

这也是为什么很多农村社区教育中心要以发放"小礼物"、给予误工补贴等方式来吸引农民参与社区教育的原因。

（四）农村社区教育体制不够完善

我国农村社区教育体制是在计划经济体制下逐渐形成的，在农村实行联产承包责任制以前，由于健全的农村社区基础，以及农民的收入主要来源于农业，这种组织形式曾经发挥了重要作用。随着市场经济体制的建立，农民非农收入的提高，农业产业结构的变化，这种以行政和计划为主的体制失去了原来所发挥的作用，这种社区教育体制制约着新农村社区教育的发展。农村社区的封闭性和地域的分散性，更增加了组织管理的困难，任何单一的部门都很难进行有效的组织管理。比如在实际中，农民的职业培训存在多部门各自为政的现象，造成经费的分散和资源的浪费。另外，农村社区教育自身的体制也不够完善，教学形式不全面、教学内容没有契合农民需要、教学方法陈旧、师资力量不足、缺少评估体系等，也严重影响了社区教育的发展。

（五）农村社区教育资源不足

农村社区教育资源不足表现在以下几个方面。其一，课程资源开发不完整，课程内容单一。农村社区教育内容的选择一般根据各地的情况自发选取，或者直接将其他地方开展的内容借鉴过来，因此缺乏科学系统的规划，零散的不成体系的课程加之农民投入时间有限，效果甚微，也很难进一步提升农民整体素质。同时，课程的内容较为单一，大多为农业生产技术指导，不能达到开展社区教育的目标。其二，农村社区教育师资力量不足。从事农村社区教育工作的教师多为从普通教育岗位转过来或者兼职从事该项工作，对于职业教育、社区教育缺少基本的理论支撑，往往按经验办事，缺乏科学性；同时，相应教师也缺乏对社区教育的专门研究，不利于结合社区教育特点提高教学质量。还有一些地方教师资源本身匮乏，从事社区教育的教师在数量和水平上难以满足需求。在调研过程中笔者发现有的乡村社区教育中心甚至只有一人。其三，大部分农村社区教育中心硬件设施不足，包括没有专门的教学、办公场地，缺乏实践训练场地，等等。

三、大力发展农村社区教育的必要性

（一）农村社区职业培训是培育新型职业农民的重要依托

习近平总书记高度重视培养造就新型农民队伍，多次强调要解决好"谁来种地"问题，培养造就新型农民队伍，确保农业后继有人。农村社区教育的本质内涵是以开发农村社区人力资源为本，充分利用社区内外的各种资源，以提高农村社区全体人员素质和生活质量为宗旨，促进农村社区经济社会的全面发展。可见，与其他任何类型的教育相比，农村社区教育更有利于提升农民的整体素质。通过加强农村社区教育，对留守农民进行职业培训，使他们成为有文化、懂技术、善管理的新型职业农民，将有助于实现农村经济发展，改善农民生活，加快新农村建设的步伐。2016 年的教育部等九部门发布的《关于进一步推进社区教育发展的意见》中就指出社区教育要"重视农村居民的教育培训。……大力开展新型职业农民培训。加强农村居民家庭教育指导，为农村留守妇女提供社会生活、权益保护、就业创业等方面的教育培训"。因此，通过农村社区教育全面提高农民的文化素质、科技素质等综合素质便成了培育新型职业农民的重要依托。

（二）农村社区教育是促进农民工市民化的有力支撑

城镇化进程中要推进农民工的市民化，实际上就是要在就业、医疗、教育、住房、社保等方面实现与市民的同等待遇，但农民工群体文化素质偏低严重影响了这一目标的实现。从农村人力输出的源头上尽力做好社区教育工作，将有助于进城农民工快速、真正融入城市生活。对于第一代农民工而言，他们大多从事又脏又累的建筑、搬运等重体力劳动。随着高效农业、新型工业、多样的服务产业的大力发展，农民工就业的空间也越来越狭窄。职业技能不高、学习能力不强严重影响了农民工市民化能力的提高。课题组研究发现，大部分农民工都有着很强的市民化意愿，但其职业能力较弱，即使在城市找到工作，收入也较低，难以负担农民工市民化过程中所需要的成本。农村社区教育可以举办形式多样的培训班，对农民工开展技术培训、就业指导和创业教育，从源头提高农民工在择业过程中的核心竞争力。

（三） 农村社区教育是促进农村劳动力转移和转型的重要途径

改革开放40年来，劳动力转移是农村得以发展的重要因素：一方面增加经济收入，另一方面从城市带来诸多现代开放意识。在劳动力转移这一问题上，一般是受教育程度越高转移越容易。因为他们思维相对开阔，更容易接受新事物、适应新环境、掌握新技术。同时，农民受教育程度越高，就越倾向于进行社会流动，流动机会和获得的收益也相对较多。尽管农民技术教育、素质教育的责任不完全在农村，但如果农村能够提供一定的技术教育，农民将有更多的机会进入城就业和进一步向上流动，同时也能够为农村带来更多收益。当前我国农民工总量约有2.3亿，每年以900万~1000万人的速度加速转移，面对这样一个庞大的数字，农村社区教育职业培训任重而道远。

（四） 农村社区教育是提升社区居民生活品质的重要途径

根据新农村建设的目标以及农村职业教育功能的逐步释放，对职业农民进行"生活教育"也将是农村职业教育的重要内容。随着农民生活的不断改善，人们对生活品质提升的需求渐趋旺盛，从终身教育体系的建设来看，职业教育和培训将是其中的重要环节与内容。❶ 农村社区教育职业培训作为农村职业教育的一个重要组成部分，有着最接近农民、了解农民生活、掌握农民需求的便利性，因此，农村社区教育职业培训是提升社区居民生活品质的重要途径。在第七届国际社区教育大会上，来自85个国家和地区的代表达成一致看法："社区教育、社区文明和社区管理将成为推动未来社会发展的基本动力。"❷ 在我国社会转型和新农村发展的当下，农村社区教育也将承担更多的发展使命和社会责任，必须肩负起提升农民精神文明、提升农民生活品质的职责。

---

❶ 马建富，马欣悦. 基于新型职业农民培育的农村职业教育供给侧改革［J］. 河北师范大学学报（教育科学版），2017（06）：54 – 59.

❷ 卢炫烨. 新农村建设视域下农村社区教育发展研究［D］. 江西师范大学，2015：15.

四、农村社区教育开展职业培训的策略

（一）加大宣传力度，强化对农村社区教育作用的认识

目前农村社区教育已经有了诸多形式，虽然不少政府涉农部门都在农村开展过相关的培训、教育，但这些活动的规模还较小，尚处于起步阶段。因此，进一步加大宣传力度，宣传社区教育的作用，以让更多人了解社区教育在促进农村发展、农民发展方面的重要地位显得尤为必要。这是开展社区教育活动的保证。农民是农村社区教育的主要对象，只有不断提高农民素质，培养农民社区意识，引导他们积极参加社区教育，新农村建设才能落到实处。

党的十九大报告提出要实施乡村振兴战略，指出"要坚持农业农村优先发展，按照产业兴旺、生态宜居、乡风文明、治理有效、生活富裕的总要求，建立健全城乡融合发展体制机制和政策体系，加快推进农业农村现代化。"农村社区教育作为农村最"接地气"的教育形式，应发挥三个方面的作用：一是对转移劳动力进行技术能力培养，使他们拥有适应劳动力市场需要的技能；二是对部分留守农民和返乡农民工进行职业技能提升和人力资源开发，根据当地市场需求和产业要求，培育新型职业农民，使他们在当地经济发展中成为行业或者企业的骨干；三是对全体农村居民进行素质提升，传承文化、传播文明，提高农民生活质量，促进"乡风文明"建设，造就美丽新农村。

（二）基于适应新型城镇化推进的需要，拓展农村社区教育功能

改革开放30多年来，处在城镇化进程中的农民生活，不断随着社会经济的发展发生着改变，如果不能有效发掘农民参与社会竞争的能力，城镇化进程必然会受到阻碍。因此，农村社区教育必须在科学发展观指导下稳步开展，即坚持以人为本，树立全面、协调、可持续的发展观，以促进经济社会和人的全面发展。农村社区教育功能的完善和拓展主要表现在以下几个方面：

一是要做好农民的职业技术培训。这是因为在城镇化快速发展背景下，一方面新农村建设需要培养掌握现代农业生产技术的新型职业农民。

依靠农村社区教育，推动农业增效、农民增收、农村稳定，是今后很长时期内的主要任务。另一方面城镇化背景下的农村劳动力转移需要农村社区教育做好前期服务。我国农村的城镇化今后一段时间还要以更快的速度发展，农民进城务工实质上就是在城市就业的问题，提高其城市生存能力、更好地适应城市生活是农村社区教育的责任之一。

二是要积极地与社区内的政府机构和企业行业加强沟通和合作，在农民的培训和实用科学技术的研发方面，农村社区教育要组织整合各方面资源，突出农村科技发展的特色，为当地农民的学习发展提供服务，为当地的生产发展提供智力支持；同时，因地制宜地引进新的科技、市场和教育信息，使社区与当今信息化时代同步。

三是要积极地与社区内的学校教育、职业教育等进行互动与沟通，共享资源，在农村社区创造公平和谐终身的教育学习环境。

（三）丰富农村社区教育的形式，以短期培训为主

我国农村情况千差万别，因而农村社区教育的发展也应该有丰富多样的形式。全国有94万多个行政村，每个可能都有各自不同的特点。吴撼地曾在《人民日报》刊文指出，农村各地千差万别，如果照搬一个模式，就会失去地域特点、民族特色。❶ 但课题组调查发现，农民倾向于采用"短期的""面对面交流"的形式。这是因为一方面农民的文化教育水平相对偏低，受教育的需求相对不高，学习动机趋于现实、简单，甚至存在短视行为。相当一部分农民为了眼前利益，可能会放弃对文化知识和科学技术的学习。他们的理由非常简单：学习技术耽误生产，搞生产多少能挣点钱。这种短视行为甚至在农村基层干部中也表现得比较突出。而传统讲授式培训也有很多农民表示听不懂，收不到预期的效果。另一方面，农民总体收入水平不高。工作时间长、家庭生活负担重、教育收费高、教育投入与短期收益的矛盾等，导致部分农民无法顾及自身的教育需求。因此，短期培训应成为农村社区教育首选的教育形式。笔者在调查时就有不少农民建议，即使是农业技术教育一般也应在两三天内结束。此外，农村社区教

---

❶ 吴撼地. 新农村建设不等于新村庄建设 ［N］. 人民日报，2015－03－23（07）.

育还可以利用当前"互联网＋"这样一个大的背景，积极探索网络培训，引导农民进行碎片化学习。

（四）完善农村社区教育管理体制，充分利用社区教育资源

2016年的教育部等九部门《关于进一步推进社区教育发展的意见》指出社区教育的发展应"以城带乡，统筹城乡社区教育协调发展，着力补足农村社区教育短板。整合学校教育资源和其他社会资源服务社区居民学习"。

由于农村居民和基层领导对农村社区教育的认识不明确，需要在政府相关部门的引导下，建立起"以政府为主导，教育部门主管，多个部门协调，社会广泛参与，农民自主活动"的农村社区教育管理体制。在教育主管部门设立专门的机构，管理、引导社区教育活动。在县域内建设一所农村社区学院，负责统筹管理农村社区教育工作，并直接面向农民开展社区教育活动。

针对当前农村社区教育资源不足的现实，应有效整合农村社区教育的外部和内部资源。充实社区教育工作者队伍，从年轻化、知识化、专业化角度充实农村社区教育中心专兼职教师队伍，保障社区教育活动得以高标准、高质量地开展，满足现代农民对职业教育和培训的需求；将社区教育职称评定单列评审，调动社区教育中心教师的积极性；建立农民教育培训专家师资库，为农民教育提供师资保障，建立"土、兼、专"结构合理的农民培训师资库，充分利用志愿者，挖掘民间技艺人，吸收其进入培训师资队伍。同时，依托社区内教育用地建设社区教育中心，服务农民，不断提高社区资源的利用率。如江苏海安镇社区教育中心在多年的农民人力资源开发中，充分运用一大网络（镇、街道、村居三级社区教育网络）、两大阵地（社区教育中心主阵地、农科教结合示范基地阵地）、三大保障（政策、经费、师资）、四大协作（与专家院校协作、与地方农技部门协作、与农业企业协作、与示范户协作）、五大模式（现场观摩、专家讲学、网络视频协会交流、个别辅导）开展工作，取得显著效果。

（五）拓宽渠道，增加农村社区教育经费投入

充足的经费是农村社区教育活动得以顺利进行的保证。依照我国当前农村地区的经济现实和发达国家的相关经验，针对农民开展的农村社区教育应归类于"准公共产品"，其经费应以政府的投入为主体。一方面，从省级政府层面明确关于农村社区教育中心发展经费来源的指导性意见，根据区域发展水平的差别及农民需求的差异性，确定各地社区教育中心的经费预算。另一方面，在以政府投入为主的基础上，多渠道筹措社区教育经费，通过"个人拿一点、单位出一点、社会筹一点、政府拨一点"的方式，实现投资主体的多元化，如对各类企业按照职工工资总额提取教育培训经费，积极鼓励社会团体和个人捐资赞助农村社区教育工作，对学习者个人回报率较高的职业培训项目按国家有关规定收取费用等，为农村社区教育职业培训的可持续发展提供资金保障。

在投资主体中，政府要适当地多承担教育经费，通过专项拨款用于社区建设和社区教育。同时，还要对社区资源进行有效整合，提高社区资源的使用效率，积极建立学校、机关以及企业共同参与的建设体制，保证农村社区教育拥有财力、物力以及人力的稳定来源，逐渐实现个人付费、社区集资以及政府投入的多元化经费投入机制。

第四节　积极引导社会职业培训

作为一项基础性工程，农村职业教育的发展需要调动社会各界力量，《中共中央关于全面深化改革若干重大问题的决定》强调要"鼓励社会资本投向农村建设，允许企业和社会组织在农村兴办各类事业"。2014年教育部等六部委联合印发的《现代职业教育体系建设规划（2014—2020年）》指出："完善鼓励社会力量办学的政策环境。充分发挥社会力量举办职业教育对加快建立现代职业教育体系、激发职业教育发展活力的重要作用"，同时指出："鼓励企业举办或参与举办职业院校，到2020年，大中型企业参与职业教育办学的比例达到80%以上。"这些政策规划都表明了要发展农村职业教育，靠单一的政府模式是不够的，应引导社会职业培训，使全社会都关注农村职业教育、支持农村职业教育，这也有利于提高农村职业教育的地位。

一、引导发展社会职业培训的必要性

发展农村职业教育，仅靠政府投入是不够的，仅有政府一方面的积极性也是不足的。要在投入和管理上打破政府办学"单一化"现象，形成多个办学主体、多种投资主体共同办学的多元格局，为农村职业教育发展注入更多活力。

（一）社会职业培训有助于解决农村职业教育资源困境

引导社会力量参与职业培训，能集聚更多的经济资源、人力资源和智慧资源，解决农村职业教育发展资源不足的困境。我国现有农民将近6亿，要对这样一个庞大的群体进行多样化的、既适应农民需求又适应市场需求的职业培训，需要投入的人力、财力、物力也同样是庞大的，这些仅靠政府部门的投入是远远不够的。引导社会力量参与职业培训，一方面可以吸收民间资本投入职业教育，形成以政府为主，多渠道筹措办学经费的良性机制，在一定程度上化解农村职业教育经费投入不足的问题，减轻国家的财政负担；另一方面可以利用社会组织的人力、物力资源，如利用行业、企业的技术能手担当职业培训的教师，利用企业的实训场地进行教学实训等，从而在师资、教学实训场地等方面解决职业培训的软、硬件资源不足。

（二）社会职业培训有助于增强农村职业教育的多样性

引导社会参与职业培训，能够改变长期以来政府办学的单一办学模式，建立一个充分融入行业、企业、社会公益、技术等多种要素的，企业、行业、社会团体、民间组织等多个办学主体参与的多元化办学形式，从而促进农村职业教育的多样性。长期以来，我国职业教育特别是农村职业教育长期处在政府办学的单一格局中，社会力量对职业教育缺少话语权，因而参与职业教育的积极性并不高，即使是校企合作也存在只是职业学校单方面把学生送到企业去实习的现象，企业也往往把实习生当作廉价劳动力使用，并没有在学生培训上形成合力。

引导社会参与职业培训，能把职业培训推向市场化，通过社会组织如行业、企业以独资、合资或投资等方式全面参与职业培训，促进农村职业教育的多样化发展，以适应经济社会发展的多元化需求；同时引导社会参与职业培训，也可以提高农村职业教育的质量，行业、企业等办学主体一方面将根据市场需求及时调整职业培训内容及要求，另一方面为提高自身的竞争力也将更好地调整职业培训形式、提高培训质量，从而更好地满足广大农民的需求。

（三）社会职业培训有助于促进农村职业教育校企合作

校企合作是促进农村职业教育发展的重要途径，尽管国家和各级地方政府都出台了多项政策来促进校企合作，逐步完善政校企合作模式，职业学校和企业之间也开展了多种形式的合作，如订单式培养等，但大多数校企合作还是停留在浅层次合作，很少有行业、企业能深层次地、全面地参与到职业学校人才培养的方方面面。引导社会参与职业培训，行业、企业等成为办学主体，也就增加了社会对职业教育的话语权，新的办学主体与经济社会的发展、产业转型的需求有着更为密切的联系，能够根据企业需求及时地调整职业培训计划，从招生规模、人才培训计划、教学内容与形式、教学评价各个方面进行调整，使职业培训的成果能够更好地满足企业用人需求。因此，引导社会参与职业培训，有助于促进农村职业教育校企合作。

（四）社会职业培训有助于提高农村职业教育的地位

引导社会参与职业培训，社会各方力量只要符合相关要求就可以参与到职业培训中来，这就有利于调动整个社会关注农村职业教育的发展，有利于社会大众更为全面地了解农村职业教育，改变对农村职业教育的误解，从而提高农村职业教育的地位。

农村职业教育是实施乡村振兴计划、进行精准扶贫的重要途径，对"三农"问题的解决乃至整个社会的发展有着重要的影响。发展农村职业教育不只是国家的事情，更是全社会的责任。引导社会力量参与农村职业教育，打破办学主体单一化的格局，促进社会对农村职业教育的关注，能为农村职业教育的发展创造一个良好的社会环境，改变传统的轻视农村职业教育的观念，使农村职业教育能够真正地提高到与普高同为高中阶段重要组成部分的应有地位。

二、引导社会职业培训的策略

（一）完善立法，政策激励

激励社会成员广泛参与职业教育和培训，第一，应在《职业教育法》、《民办教育促进法》的基础上，进一步完善、落实促进社会参与职业培训的相关法律法规，完善社会组织参与职业培训在财政、税收和土地等方面的优惠政策，明确参与者的责、权、利。第二，由于社会办学主体是涉及多方利益主体，要构建社会参与职业培训的利益协调机制，妥善处理不同投资主体、管理主体和办学主体的矛盾冲突，形成具有共同理想和价值追求的利益共同体。第三，积极探索最能激发职业培训活力的培训形式，形成能充分融入多种资源、多个培训主体以多种形式参与职业培训的格局，如高等教育参与社会职业培训、社区教育中心与企业合作进行社会职业培训等。第四，对于营利性和非营利性社会职业培训，应建立分类管理政策，加强对非营利性社会职业培训的经费支持，规范营利性社会职业培训的经费使用等。总之，只有在法律完善、政策激励到位的前提下，社会职业培训才能逐步扩大，才能形成发展农村职业教育的广泛的社会基础。

（二）建立合理标准，引导规范培训

社会职业培训是由行业、企业、社会团体、社会组织、个体等多种办学主体进行的职业培训，其办学能力、办学理念等存在很大差异，政府应建立准入标准，在鼓励多样化职业培训的前提下加强社会职业培训的规范性。

第一，基于农村职业教育的特点，政府应放宽准入机制，建立合理的社会职业培训准入标准，鼓励社会力量参与职业培训。未来农村职业教育和培训作为一个有着巨大潜力的人力资本培训市场，尚未得到充分开发。一是因为许多大型企业都位于城市，对农村职业教育和培训市场有所忽视；二是因为农民的经济收入限制了他们对职业培训的投入，农村职业教育和培训更需要公益性职业培训。这就产生了企业营利性与农村职业教育培训公益性之间的矛盾。在此情况下，政府应放宽社会职业培训的准入标准，并打通政府购买社会职业培训的购买渠道，对参与社会职业培训的公

益组织给予成本补偿。

第二，政府应完善社会职业培训的管理与规范，各级政府可在教育部门设立专门的机构对社会职业培训进行统筹管理。一方面，可以正确引导与管理社会职业培训，从机构设置、培训经费、培训内容、培训质量等各方面加强引导与管理，为社会职业培训创设一个良性发展的环境，有法可依，有章可循；另一方面，也可以对农民需要的职业培训进行统筹安排，将一些成本较高、产生效益周期较长的职业培训由政府承担为主或政府与社会组织签订购买合同的形式进行，而一些面向服务业的、产生效益周期短的职业培训则可以由社会组织承担，发挥其灵活性和实用性的优势。

（三）完善政府购买社会职业培训机制

社会职业培训在很大程度上可以缓解农村职业教育资源不足的困境，但基于农村职业教育培训是一项准公共性产品和农村职业教育培训对象的特殊性，针对农村的社会职业培训仍应以公益性为主。因此，引导社会职业培训，还应进一步完善政府购买社会服务的渠道。

1. 完善政府购买社会职业培训的相关法律

要完善政府购买社会职业培训，就离不开相关政策法规的完善。目前，政府购买社会职业培训在实践中缺少统一标准，随意性很大，一方面影响了政府的权威性，另一方面也影响了社会职业培训的质量。只有通过完善政府购买社会职业培训的政策法规，职业培训的效益和质量才能得到有效保障。政府购买社会职业培训服务在本质上是一种公私合作的关系，是联系政府与社会组织之间的市场交易行为。为保证这一行为能够以合法化、制度化的形式进行，必须要有一套规范化运行机制加以保障。如要从政府购买社会职业培训服务的流程、内容与标准等方面进行明确界定，同时在购买经费上要列入年度预算，加大投入，以吸引社会力量参与政府购买社会职业培训，等等。

2. 强化政府在购买社会职业培训时的责任意识

政府购买社会职业培训是为了分担政府单一办学机制所带来的办学成本较高、资源相对不足的问题，并不意味着政府可以完全将责任也转移给承担职业培训项目的社会组织。强化政府在购买社会职业培训时的责任意识，是提高服务质量的前提和保障。首先，政府应树立参考市场需求的责任意识，准确把握市场需求和培训对象的职业发展需求，前瞻性地开展社会职业培训；其次，政府应树立公平公正的责任意识，公平公正地选择承担职业培训的社会组织，以社会组织的职业教育培训实力、口碑为首选条件，适当扶持公益性社会职业培训组织。

3. 建全政府购买社会职业培训项目的监督机制

在购买社会职业培训服务的过程中，政府的角色发生了转换，不再是培训的主体，而是成为培训的购买者，因此，加强对社会职业培训项目的监督，才能够保障农民能够通过社会职业培训获得高质量的培训服务。首先，政府应完善政府购买社会职业培训项目的合同，明确规定对社会组织进行职业培训的要求以及考核评估的依据，做到监督的有理有据，并对效果不佳的社会组织建立适当的惩罚机制，如取消其再次承担服务的资格等。其次，建立和完善监督评价机制，除政府部门和受培训对象参与监督评价外，还可以引入第三方评估机构、媒体与公众等参与对社会组织的监督和评价，提高社会职业培训的供给质量和效益。

三、引导企业参与农村职业教育培训

国务院发布的《关于深化产教融合的若干意见》指出，要深化产教整合，需要"拓宽企业参与途径""深化'引企入教'改革"。根据文件精神，农村职业教育也应在深化产教融合中引导企业，尤其是涉农企业，参与农村职业教育。一方面鼓励企业以独资、合资、合作等方式依法参与农村职业教育，另一方面要支持引导企业深度参与农村职业教育改革，多种方式参与专业规划、教材开发、教学设计、课程设置、实习实训，促进企业需求融入人才培养环节，推行面向企业真实生产环境的任务式培养模式。

企业在农村职业教育中的重要作用已经得到了普遍认可，校企合作所取得的成绩也充分说明了企业在职业教育人才培养方面有着独特的优势。但由于政策、法律不完善、企业参与职业教育积极性不高等方面的原因，企业在职业教育人才培养方面的作用没有得到充分发挥，这也就导致职业学校培养的人才与企业的实际用人需求还是存在不匹配现象。因此，鼓励企业参与农村职业教育，一方面可以完善校企合作，使职业教育人才培养模式更为合理，另一方面也可以减轻政府在发展农村职业教育方面经费不足的矛盾。

（一）完善相关法律法规，使企业参与农村职业教育有法可依

我国的《职业教育法》中规定了企业"应当依法履行实施职业教育的义务"，"企业应当根据本单位的实际，有计划地对本单位的职工和准备录用的人员实施职业教育"；也规定了企业"应当接纳职业学校和职业培训机构的学生和教师实习，对上岗实习的，应当给予适当的劳动报酬"。这些规定中，对于企业参与职业教育的权利与义务未能进行明确的界定，对于学生实习也只规定了应当给予适当的劳动报酬，对企业参与实习生的职业指导未有提及，从而影响了企业参与的积极性。而对于校企合作，《职业教育法》也只是从职业学校、职业培训机构的角度规定了"实施职业教育应当实行产教结合，为本地区经济建设服务，与企业密切联系，培养实用人才和熟练劳动者"。对于产教融合中企业应承担怎样的义务，享有怎样的权利也没有具体的阐述，而对不履行实施职业教育义务的企业，《职业教育法》指出："县级以上地方人民政府应当责令改正；拒不改正的，可以收取企业应当承担的职业教育经费，用于本地区的职业教育。"这一惩罚条款相对一些职业教育发达国家的法律来讲是十分模糊的。如德国《联邦职业教育法》中对未履行相应法律责任的企业制定了详细、明确的惩罚条款。澳大利亚的《职业教育与培训法》对职业教育参与者禁止、限制从事的行为进行了详细的列举，并明确列出违反行为应承担的处罚决定等。在立法中明确规定企业的权利与义务，既是对企业行为的约束，也可以使企业在参与职业教育的过程中能够有法可依。除此之外，还可以针对企业参与职业教育制定专项法规，对明确的、可操作性的条例对企业的参与形式、参与内容等进行具体的规定。

（二）制定完善相关政策，激发企业参与农村职业教育的积极性

政府应根据企业实际出台相应的激励性政策，增强其可行性，以提高企业参与农村职业教育的积极性。企业作为自负盈亏、自主经营的经济实体，能否获得经济利益是企业参与职业教育的出发点，这也是政府制定激励政策的逻辑出发点。因此，政府可以通过税收、信贷等经济杠杆对参与职业教育的企业给予政策倾斜。政府还可以对表现突出的企业给予表彰奖励，树立先进典型，在提升企业形象的同时，也激发其他企业参与农村职业教育的积极性。

其次，企业作为经济实体对人力资本的投入与产出也比较重视，特别是一些行业在接收学生实习时，也需要企业投入一定的人力资本，因此，在激励政策中可以明确对企业的人力资本补偿，如给予企业选聘毕业生的优先权，这也有助于毕业生更快地适应工作，增强学生就业的稳定性，保障企业的利益。

（三）建立和完善企业职业培训体系

建立一套科学完善的企业职业培训体系可以有效地促进企业职业培训，提高其员工的职业素质和生产技能，从而进一步提升企业的生产效率，这也越来越为国内大多数企业所接受。企业作为职业培训的直接受益者之一，应成为社会职业培训的主力军，建立并完善以政府为主导、以职业院校和职业培训企业等为依托的企业职业培训体系，从而提高企业的竞争力，同时也能促进职业教育的发展。

1. 增强企业进行职业培训的积极性和责任心

《德国企业基本法》提出"职业技术教育可以使得劳资双方获益企业必须予以资助"，并规定"具备资质的企业需要提供两类培训"，一类是为参加"双元制"职业教育的学生提供岗位技术培训，另一类是为企业员工提供岗位技术和在职管理培训。企业进行职业培训是提高企业文化和企业竞争力的重要手段，但由于人员的流动性，使得企业在员工的职业培训上并不愿意投入太多，担心大量投入结果会为他人做"嫁衣"。因此，政府可以从多个角度增强企业进行职业培训的积极性和责任性，如，在员工培训上，政府可以采用发放培训券的方式，为企业员工的培训部分买单，以减轻企业的负担；在企业考核上，把企业职业培训列入对企业考核的评价指标体系；在媒体宣传上，政府可以通过树立典型等方式，使企业特别是中小企业意识到职业培训所能给企业带的巨大利益空间；等等。

2. 根据企业规模分类引导

当前企业的职业培训往往停留在师傅带徒弟或岗前简单培训等形式，目标只是使员工能够胜任当前的岗位。但现代企业技术进步越来越快、市场需求也越来越高，要求企业能够不断进行产品创新和服务创新，这就对企业员工的素质和自我管理能力提出了更高的要求，片断式的职业培训已不能满足企业发展的需求。但更高要求的职业培训并不是每个企业都能做到的，因此建立和完善企业职业培训体系，不能一刀切，应根据企业性质和规模分类引导，如大型企业尽可能建立自己的职业培训中心，中小企业则可以通过行业协会等进行跨企业培训，还可以通过专业的职业培训机构对中小企业进行培训，以降低培训成本，解决企业师资力量不足的问题。

3. 帮助企业建立科学完善的职业培训课程

企业由于经费投入不足、缺少师资等方面的原因，导致培训内容单一、培训形式僵化等问题，影响到职业培训的效率，因此，建立和完善企业职业培训体系，还应帮助企业建立科学完善的职业培训课程，提高职业培训效率，一方面，从培训内容、培训形式、培训评价等方面形成完整地培训课程体系，基于企业的发展和员工的需求，针对性地开发适合企业的职业培训课程，增强企业文化内容，立足于员工整体素质的提高，优化企业职业培训。另一方面，鼓励职业院校服务社会，积极参与企业职业培训，以解决企业自身师资力量不足的问题，从而给企业职业培训带来"新鲜血液"，进一步提高职业培训效率。

总之，引导企业进行职业教育和培训是稳步发展的职业教育的重要路径之一，应通过完善立法、政策激励、政府引导等途径激发企业进行职业培训的积极性和责任心，促进农村职业教育的可待续发展。

第五章

模式探索：农村职业教育发展模式的变革与创新

农村职业教育发展模式是对农村职业教育发展方式、道路的概括性统称，是对农村职业教育发展历史和现实的提炼和概括，为人们认识农村职业教育提供了一个结构框架。农村职业教育发展模式因不同历史时期社会经济发展形势、职业教育政策、区域经济发展水平、文化价值观念的不同而呈现动态变化特征。不同时期、不同地区的农村职业教育发展有不同的模式，不同的农村职业教育发展模式又体现了不同时期、不同地区农村职业教育发展的不同特点、水平和差异。研究我国农村职业教育发展模式的历史和变化趋势，有助于我们更好地认清我国农村职业教育的发展方向和发展规律。

第一节　农村职业教育发展模式的内涵与类型

以"农村职业教育发展模式"为中心概念来考察我国农村职业教育发展历史，研判其发展趋势，首先就要对"农村职业教育发展模式"这一概念的内涵、特征有一个分析和界定。由于"农村职业教育发展模式"是一个具有历史性、社会性的概念，因此，我们应对其做发展性分析和解读。

一、农村职业教育发展模式的内涵与特征

(一) 农村职业教育发展模式的内涵

"农村职业教育发展模式"集中地回答了一定历史时期，某一个国家（地区）农村职业教育的发展道路问题，既有理论上的抽象性，也有实践上的易传播性和可操作性，因此，在农村职业教育研究中一直备受关注。

要研究"农村职业教育发展模式"，首先就要对这个概念进行清晰界定，但这却是一件难事。其一，对什么是"农村""农村职业教育""发展模式"等概念，不同研究者、实践者存在不同的理解；其二，随着社会和教育发展形势变化，这些概念的内涵和外延在不断变化；其三，不同层次、类型"模式"的抽象性、概括性、实践性不尽相同，其内涵、外延和要素结构也存在较大差异。有鉴于此，我们有必要先对相关概念做出说明，最后才能对"农村职业教育发展模式"做出界定。

1. 农村与农村职业教育

"农村"是一个和城市相对应的概念，可以从地理学、人口学、社会学、经济学、行政学等多个角度解释。"农村"也是一个动态概念，在城镇化快速发展的今天，一些经济社会发展水平较高的"新农村"已经同城镇没有清晰的地理界限和实质区别，难以在两者之间做出明显区分。

"农村"最典型的代表是"乡村"。按行政区划和我国农村社会发展实际，"乡村"主要存在于县域。尽管县域内的建制镇应归属于"城镇"，但它们基本上都是县域内乡村的连接点和农村经济社会生活的中心，与农村居民生产、生活有着千丝万缕的联系。因此，尊重历史和现实，我们依然把县域视为"农村"。

职业教育是培养技能型人才的一种教育类型，它包括各种层次和类别的普通职业学校教育、成人职业学校教育和职业技能培训。

"农村职业教育"不是"农村"和"职业教育"的简单叠加。在不同历史时期，"农村职业教育"对象所指不同，其内涵也各不相同。因此，对不同社会历史语境下的"农村职业教育"应把握不同的理解。具体而言：

（1）进入新世纪前，尤其是在改革开放前的计划经济时代，我国的"农村职业教育"是一种典型的、受地域局限的"传统的农村职业教育"，即"一种在农村、由农村人举办、面向农村人、单向度地培养农村职业人才的职业教育。"这是狭义上的"农村职业教育"。

（2）改革开放后，尤其是进入21世纪以来，随着城镇化的加速发展，以及城乡统筹发展的深入推进，"农村职业教育"的内涵逐步发生了变化，在原有意义的基础上，也逐步被解读为：一种现代意义上的"面向农村的职业教育"，即"一种突破了地域界限的、面向农村、服务农村经济社会发展的、现代化的职业教育"。这是广义上的"农村职业教育"。

目前，对"农村职业教育"的这两种理解同时存在，且存在分歧。本章依据我国农村职业教育发展实际，主要在狭义上理解和使用进入21世纪前的"农村职业教育"概念，在广义上理解和使用进入21世纪后的"农村职业教育"概念。

2. 农村职业教育模式

《现代汉语大词典》中关于"模式"的定义为："某种事物的标准形式或使人可以照着做的标准样式。"❶ "模式"与"模型"不同。"模型"侧重理论抽象，旨在从纯粹的理论研究角度，建立起一种分析范式；而"模式"则侧重于从实践角度形成一种既具有一定理论抽象性、概括性，同时又有较强操作性的、可以在实践中被广泛传播的一种"照着做"的样式。换言之，"模式"既可以是对实践中那些具有稳定结构和典型特征的问题解决方案的抽象概括和简洁表达，也可以是基于人们理想化的构建，而后在实践中不断完善最终形成的样式。所以，从"模式"形成方式上看：它可以在实践活动开始之前主动建构起来，但必须在实践中得到检验和认可，具有可传播性；也可以是对实践中那种特点鲜明、有效的问题解决方案和农村职业教育发展道路，经理论抽象后形成的一种简约化的理论表达方式。

依据以上分析和理解，我们可以把"农村职业教育发展模式"理解为：体现某种教育理念或在一定的教育思想指导下，在实践中逐步形成或

---

❶ 现代汉语大词典［M］. 北京：商务印书馆，1996：894.

经由研究者、实践者主动建构，并能够在实践中得到检验和传播的、有效的关于农村职业教育发展的综合方案。它主要回答了农村职业教育到底该"如何发展"的关键问题，具有较强实践指导意义。本章结合"农村职业教育发展模式"产生和发展的历史变化，具体理解和使用这一概念。

模式可以采用不同的标准分类。从实际情况看，"农村职业教育发展模式"通常依据某一模式的显著特点、功能、创生地等加以命名，如"三教统筹模式""产学研合作模式""反贫困模式""双元制模式""迁安模式""平度模式"等。

（二）农村职业教育发展模式的特征

职业教育与经济发展具有直接关联性。农村职业教育通过职业人才培养、科学知识传播、劳动力职业技能培训等为农村经济社会发展提供教育支持，具有很强的地域特征。我国幅员辽阔，农村社会发展存在严重的不平衡性。总体上看，农村职业教育发展模式呈现出地域性、多样性、稳定性、动态性等特征。

1. 地域性

尽管随着社会的发展变化，农村职业教育的内涵、目标、对象、办学方式、内容、管理体制等，都发生了巨大变化。但是，即使是在城乡一体化快速发展的今天，在县域内举办的各种类型的职业学校教育和农村劳动力职业技能培训，其主要对象大多数还是农村居民，主要目的是为农村社会经济发展培养职业人才。因此，不管具体建构或选择了怎样的农村职业教育发展模式，这种"量身定做"的模式必然具有明显的地域特征。

2. 多样性

"农村职业教育发展模式"的形成，受多种因素影响，如区域职业教育发展历史、区域职业教育发展环境、区域职业教育资源、职业教育办学主体的实践精神和创新能力、地方政府对职业教育的支持力度、企业和社会参与职业教育的广度和深度，等等。我国农村经济社会发展水平、农村职业教育发展水平存在巨大的地区差异，这种差异性、不平衡性，在很大程度上制约了不同地区农村职业教育发展模式的建构和选择。虽然一些成功的农村职业教育发展模式，可以在一定范围内传播，可以在情况相似的地区被学习、借鉴，但这种学习和借鉴并不是简单地照搬和复制，需要结合自身的条件和发展需要进行有针对性的改造。因此，从严格意义上说，在不同的农村地区并不存在一模一样的职业教育发展模式，只可能在某种程度上存在职业教育发展模式的"家族相似性"。农村职业教育发展环境、发展形势的变化及其地域性特征，内在地规定了农村职业教育发展模式的多样性。

3. 稳定性

"模式"在形态上是由一些要素结合而形成的稳定样式。一个教育模式的形成，需要一个实践探索和检验的过程。当一个教育模式被成功建构或选择后，就会在一个较长的历史时段内稳定地发挥作用。如果这种稳定性渐渐地被退化为一种墨守成规、因循守旧的惰性，就可能由此出现农村职业教育发展的"路径依赖""路径锁定"。

4. 动态性

农村社会在发展，农村职业教育也在发展，不同时期农村职业教育的发展形势、重点、任务等都在发生改变，某个历史时期一种成功的职业教育模式很可能随着形势的变化而渐渐失去发展活力。"稳定"是阶段性的，是相对的，并不存在某种一成不变的农村职业教育发展模式，它需要与时俱进，在理论研究和实践探索中不断创新。

二、农村职业教育发展模式的类型

"模式"既具有理论概括性，又具有可操作性、可模仿性，在一定程度上填平了理论与实践的鸿沟，因此，农村职业教育研究者和实践者都非常关注农村职业教育发展模式的研究与选择，甚至形成了职业教育研究和实践中的"模式情结"。这一方面反映了"农村职业教育模式"研究和实践的"繁荣"，另一方面，也暴露了这种繁荣背后的隐忧。

在我国农村职业教育发展过程中，出现了许许多多的"发展模式"，如满地花落、五彩缤纷，令人目不暇接。从已有研究可以看出，不同称谓的农村职业教育发展模式，其分类标准、内涵大小、概念层次等，均存在很大差异。要厘清这些模式之间的相互关系，就必须对其进行相应的类型划分。目前，学界对农村职业教育发展模式分类研究较少，已有研究的分类标准和方法也比较混乱。雷世平在《我国农村职业教育发展模式浅析》一文中，对我国农村职业教育发展模式做出了如下分类，值得借鉴：一是按照促进农村不同区域发展的目标分类产生的宏观综合发展模式，把农村职业教育发展模式大致归为三种，即适应环都市经济圈的"都市服务型"发展模式、适应经济发达地区的"资源开发型"发展模式以及适应经济不发达地区的"反贫困型"发展模式；二是按照农村职业教育不同办学主体的组合产生的各类微观发展模式，主要包括校企、校乡、校县、校会、校站所、校校等办学模式；三是按照农村职业教育开展的切入点不同产生的各类发展模式，包括学历教育与培训并举模式、三教统筹模式、农科教结合模式、农村劳动力转移培训模式。尽管这种分类并没有、也不可能囊括我国农村职业教育发展的所有模式，但它提供了一个较为清晰的、有参考价值的基本分类标准和框架。❶

在研究中我们应注意区别不同模式的实质含义和使用对象，在实践中应根据自身情况和发展需要，主动建构或选择适切的农村职业教育发展模式。

第二节　我国农村职业教育发展模式的历史沿革

我国农村职业教育发展存在众多模式，难以一一而足。在此，我们仅对新中国成立以来具有代表性的模式做一个系统梳理。

我国农村职业教育起步于 20 世纪二三十年代。这一时期主要是由一些教育社团如"中华职业教育社""中华平民教育推进会""山东乡村建设研究院"等，以及一些从事乡村教育改革的教育家，如黄炎培、陶行知、梁漱溟、晏阳初、张宗麟等，通过深入农村开展乡村建设和乡村教育改革实验，以农民为教育对象，以建设农村、解决农民生计为目的，以简单的农业生产、生活知识为内容，开展农村职业教育。这些农村职业教育都是

---

❶ 雷世平. 我国农村职业教育发展模式浅析［J］. 教育发展研究，2008（01）：75－77.

建立在调查研究和乡村教育改革实验的基础之上，我们可以把这一时期的农村职业教育发展模式称为"农村职业教育发展的乡村实验模式"。这些实验为新中国农村职业教育发展积累了宝贵的实践经验。

一、新中国成立至改革开放前的农村职业教育发展模式

从中华人民共和国成立到改革开放前，我国农村教育的重点是农民文化扫盲、农民政治教育、社会教育以及普及农村基础教育，农村职业教育总体上没有得到足够的重视。不过，在农村职业教育缓慢的发展过程中，也形成了一些具有时代特点的农村职业教育发展模式。

1. 农村业余教育模式

中华人民共和国成立之初，百废待兴，政府无力发展正规的农村职业学校教育。农村业余教育成为农村职业教育的重要载体。1964 年，教育部专门召开全国农村业余教育工作会议，明确提出农村业余教育的对象是青壮年农民，重视对贫下中农和干部的教育，对业余教育中的政治、文化和技术三种教育统一安排，并开设部分业余学校，通过集中学习的方式传授相关教育内容。农村业余教育主要由农村地方政府组织领导，其他人民团体协助，以不耽误农业生产、以民教民为原则，以冬学、短训班、农民夜校等形式举办。据 1953 年的相关统计，全国有 1230 多万农民参加了常年学习，1939 万农民参加了冬学。❶

2. 社来社去模式

1962 年，农业部发出了《关于中等农业学校几个问题的意见》。在这一文件中提出，中等农业学校应继续贯彻执行"调整、巩固、充实、提高"的八字方针，要试办从公社招生，毕业后仍回公社去的班级，为农村人民公社培养农业技术人才。1963 年，"社来社去"工作开始在部分省份进行试点，1964 年试点扩大。1965 年 8 月，全国有 160 所中等农业学校实行了"社来社去"的办法。❷ "社来社去"模式，为我国农村发展培养了

---

❶ 唐智彬. 农村职业教育办学模式改革研究 [D]. 华东师范大学，2012：123.
❷ 唐智彬. 农村职业教育办学模式改革研究 [D]. 华东师范大学，2012：123.

一批能长期扎根农村、服务农村的职业技术技能型人才。

3. 半农半读模式

1958年5月，刘少奇提出"我国应有两种教育制度，两种劳动制度"。他说："我们国家应该有两种主要的学校教育制度和工厂农村的劳动制度。一种是现在的全日制的学校教育制度和现在工厂里面、机关里面八小时工作的劳动制度。这是主要的。此外，是不是还可以采用一种制度，跟这种制度相并行，也成为主要制度之一，就是半工半读的学校教育制度和半工半读的劳动制度。也就是说，不论在学校中、工厂中、机关中、农村中，都比较广泛地采用半工半读的办法。"❶ 1965年3月，教育部在北京召开全国农村"半农半读"会议。会议总结交流了各地试办"半农半读"学校的经验，强调在办好全日制学校的同时，试行"半农半读"教育制度。这是我国教育事业的一次重要探索和制度创新。会议提出今后农村教育革命的任务是：试行全日制和耕读小学两条腿走路，普及小学教育，积极试办半农半读中等技术学校。同年7月，中共中央批转教育部关于这次会议的报告，指出：抓好"半农半读"教育工作，对改变我国教育面貌，具有决定性的作用，必须在党委的统一领导和部署下，各部门各群众团体通力合作，积极主动地做好这项工作。据教育部1965年下半年不完全统计，全国办有"半农半读"学校4000多所，学生80万人。❷

4. 农业中学模式

举办农业中学是我国农村职业教育发展的一项创举。1958年，江苏省海安县双楼乡建立了新中国成立后的第一所农业中学。此后，各地纷纷效仿建立农业中学，农业中学迅速在全国范围内普遍建立。1959年11月，中共中央批转江苏省教育厅、共青团江苏省委关于赣榆县夹山农业中学的调查报告。中央批示指出农业中学是一种重要的中等学校，多办一些农业中学并把它们办好，是农村工作中的当务之急。到1965年，全国农业中学达到54332所，比1963年增加了11倍之多，在校学生数也由1963年的

---

❶ 刘少奇. 我国应有两种教育制度、两种劳动制度［R］. http：//cpc. people. co. cn/GB/69112/73583/73601/73624/5069230. html.

❷ 赵翠. 建国以来我国农村职业教育政策变迁研究［D］. 南京师范大学，2008：5.

2457 万人增加到 31669 万人。❶

农业中学的领导体制可分为县、乡、社及校务委员会四个层级，不同层级的分工和任务；农业中学的教师作为学校所在地的公社社员，主要来自高中、初中毕业生和下放干部，享受与其他公社社员同等的福利待遇；农业中学招收高小毕业生或相当高小文化程度的年龄 20 岁以下的青少年入学；农业中学学制三年，开设政治、语文、数学、农业知识四门课程，每周授课 18～20 课时；教材由各省、市、县自行编印；坚持群众办学、勤俭办学方针，办学经费自己解决。

农业中学从 1958 年创办到 1966 年停办，虽然只有短短 8 年的历史，但在中国农村职业教育发展史上写下了浓墨重彩的一笔。

以上这些农村职业教育发展模式，使这一时期的农村职业教育发展表现出如下特点：（1）农村职业教育"农民办"，农民是农村职业教育的办学主体；（2）因陋就简、因地制宜灵活地发展农村职业教育；（3）以服务农村、服务农民为宗旨，根据农村社会发展需要，举办形式多样化的农村职业教育；（4）强调农村职业教育的社会服务功能，个体发展需要没有得到重视；（5）重视扩大办学规模，不重视提高办学质量，教育发展规律没有得到应有的尊重，农村职业教育办学受政治运动影响较大，不能稳定、健康地发展。

二、20 世纪 80 年代的农村职业教育发展模式

"文革"时期，我国教育事业，包括农村职业教育都遭受了巨大破坏。改革开放后，我国逐步进入了以经济建设为中心的发展时期。在这一时期，随着经济的快速发展，我国农村职业教育事业也得到了快速发展，并在这一过程中，形成了一些比较典型的发展模式。

1. 三教统筹模式

普通教育、职业教育、成人教育"三教统筹"是 20 世纪 80 年代中后期为适应农村教育综合改革而提出的一种管理模式。1987 年 1 月，《关于

---

❶ 赵翠. 建国以来我国农村职业教育政策变迁研究［D］. 南京师范大学，2008：7.

全国职业技术教育工会会议情况的报告》提出：农村职业教育应该坚持由县级政府负责统筹的精神，将农村地区基础教育、职业教育和成人教育进行"三教统筹"，注重资源的共享与相互利用，通过对师资、校舍、设备、基地和教材的统筹，促进三种教育类型相互补充，协调发展，提高投资效益水平。

如何结合自身情况进行三教统筹，全国不少地方进行了积极探索。1987年，河北省阳原县被国家教委、河北省人民政府确定为农村教育综合改革实验区，县委、县政府为此提出了三教统筹的改革方案，并认真组织实施。主要做法是：改变过去"重视普教、轻视成教、忽视职教"的局面，三教并举、协调发展；普通教育积极引进职业技术教育因素，成人教育以职业技术教育为主要内容，三教渗透、相互促进。县委、县政府重点加强统筹，把过去的教育部门独家办学转变为社会各部门联合办学。实行三教统筹的第一年，全县农业产值就比1986年增长了44.5%，人均收入289元，比1986年翻了一番，一批技术人才成了科技致富的典型，企业也增强了活力。三教统筹使阳原教育发展、经济发展"走出低谷，跃上高原"。❶ 湖南省汨罗市"三教统筹"确立的目标是"以市农职业中专为龙头，以部门主办的职业高中为骨干，以乡镇农职校为主体，以普通中小学劳动技术课程为基础的多行业、多层次的职业教育网络"。在具体的做法与策略上，通过"三教统筹"、协调发展，增强职业教育在其他类教育中的渗透功能，在优化和发展市所属的四所中等职业学校的同时，从层次配套的角度出发把职业教育引向农村。在该市的29个乡镇农职校中，分别开办了职业初中班和"3+1"模式班。此外，为了突出职业教育向普通教育的渗透，在中小学增加劳动技术课，并通过改革培训模式，改变单一的长班培训形式，实行长、中、短班并举；并为配合三教统筹的实施，积极构建了科技辐射、服务网络，形成了推广辐射网络链。❷

三教统筹在发展过程中，形成了一些具体的统筹模式。有研究者对此

❶ 张永军. 三教统筹在阳原 [J]. 教育与职业，1992（09）：26-27.
❷ 唐智彬. 农村职业教育办学模式改革研究 [D]. 华东师范大学，2012：127.

加以归类，主要包括："三位一体型""衔接型""联合型""主体延伸型""外分内统型"等。❶

三教统筹模式在实际运行过程中尽管暴露出了教育行政化色彩浓厚、功利色彩强烈等不足，但它对农村地区尤其是经济发展落后的农村地区，综合利用教育资源，积极发展农村职业教育，密切农村职业教育与经济社会发展的沟通联系，发挥了重要作用。

2. 农科教结合模式

农科教结合是指在农业发展和农村经济建设中，以振兴农业为中心，以促进农村经济发展为目的，以推广先进的科学技术应用为动力，以开展教育培训、提高农民文化技术素质为手段，把经济发展、科技推广、人才培训紧密结合起来；通过政府统筹安排，使农业、科技、教育等部门的人力、物力、财力得以综合利用，形成科教兴农的强大合力，取得最佳的整体效益。

改革开放初期，随着农村经济体制改革、家庭联产承包责任制的实施，激发了农村经济活力。但是，在农村经济发展中，如何让农民掌握科学技术，进一步提高农村劳动者的科学文化素质，成为农村社会发展中的一个突出问题。

对如何发展农村职业教育，提高农民的科学种田能力，一些地方进行了农村教育改革的自主探索。如河北省新安县、安徽省休宁县的农业、科技、教育三部门联合举办职业中学；湖南省怀化地区提出以"教育为本、科教兴农"的思路对山区进行开发，并通过实践探索出"政府统筹、农业部门主办、教委统管、科技部门配合"的农职校办学体制；安徽省、湖北省的"大别山综合开发工程"、河北省的"太行山综合开发工程"也是由农、科、教等部门协同作战，共同实施。❷ 这些改革体现了农业、科学技术、教育发展统筹规划、综合改革的思想，对地方经济发展、农村职业教育发展起到了明显的推动作用。

---

❶ 李少元. 谈"三教统筹"结合模式的选择［J］. 吉林教育科学·普教研究，1997（06）：43－45.

❷ 朱立军. 农科教结合的理论与实践研究［D］. 安徽农业大学，2001：4.

1989 年，中共中央提出"科教兴农"方针后，农业部、国家教委、林业部、中国农业银行等部委，在总结各地经验的基础上，于同年 8 月成立了全国农科教统筹与协调指导小组。1990 年 5 月，全国农科教统筹与协调指导小组在安徽省滁县地区召开了由 14 个省、市参加的农科教结合工作座谈会，总结各地经验，研究部署全国试点工作。自此农科教结合工作由自发的探索阶段走向了由中央政府组织推广阶段。

农科教模式在运行上，一是成立专门的机构，既有领导管理机构，也有实施结构，负责领导和组织实施农科教结合工作。到 1999 年上半年，全国已有 30 个省（自治区、直辖市）成立了农科教结合协调领导小组及办公室，其中有 18 个省（自治区、直辖市）的领导小组由省委或省政府领导任组长，负责领导实施本省的农科教结合工作。❶ 二是各地建立了以政府为主体的经费投入机制，为农科教结合提供经费保障。如山西省晋中地区建立了地县两级农科教发展基金，其来源渠道有：（1）从农业发展基金中抽取 20%；（2）从科技发展基金中抽取 5%；（3）从教育事业费和农村教育费附加中分别提取 1% 和 5%；（4）此外，地区还从农业发展基金中拿出 200 万元，主要用于农技推广项目。❷ 三是在政府的领导和统筹、协调下，有效整合了农业、科技、教育培训等资源，为"科教兴农"注入了活力。四是依托项目（计划、工程），如"星火计划""丰收计划""燎原计划""绿色证书"等，具体落实农科教结合的农村教育综合改革，大力培养农村实用技术技能人才。如广西桂林地区在推行"绿色证书工程"中，紧紧围绕农业产业开发需要，设置了 20 个技术培训岗位，利用当地农科教部门的站、场、校、中心等阵地，开办"绿色证书"培训学校或专业班，大力培养骨干农民。❸

在农科教三结合实施过程中，各地结合自身情况，因地制宜创造出了多种具体的农科教结合模式，如"巡回宣讲型""结链帮扶型""基地辐射型""示范引路型""市场交流型""联合攻关型""协会合作型""产教

---

❶ 朱立军. 农科教结合的理论与实践研究［D］. 安徽农业大学，2001：7.
❷ 朱立军. 农科教结合的理论与实践研究［D］. 安徽农业大学，2001：7.
❸ 朱立军. 农科教结合的理论与实践研究［D］. 安徽农业大学，2001：8.

结合型""综合培训型""综合服务型"，等等。❶ 这些模式具有很强的实效性，有效地推动了农村职业教育的发展。

农科教结合既是我国农村教育综合改革的一种重要模式，也是我国农村职业教育发展的一种富有创新精神的模式，对我国农村职业教育的长远发展，产生了重要的、积极的影响。

3. 上挂、横联、下辐射模式

在探索农科教结合、三教统筹的实践过程中，一些农村职业教育学校结合自身特点，探索适合本校的发展道路。其中，率先由河北省南宫职教中心在总结自身办学经验基础上提出的"上挂、横联、下辐射"模式，就比较具有代表性。

"上挂"就是与大专院校和科研单位挂钩，引进新品种、新技术、新项目，聘请专家教授来校讲学。"横联"就是与当地农业局、林业局、畜牧局等相关部门建立横向联系，以聘用、承包、联办等形式进行合作。"下辐射"就是以定向培训、以工代训、逐级培训、农时培训及巡回式培训等方式，向学生和农户推广新知识、新技术。❷ 1990 年，《国家教育委员会全国农村教育综合改革实验区工作指导纲要（试行）（1990—2000年)》指出："每个实验县首先要办好一所起骨干和示范作用的中等职业技术学校，坚持人才培养、科学试验、技术推广、生产示范和经营服务密切结合，发挥上挂（挂靠高校、科研所等拥有较高技术的单位）、横联（与农业、科技等部门和单位密切配合）、下辐射（向乡、村、农户传播致富信息、推广实用技术）的作用。"在国家政策的推动下，这一模式得到了广泛传播和运用。

三、20 世纪 90 年代的农村职业教育发展模式

在前期发展的基础上，20 世纪 90 年代，我国农村职业教育关注的重心开始转向地方经济社会发展，在积极探索如何实现农村职业教育发展与

---

❶ 曹惠忠. 农科教结合模式举隅 [J]. 成人教育，1998 (11)：23.

❷ 谢禄生，李炳亮，翟海魂. 依托专业办实业依托实业兴产业——河北省南宫市职教中心成为科教兴农的载体 [J]. 中国职业技术教育，2000 (09)：21－22.

地方经济社会发展的良性互动过程中，形成了一些较为成熟的发展模式。

1. 县级职业教育中心模式

县级职业技术教育中心（简称"县级职教中心"）是河北省在农村教育综合改革试验中创建的一种具有综合和示范作用的农村职业教育办学模式，被认为"创出了一条符合农村实际发展职教的新路子"❶。1988 年，原河北省教委经过深入分析和广泛论证，提出试办集县域内各类职业学校于一体的综合性、多功能的县级职教中心，并决定在获鹿县（今鹿泉市）进行试点。1989 年年初，获鹿县用了不到一年的时间，基本理顺了计划、教育、劳动、科技、农业、卫生等有关部门在人才培养培训中的关系，把原来国家投资分散办学的农业中学、职业技术中学、农民中专、技工学校、农业广播电视学校等，集中起来，建成了一所综合性学校，办学效益大幅度提高。1991 年河北省政府决定向全省推广，1995 年年底河北省 139 个县（市）均建起了这一模式的县级职教中心。

河北省关于县级职教中心的实践取得一定的成绩之后，得到了国家教育行政主管部门的关注与肯定。2005 年，《国务院关于大力发展职业教育的决定》指出要"推进县级职教中心等中等职业学校与城市院校、科研机构对口合作，实施学历教育、技术推广、扶贫开发、劳动力转移培训和社会生活教育"，明确了县级职教中心的地位和发展方向。自此，县级职业中心得到了快速发展。

由于地区差异，县域职业教育中心建设也呈现出了多样化、区域化特点。县域职教中心，依办学模式大体可分为三种类型：集团型、联合型与示范学校型。❷ 县级职教中心运作方法基本可以概括为"政府统筹、部门联办、校长负责、一校多制"❸。县级职业中心模式，通过理顺管理体制、整合教育资源等措施，较好地解决了农村职业教育发展中存在的多部门办学、多头管理、资源分散、办学规模小、办学质量差、办学效益低、专业

---

❶ 翟海魂. 河北省县级职教中心的过去、现在和未来 [J]. 教育与职业，2003（23）：15–17.

❷ 陈波涌，胡小桃，彭乐新，等. 县级职教中心建设的实践与思考——以湖南省为例. 职业技术教育（理论版），2007（07）：26–33.

❸ 唐智彬. 农村职业教育办学模式改革研究 [D]. 华东师范大学，2012：133.

设置重复等问题，改善了农村职业学校的办学条件，提高了办学质量和办学效益，也较好地发挥了它在县域职业教育发展中的带头作用、示范作用。

2. 边上学，边致富模式

职业学校缺乏实习实训基地、学生动手能力不强，是20世纪80年代末90年代初，农村职业教育发展中的一个突出问题。在这一背景下，一些学校提出了尝试进行办学模式、人才培养模式改革，其中，河北省迁安县职教中心提出的"边上学，边致富模式"比较典型。其主要做法是：（1）学生一入学，学校就要求每个学生根据自己所学专业及家庭的种养殖实际，在教师的指导下建立家庭实习基地，或搞养殖，或搞种植，边上学，边致富；（2）学校将"双边"活动纳入学校的常规管理。学生"边上学边致富"的效益与学生学业成绩、文明班、教师业绩等方面的考核挂钩，做到年有计划，月有安排，周有活动；（3）学校确立重点，特殊培养。学校每学期根据专业、学生学业成绩、学生家庭经济状况，确定在校生中"边上学边致富"的典型作为重点扶持对象，师生结对子，特殊培养；（4）加大技训力度。学校通过基地管理、兴趣小组、下乡科技服务等组织形式多样的活动，提高学生双边活动的能力。❶ "边上学，边致富模式"增强了农村职业教育吸引力，培养了一批"招得来，学得好，留得住，用得上"的农村实用人才。

3. 专业产业一体化模式

1991年，国务院颁布《关于大力发展职业技术教育的决定》指出：各类职业技术学校和培训中心，应根据教学需要和所具有的条件，积极发展校办产业，办好生产实习基地。提倡产教结合，工学结合。为加强农村职业教育基本能力建设，有效服务地方经济发展，不少农村职业学校依托自身专业发展产业，依托产业发展专业，形成了"产教结合、产教并举、以教促产、以产养教"的良性循环，创造了"依托专业办产业，办好产业促专业"的办学模式。

---

❶ 彭学军. 迁安市职教中心"边上学边致富"有特色［J］. 职教通讯，1999（05）：31.

"专业产业一体化"的办学模式由山东省平度职教中心首先提出。学校利用所办精品专业的品牌优势，充分挖掘学校内部资源，遵循职业教育规律和市场经济规律，利用现有的设备和师资力量，大力发展校办产业，即校内培训机构。❶ 学校结合汽车维修专业创办了华德汽修培训中心；结合果林专业建立了果品加工培训中心；结合农牧专业建立了教学养殖试验场；结合服装专业创办了服装加工培训厂。办学中，重点抓好"五个合一"：一是车间、教室合一；二是学生、学徒合一；三是教师、师傅合一；四是作品、产品合一；五是育人、创收合一。

湖南邵阳、河北南宫、江苏句容、山东潍坊等地的职业学校也提出要以市场为导向，努力做到办一个专业，建一个实体，育一批人才，兴一个产业，富一方群众，形成了很好的经验。❷

"专业产业一体化"的发展模式在进入新世纪后，逐步从受制于地域局限性的封闭式办学模式，向城乡联动、多主体参与的开放性办学模式转型。

4. 公司＋学校＋农户模式

随着市场农业的不断发展，1997 年我国提出大力发展农业产业化。农业产业化的基本经营形式有"公司＋基地＋农户""公司＋合作社＋农户"等。为了适应农业产业化发展的新要求，许多农业职业学校围绕本地主导产业，积极调整学校的专业设置，并将人才培养、科技推广、农户、企业生产联系起来，逐步探索出"农业院校＋农村职业教育基地＋农户""涉农企业＋生产基地＋农民培训"等新的办学模式。这种新的办学模式，使农村职业教育围绕农业产业化项目设置专业、建设基地、培养人才、开展教育培训服务，体现了鲜明的"农学结合"的农村职业教育办学特色，较好地发挥了农村职业教育对地方经济发展的服务功能。

---

❶ 丛培军. 平度市职业教育中心"双元制"中等职业教育办学模式研究［D］. 山东师范大学，2005：11.

❷ 曹晔. 我国农村职业教育近三十年办学经验的回顾与思考［J］. 职业技术教育，2009（25）：64.

5. 十百千万工程模式

20 世纪 90 年代中期，作为农科教结合的新举措，湖南省邵阳市实施了"十百千万工程"，即：建好 10 所示范性农村职业高中（中专），联系办好 100 所示范乡镇农校，培养 1000 户科技示范户，让实用技术传播到 10000 户农民家中，使每户农民年纯收入在 10000 元以上。

"十百千万工程"实际上是"政府引导，以示范性农村职校为龙头，进行科技培训、示范，科技辐射农户致富"的科技辐射网络，它的核心是将教育与经济、科技结合，促进人才培养、科技推广，促使农民办高效农业，走科技致富道路。主要措施包括：（1）政府统筹，舆论引导，统一思想认识，确定"上挂、横联、下辐射"的思路；（2）确定十大示范基地的科技示范项目；（3）确定扶持对象和任务；（4）制订切实可行的实施计划和方案；（5）反馈信息，跟踪服务。❶

"十百千万工程"模式在当时取得了巨大成功。但随着农村社会转型发展，这一模式所暴露出来的过度依赖地方政府行政力量办学、办学经费不足、职业学校服务地方经济发展能力欠缺等问题日渐突出，其影响力也随之消退。

6. 中心辐射模式❷

这一模式主要在经济和职业教育发达地区兴起和运用，其中尤以苏南地区较为典型。所谓中心辐射模式，即以一所或几所骨干学校作为辐射源，在办好中心本部的同时，对各乡（镇）及其他职高班、成人中心学校进行指导，从而使这一系列的多层次、多形式的校、班、点形成统一整体，通力合作，共同发展，提高职业教育整体效益，为本地经济发展服务。这一模式的基本构架有以下两种设想：一是建立多个中心，以辐射全县（市）。所谓多个中心是指把全县（市）办有特色的骨干职业学校，根据各自的专业特长，分别对各办学点、班、校进行辐射指导。各中心建立

---

❶ 姚家享，刘菊莲. "十百千万工程"的回顾与思考［J］. 中国职业技术教育，2004（17）：30.
❷ 张晒度，王志倩. 经济发达地区职业学校办学新模式——中心辐射［J］. 职教论坛，1996（11）：7-8.

专业系列辐射网点，这样全县（市）就形成多系列的辐射网络。在多中心的上方成立一个协调机构。这一做法可称为联合舰队式。二是建立单一中心，以辐射全县（市）。所谓单一中心是指政府加强统筹，把全县（市）各职业学校统一组织起来，成立职教中心，并赋予一定的权利与义务，形成一个大系列，对全县（市）片职业学校和各部门、乡（镇）、企业单独或联办的职业班在教学业务上进行辐射指导。这一做法可称为航空母舰式。

辐射中心的主要任务，一是进行农村职业技术教育的改革和实验，在办学思想、办学模式、课程设置、教材建设、教学科研、师资培训、实验实习基础建设方面，形成外引、上挂、横联、下辐射的农村职教网络，建立教学、实习、科研、生产经营、社会服务五结合的教学体系，不断探索，不断总结经验，为科技兴农、农科教相结合探索新的路子起示范带头作用。二是对各片的职业中学和办学点提供适宜的教学计划、教材和所需的专业课师资，在教学业务上，在实习场地的提供和技术指导上给予必要服务。三是对各完中、初中3＋1、高中2＋1班，以及回乡的初高中毕业生培训班，在教学计划、教材、专业课教师等方面提供服务，使中心成为县（市）、片、乡、村四级农业科技试验、推广、服务的中心，形成科教兴农的强大合力。中心的具体功能一是教学辅导，二是师资培训，三是上岗考核，四是信息交流，五是职教科研。

苏南的常州、无锡、苏州等经济发达县（市），在探索本县（市）职教发展中心辐射模式中，积累了成功经验。如宜兴市的以"职教城"为中心组成的三层网络的办学模式；锡山市以示范骨干职校为龙头，组成同类专业的"教育集团"模式；常熟市分类办好工业、农副业两所示范骨干职校，辐射乡（镇）、村，从而带动全市职教大发展的常熟模式等各种办学模式，同中有异，异中有同，大同小异。依托骨干职校是大同，形式虽然不同，但基本框架、性质相似，在宏观上依托骨干职校，实行统筹联办；中观上实行上挂、横联、下辐射模式；微观上实行教学、实习、科研、生产经营和咨询服务的管理模式。诸如政府统筹力度、中心辐射功能的强弱、辐射网络的结构则存在着小异。中心辐射模式是经济发达地区农村职业教育的一种新型办学模式。

7. 兴教富民模式❶

20世纪90年代，农村职业教育发展面临招生难、吸引力不足的发展困境，如何突显农村职业教育的"农"字特色，在服务农村发展中拓展农村职业教育的生存和发展空间，成为农村职业教育发展必须解决的问题。在这一方面，以江苏省徐州市铜山高级职业中学为代表的农村中等职业学校，在改革实践中，逐步形成了"兴教富民"的农村职业教育发展模式。

铜山张集职业高级中学创建于1983年春。由于办学成绩显著，自1991年以来短短的5年多时间，学校就先后被国家有关部委授予"全国职业技术教育先进单位""全国科教兴农先进学校""全国农村教育综合改革先进单位"，被团中央确定为"中国青年星火技术推广培训中心"，被省教委授予"江苏省德育先进学校""江苏省模范学校"等荣誉称号。1996年2月，学校又以优异的成绩被国家教委认定为"国家级重点职业高级中学"。

在学校发展中，张集职业中学"服务农村，致富农民"的办学宗旨没有变，"选准一个专业，培养一批人才，带动一个产业，致富一方农民"的办学方向没有变，"有理想、有文化、懂技术、善经营、会管理"的培养目标没有变。张集职业中学历届领导和师生员工们用心血和汗水，走出了一条融教学实习、生产经营、科技推广、社会服务为一体的办学路子。

其主要做法包括：（1）积极改革招生办法，放宽招生对象、区域、年龄、分数、费用、时间等限制，打破招生的条条框框，敞开大门欢迎那些自愿报考该校、决心学习一技之长以期尽快脱贫致富的农村优秀青年进校学习。（2）始终根据地方农村经济建设和社会发展需要办专业。如：为了培养农村对大批复合型人才需求的实际，学校将原来单一的果林、水产、畜牧、蚕桑专业合并为多种经营专业；为适应农村多种经营迅速发展对农副产品大量需求的实际，学校设置了农副产品加工专业；为适应农村基层

---

❶ 孙震，倪元民. 求真求实 兴教富民——铜山张集职业高级中学为农办学纪实［J］. 职教通讯，1997（05）：26－27.

干部素质亟待提高的实际，学校又办起了村级后备干部专业；为适应乡镇企业迅速发展对各类生产经营管理人才的需求，学校又办起了经营管理专业……做到了农村需要什么人才就培养什么人才，什么专业能使农民致富奔小康就开办什么专业，真正做到了心系农村、心系农业、心系农民。（3）形式多样、灵活办学。始终坚持学历教育与非学历教育相结合，职前教育与职后教育相结合，在坚持多形式办好长线专业的基础上，有针对性地积极办好各类农村实用技术短训班。（4）千方百计提高教学质量。每设一个专业，就建一个有较高水平且上规模的实验室或实习基地。（5）注重学生实践技能的培养，注重科技研究与开发，学校几乎每年都有 1~2 项科技含量较高的农业科研项目问世，并得以向农村大面积推广。（6）广泛搞好社会服务，积极推广农村实用技术。

铜山职业中学走出了一条"兴教富民"的农村职业教育发展道路，成为 20 世纪 90 年代我国农村职业发展的成功范例。

四、21 世纪农村职业教育发展模式

进入 21 世纪以来，国家站在经济社会长远发展、城乡统筹发展的战略高度，颁行了一系列农村职业教育政策，科学引导和大力支持农村职业教育发展。如：2002 年的《国务院关于大力推进职业教育改革与发展的决定》、2003 年的农业部《关于做好 2003 年科教兴农工作的意见》、2004 年的教育部《农村劳动力转移培训计划》和《关于进一步加强职业教育工作的若干意见》、2005 年的《国务院关于大力发展职业教育的决定》、2010 年《国家中长期教育改革和发展规划纲要（2010—2020 年)》，等等。在国家政策的推动下，我国农村职业教育在快速发展过程中逐步形成了一些新的发展模式。

1. 城乡联合办学模式

从 2001 年开始，海南省部分学校开始探索"三段式"城乡联合办学模式。所谓"三段式"模式，是指省市县职教中心、重点示范校、企业共享资源，联合办学，分段学习。即"一年在农村职业学校学习，一年在城市职业学校学习，一年在企业顶岗实习"。2001 年，在海南省教育厅的统

筹安排下，4 所省、市职业学校与保亭黎族苗族自治县职业学校联合办学，使该校每年招生达到 600 人，从而该校所在县率先成为全省市县职业教育招生超过普通高中、高中阶段升学率达到 70% 的县。至 2007 年，昌江、琼中、屯昌、澄迈、定安等市县政府主要领导亲自出面找省属职业学校合作，全省现在已有 15 个市县与 9 所省、市重点职校合作办学，形成了职业教育规模化、集团化、连锁化发展的局面。其主要做法包括：（1）加快龙头学校和职教中心建设，为推进集团化办学和"三段式"教育打好基础；（2）加大投入力度，加强师资队伍建设，确保集团化办学和"三段式"模式的顺利实施；（3）大打招生硬仗，抓好教育教学，使扩大规模与提高质量同步。❶ 海南省通过城乡牵手、联合办学，走出了发展职业教育的一条"多赢"之路。

2. 集团化办学模式

职业教育集团是以一个或若干个发展较好的职业教育组织为核心，以专业建设、人才培养、科技研发或某种资产为主要联接纽带，以集团章程为共同行为规范的，基于区域、行业、校企合作平台的多法人职业教育联合体。❷

受产业集团化发展的影响，从 20 世纪 90 年代初期，我国职业教育就开始尝试集团化发展，并形成了多样化的集团化办学模式。例如，河南省自 2003 年以来，先后组建了 18 个职教集团，走出了一条"以城带乡""以强带弱""纵向贯通""横向联合"的集团化办学之路。其成功运行得益于三个保障：政策支持、组织规范、专家型职教师资队伍建设；运作方式主要有两种：一是按照市场运作、龙头带动、城乡联姻、校企结合的指导思想，组建省级职业教育集团。着眼于农村人口多、农村职业教育薄弱的省情，狠抓招生、就业两个关键，在农村职教规模发展、城市学校质量提高两个方面寻求突破。在骨干职业学校的牵头下，所有集团成员校的学

---

❶ 海南省教育厅. 推进集团化办学 探索"三段式"模式 [J]. 中国农村教育，2008（05）：14－15.

❷ 余秀琴. 职业教育集团化办学的内涵和发展历程 [J]. 中国职业技术教育，2008（17）：15.

生"统一打包,贴上标签";城市职业学校的招生"触角"延伸到县以下;县级职业学校的就业"出口"扩大到县、市、省以外。以国家级重点职业学校为龙头,以"2＋1""1＋2""1＋1＋1"等多种形式进行城乡联姻,把城乡学校的显性教育资源充分整合。二是按照"政府统筹、部门联办、教育协调、多校一体"的指导思想,组建区域性职教集团。由政府协调,在联合中求统一,统一管理、统一招生、统一专业设置、统一考核评估,特别在学生就业方面,打破职业学校间各自为战、毕业生安置环节烦琐、安置成本过高的局面,由区域教育局成立学生就业安置办公室,建立就业信息网络,全面统筹学生就业工作。❶

截至 2014 年年底,全国已组建职业教育集团 1048 个,成员单位 4.6 万个。我国目前有政府主导、行业主导、企业主导、院校主导四种类型职业教育集团。❷ 集团化发展已经成为我国职业教育发展的基本趋势。

3. "一网两工程模式"

随着城镇化加快,农村职业教育如何在农村转移劳动力职业培训,以及服务农村经济发展,成为 20 世纪 90 年代中后期以来农村职业教育发展面临的一个现实问题。在探索问题解决办法的过程中,许多农村地区结合自身情况进行了有意探索,形成了富有区域特色的农村职业教育发展模式。其中,陕西省的"一网两工程模式"比较具有代表性。

2003 年,陕西省教育厅总结多年来发展职业教育的经验教训,形成了"建立一个网络、实施两大工程"(简称"一网两工程")的为农服务新思路,并正式开始实施。

"一网"指农村职业教育和培训网络,"两工程"指职业教育强县富民工程和职业教育促进农村劳动力转移培训工程。"职业教育强县富民工程"指充分发挥职业教育在项目引进、人才培训、信息服务、生产示范和技术推广等方面的作用,把农村现有优势产业做大、做强,同时,引进项目和调整产业结构,帮助形成新的特色产业和优势产业,促进农业增效和农民

---

❶ 东耳. 河南职教集团模式 [J]. 职业技术教育,2007 (06):卷首语.
❷ 黄文胜. 职业教育集团推动区域产业转型思路与实践 [J]. 合作经济与科技,2016 (10):50.

增收。"职业教育促进农村劳动力转移工程"指以促进农村劳动力转移为目的，加强引导培训和职业技能培训，使转移劳动力的思想文化素质普遍得到提高，能够掌握 1~2 项专业技能，提高其在劳动力市场上的竞争能力，构建完善的服务体系，促进有序转移。实施"一网两工程"的首要目标，显然在于构建具有陕西特点、中国特色的农村职成教育体系，提高职业教育和成人教育在县域经济发展中的贡献率和显示度，实现县域经济跨跃式发展，促进农民增收、农业增效和农村进步。❶

陕西省"一网两工程"自 2003 年实施以来，取得了每年培训 200 万人、创造经济效益约 20 亿元的显著成绩。眉县职教中心等一大批职业学校在陕西省"一网两工程"为农服务的工作中做出了突出的贡献和业绩，得到了时任教育部周济部长的大力支持和高度评价。❷

4. 城乡一体化办学模式

2008 年，党的十七届三中全会审议通过的《中共中央关于推进农村改革发展若干重大问题的决定》提出了"城乡一体化"的发展战略。职业教育的城乡一体化发展是城乡一体化发展的有机组成部分。为推动职业教育城乡一体化发展，各地结合自身情况进行了有益探索。例如，重庆市在 2009 年出台了《关于开展中职教育"城乡互动、联合办学"工作的实施意见》，提出了有序推进"城乡互动、联合办学"，通过多种帮扶形式，为城市优质中职教育资源和农村中职学校搭建相互融通的平台，推进城乡中职教育联合办学、分段培养，实现城乡中职资源配置、办学水平、人才质量一体化，逐步建立遍布全市城乡、灵活开放、较为完备的职业教育网络。❸河南在职业教育城乡一体化办学模式上也有实践，该省实现职业教育城乡一体化办学的重要抓手就是城市与农村职业学校联合招生、合作办学，利用城市的优质专业教育资源和就业优势，开展城乡"联姻"，实行

❶ 本刊编辑部. 后稷故里唱大风——关于陕西省职业教育实施"一网两工程"的报告 [J]. 职业技术教育，2006（21）：16-31.

❷ 陕西省教育厅. 积极推进"一网两工程"努力服务社会主义新农村建设 [J]. 中国职业技术教育，2007（14）：21-22.

❸ 唐智彬. 农村职业教育办学模式改革研究 [D]. 华东师范大学，2012：136.

省、市、县三级合作办学，招生、培养、就业"一条龙"的职教新模式，逐步缩小城乡职业教育的差距，实现职业教育区域平衡。❶

职业教育城乡统筹发展、一体化发展有利于促进教育公平、丰富农村职业教育资源、提高农村职业教育办学质量。城乡职业教育一体化发展是城乡职业教育统筹发展更新、更高的要求，是我国职业教育发展水平整体提高的内在需要。

第三节　国外农村职业教育发展的主要模式

无论是西方经济发达国家，还是国外发展中国家，在职业教育发展过程中，都形成了具有自身特色的一些农村职业教育发展模式，积累了值得我们学习和借鉴的发展经验。

一、发达国家农村职业教育发展模式

（一）德国的"双元制"模式

"农业职业教育"是德国的农村职业教育的主体。德国的农业职业教育普遍采用"双元制"。"双元"中的一元指职业学校，职业学校的学生要在学校接受职业知识教育；另一元指企业或其他校外实训场所，职业学校的学生要在企业或校外实训场所接受职业技能培训。"双元制"实际上是受国家政策支持的一种校企合作的办学制度，强化了职业人才培养方式上的"工学结合"。

德国农业职业教育和培训主要由联邦政府—州农业部—农业协会—培训机构共同开展。在"双元制"模式中，要求学徒以农场进行农业生产实践为主，兼修理论课程学习，学习期限要求为三年或三年半。"双元制"模式中公立职业学校是州一级的国家机构，由各州政府直接管理并提供经费支持。而"双元制"中提供给学徒实践机会的是经过专门认定、具备相应条件的农场。农场在"双元制"职业教育和培训中发挥"三个主

---

❶ 唐智彬. 农村职业教育办学模式改革研究［D］. 华东师范大学，2012：136.

体"的作用，即学徒与农场签订培训合同时的法律主体，实施 2/3 实践教学的办学主体和承担全部培训费用的投资主体。采用"双元制"职业教育模式，不仅使学生能够具备现代农业技术的应用操作能力，而且使学徒能够对农场在生产和经营中的主要需求和面临的问题有更深入的了解。❶

"双元制"模式在德国中等职业教育领域所占的比例超过 80%，突出地反映了德国职教的思想、观念、体系和运行特点，也被称为"德国经济腾飞的秘密武器"。

（二）美国的社区服务模式

1862 年美国国会通过了《莫雷尔法案》（亦称"赠地法案"），规定各州凡有国会议员一名，拨联邦土地三万英亩，用这些土地的收益维持、资助至少一所学院，而这些学院主要开设有关农业和机械技艺方面的专业，培养工农业急需人才。从赠地学院建立开始，经过一百多年的发展，美国形成了以社区学院为实施主体，教学、科研、农业科学技术推广"三位一体"、普教职教融通的农村职业教育体系。

美国的社区服务型农村职业教育发展模式，主要特点包括：（1）职业教育与社区经济发展高度融合；（2）鼓励地方工商、教育、工会和社区领导人员积极参与，发展多种形式的农村职业教育；（3）国家通过政策法律制定和财政补贴，大力支持发展农村职业教育；（4）在学校与工作之间建立多种途径，强调教育和培训对象实际工作经验的获得和职业能力的培养。

（三）法国的集权管理模式

法国把农业技术教育的管理权从教育部门中单独拿出来，交由农业部直接统一管理，农业部为农业技术教育提供经费，农业部负担农业教育经费总额的一半。农村职业教育机构齐全，建立了一体化的农民培训机构，并加强对"农研机构"的建设。在教育内容上，注重实效性。培训内容主要围绕为适应市场的农业生产服务，以及满足农民的生产生活需要。教育形式多样；教学过程注重理论与实践相结合；培训内容丰富，主要包括普

---

❶ 景琴玲. 我国农业职业教育发展模式研究［D］. 西北农林科技大学，2012：72.

及农业基础知识、普及和推广新技术和新产品、科学经营管理农场、加工和销售农产品、培育良种技术，等等。❶

（四）日本的学校教育模式

日本大力举办农业职业学校，培养农业建设实用人才。县立农业学校发展农业教育，招收高中毕业生及有一年以上工作实践的青年，除教材、伙食费由学生部分负担外，其余基本上都是免费。

综合高中是日本职业学校教育的主要主体。综合高中一般学制为三年，实行选修课制度，完全实行学分制，尊重对课程的自主选择；以教育课程的弹性化促进学校之间的联系合作，允许学生到其他学校选修并承认所取得的学分；学籍管理机动灵活，允许学生转专业、转学或退学后再入学；在课程设置方面，除设置规定的高中生必修科目外，还必须修学一些特色课程，如产业社会与职业、产业社会与发展等课程。❷

日本除国家举办职业教育外，还积极鼓励各部门、各行业、私人企业、社会团体和个人举办多层次多形式的职业教育，既有正规学校教育中的职业教育，还有企业内部的职业训练和公共职业训练机构的职业训练。日本非常重视农民职业教育的基础设施建设，建有许多现代化设施的实习场地，在教育教学和农技推广上，广泛使用计算机系统、卫星系统等现代化装置，大大地提高了农村职业教育的现代化水平，有力地促进了农民素质和农业技术的现代化程度。❸

（五）韩国的政府主导模式

韩国农村职业教育发展的政府主导模式是在韩国的"新村运动"推进过程中逐步形成的。第二次世界大战后，韩国在推进工业化和城市化的过程中，面临工农业发展严重失衡、城乡发展差距拉大、乡村与农民极度贫困、农村人口大量外流、部分农村地区的农业濒临崩溃等社会问题。基于

---

❶ 吴融. 我国农村职业教育发展模式创新研究［D］. 湘潭大学，2011：20.

❷ 付国华. 德、澳、美、日四国职业教育模式经验与启示［J］. 职业技术教育，2011（35）：90－92.

❸ 陈锦梅，吕剑红，梁艳萍. 国外农村职业教育的比较与启示［J］. 湖北广播电视大学学报，2008（06）：23.

这种国情，韩国的决策者们认为，人力资源开发是韩国经济持续、快速发展的唯一途径。

20世纪60年代末，韩国经济依靠出口导向型的发展模式，取得了成功，政府已有财力支援农业，得以缩小城乡、工农、区域之间的差距。这种社会背景，从客观上要求韩国的农民振奋精神，勤勉、自助和合作，官民一体，建设家乡，加快农村经济的发展和社会进步。1970年，韩国发起了"新村运动"，设计实施一系列开发项目，以政府支援、农民自主和项目开发为基本动力和纽带，带动农民自发开展家乡建设活动。以勤勉、自助、协同为基本精神的"新村运动"先在农村开展后，以振兴国家为动力，迅速波及工厂、学校及城市，向全国范围扩大。❶

韩国的"新村运动"共经历了基础建设阶段（1971～1973年）、扩散阶段（1974～1976年）、充实和提高阶段（1977～1980年）、转变为国民自发运动阶段（1981～1988年）和自我发展阶段（1988年以后）。❷ 在"新村运动"推进过程中，韩国农村职业教育发展的"政府主导模式"得以逐步形成。其主要做法包括：（1）政府通过系列改革举措，提升农村职业教育地位。韩国在历史上深受中国封建文化的影响，韩国民众普遍重科举、轻农商，职业教育尤其是农村职业教育得不到重视。结合"新村运动"，韩国政府通过宣传教育、社会动员、大幅度提高农业技术工人待遇和社会地位等改革举措，逐步改变了农村职业教育在农民心目中的地位，极大地调动了农村青年接受农村职业教育的积极性。（2）对农村职业教育发展给予大力的政策支持。韩国政府在学生录取、培养过程、毕业创业等方面出台了大量的优惠政策和相关规定。在学生录取过程中，校长被赋予更多的自主权，报考涉农学校的学生即使成绩差些，在政策允许的范围内，也可视其平时的成绩破格录取。在学生培养过程中，国家减免所有学费，并提供各类奖学金、助学金，为学生求学提供经济保障。在课程设置上，强调实践教学，充分利用学校—企业合作计划，培养理论知识与技能

---

❶ 韩国新农村运动. http：//www.mofcom.gov.cn/aarticle/i/dxfw/cj/200704/20070404614287.html.

❷ 韩国新农村运动. http：//www.mofcom.gov.cn/aarticle/i/dxfw/cj/200704/20070404614287.html.

相结合的技术型人才。在学生毕业创业的过程中，学生毕业后直接成为农民后备劳动力培养对象，享受一切国家提供的务农资金，同时，对学生毕业后的义务也有规定，毕业生毕业6年内不得离开农业生产领域，如违反规定，必须返还部分教育培养费用。❶（3）与农业振兴、农村振兴相结合，发展农村职业教育。在"新村运动"推进过程中，农业教育、农民教育是"新村运动"的重要组成部分。韩国农业振兴厅是农业教育、农业科研和推广的管理机构，在开展农业科研、农业技术推广的同时，还具体负责对农民的生活指导、农业教育和职业技能培训，逐步建构了以学校为主体的农村职业教育体系。除政府办学外，韩国政府鼓励社会各行业、企业、社会团体、个人参与农村职业教育，重视多主体办学，私立学校所占比重很大，甚至超过90%。多层次、多形式、多元化办学是韩国农村职业教育快速发展的重要因素。❷

发达国家农村职业教育发展模式体现出如下共性特点：一是通过政策和立法保障农村职业教育发展；二是以政府投入为主体，对农村职业教育发展给予较多的公共财政投入，农村职业教育具有较强的公共性、公益性；三是建立了完善的农村职业教育体系；四是重视农村职业教育基本条件建设，尤其是师资队伍的质量建设；五是办学形式灵活多样，注重教育培训对象的职业能力培养；六是不同国家根据自身国情，选择了不同的农村职业教育发展模式。

二、发展中国家农村职业教育发展模式

发展中国家的共同特点是农业在国民经济中占比较大，农村人口较多且受教育程度较低，农村发展相对落后，城乡经济社会发展不平衡。在由农业社会向工业社会、信息化社会转型发展过程中，一些发展中国家大力发展农村职业教育，形成了与自身国情相适应的农村职业教育发展模式，比较典型的有墨西哥的应用型办学模式和印度的教育扶贫模式。

---

❶ 丁彦. 发达国家农村职业教育模式分析与启示［J］. 职业教育研究，2011（06）：173.
❷ 丁彦. 发达国家农村职业教育模式分析与启示［J］. 职业教育研究，2011（06）：173.

（一）墨西哥的应用型办学模式

墨西哥是拉美经济大国，国内生产总值居拉美第二位，仅次于巴西。全国约197万平方公里的土地中，5/6是高原和山地。全国有可耕地3560万公顷，已耕地2300万公顷，主要农作物有玉米、小麦、高粱、大豆、水稻、棉花、咖啡、可可等。墨西哥拥有现代化的农业和工业，从20世纪80年代末开始，经济发展由内向型发展模式向外向型发展模式转型。墨西哥社会贫富分化严重，贫苦人口约占总人口的45%。

墨西哥的农村职业教育注重实效性，农业职业技术教育在墨西哥的农村职业教育中得到重点发展，其教育培训的主要内容是帮助农村居民掌握农业生产技术，解决农民生产生活中的实际问题。墨西哥的农村职业学校主要由政府主办，同时，政府也鼓励私人机构参与农民培训工作。20世纪中后期创办的"地方发展学院"，培训对象是农村基层技术人员，培训内容涵盖了农业、政治和经济管理类知识，在保留原有工作岗位的基础上，进行为期半年的培训。农业部也在全国各地举办了培训学校，重点培训农业生产相关的知识和能力，并且规定学完后至少要在"乌贾玛"（一种农村社会主义组织形式）工作两年。❶

墨西哥农村职业教育发展模式有如下特点：一是保护农村职业教育的合法权益，专门制定了《职业教育改革法》和十多个与之配套的政府规章。对农村职业教育的认定、毕业证书的发放、职业学校财产的管理等具体环节、具体问题都有明确的规定，做到农村职业教育依法办学，各级政府对农村职业教育依法管理，农村职业教育在办学过程中出现纠纷依法调处，为保护农村职业教育的可持续发展创造了良好的法制环境;❷ 二是农业职业教育发展与反贫困紧密结合，通过职业教育和培训帮助贫困农村地区和农村贫苦人口脱贫；三是以政府为投入主体，对农村贫苦人口提供免费的教育培训；四是政府多部门协作共同参与农民职业教育和培训。

---

❶ 吴融. 我国农村职业教育发展模式创新研究 [D]. 湘潭大学，2011：16.
❷ 朱容皋. 发展中国家农村职业教育反贫困的典型模式比较 [J]. 新余高专学报，2009（06）：23.

（二）印度的教育扶贫模式

印度是南亚地区最大的国家，面积为 298 万平方公里。印度的人口为 12.15 亿人（2012 年），是世界人口第二大国。印度大部分土地可供农业利用，农作物一年四季均可生长，农业生产有着得天独厚的自然条件。印度经济以耕种、现代农业、手工业、现代工业及其支撑产业为主。农村人口占全国总人口的 72%。印度是一个传统的农业国家，农业产值约占国民生产总值的 24%，全国 57% 的劳动力从事农业，大部分农民处于贫困生活状态。印度政府采取各种措施发展农村职业教育，培养、提高农村人口的职业技能，发挥农村职业教育在农村经济社会发展中的反贫困功能。

印度农村职业教育反贫困的做法是：（1）加强农村职业教育基础设施建设；（2）重视农村职业教育办学经费的投入；（3）推广农村职业教育的创新成果；（4）农村职教发展和扶贫政策同步。印度农村职业教育发展的各种项目一般是由中央政府建立，由邦政府负责实施，其行政运行体系是：中央政府农村职业教育发展部—邦政府农村职业教育发展部—地区农村发展部—村农民自治组织。农村职业教育发展的项目部分涉及职业学校学生就业。印度政府认为，农民需要在可持续发展的基础上获得就业机会，包括自谋职业。印度政府帮助农民子女自主就业，包括务农、从事手工业生产经营等。印度农村职业教育部官员认为，只有把农民组织起来，项目的实施才会有现实意义；农村贫困家庭反贫困相对于城市贫困家庭反贫困而言更为困难，农村问题应当通过农村职业教育来解决，作为一个农业大国，当粮食已经实现自给后，应该通过多种渠道促进农村职业教育反贫困，而不是鼓励农村人口源源不断地涌入城市。❶

墨西哥和印度农村职业教育发展表现出的共性特点是：（1）注重职业教育的实用性、实效性；（2）以农村地区、农村人口为对象，充分发挥农村职业教育的反贫困功能；（3）政府高度重视发展农村职业教育，通过教育立法和经费保障支持农村职业教育发展。

---

❶　朱容皋. 发展中国家农村职业教育反贫困的典型模式比较 ［J］. 新余高专学报，2009（06）：23.

第四节 我国农村职业教育发展模式的创新

农村职业教育必须适应社会的发展变化，不断创新发展模式，才能获得发展活力，实现可持续发展。新形势下，我们应正确认识我国农村职业教育发展的指导思想和基本原则，找准着力点，在积极的实践探索和理论建构中，不断创新我国农村职业教育的发展模式。

一、我国农村职业教育发展模式创新的背景

农村职业教育是农村社会发展的有机组成部分，它深深嵌入在整个社会发展的网络之中。一个国家、一个地区到底如何建构或选择农村职业教育发展模式，必然受制于一定历史时期农村职业教育发展的政策环境、社会环境以及农村职业教育发展的基础和水平。

（一）农村职业教育发展的政策环境

农村职业教育发展需要政策指引和支持，农村职业教育改革实践在某种程度上可以看作是完成一定政策任务的教育实践。有好的政策环境有利于推动农村职业教育发展模式的改革创新。

"三农"问题是我国社会发展的根本性问题。进入 21 世纪后，"三农"问题得到了党和政府前所未有的重视，颁行了一系列重要政策，以科学发展观引领农村社会、农村职业教育的发展。例如，与农村发展相关的重大政策主要有：2008 年的《中共中央关于推进农村改革发展若干重大问题的决定》、2012 年的《国务院关于大力实施促进中部地区崛起战略的若干意见》、2013 年的《中共中央关于全面深化改革若干重大问题的决定》、2014年的《国务院办公厅关于引导农村产权流转交易市场健康发展的意见》、国务院《关于进一步推进户籍制度改革的意见》、2015 年的《国务院办公厅关于加快转变农业发展方式的意见》，以及 2004 年以来的历年"中央一号文件"。这些重大政策主要涉及城乡关系、农村税费改革、农村综合改革、农村户籍制度改革、土地制度改革、农业生产方式转变、新农村建设等农村社会发展的关键性内容。与农村职业教育发展直接相关的主要政策

有：2003 年国务院《关于进一步加强农村教育工作的决定》、2004 年教育部的《2003—2007 年教育振兴行动计划》《农村劳动力转移培训计划》《关于进一步加强职业教育工作的若干意见》、2005 年国务院《关于大力发展职业教育的决定》、2007 年《国家教育事业发展"十一五"规划纲要》、2010 年《国家中长期教育改革和发展规划纲要（2010—2020 年)》、2014 年教育部等六部委《现代职业教育体系建设规划（2014—2020 年)》，等等。

这些政策具有如下显著特征：一是从国家发展的战略高度看待农村发展，把从根本上解决"三农"问题作为国家发展的大政方针；二是结合农村社会转型发展的实际，通过政策引领、政策支持、政策创新，大力推动农村经济社会发展；三是强化政策执行力，以项目（计划、工程）方式具体实施政策；四是重视农民教育培训工作，通过大力发展农村教育、农业教育、农民职业技能培训，开发农村人力资源；五是从城乡一体化发展、公共服务均等化、现代农业发展、建构现代职业教育体系出发，大力发展"面向农村的职业教育"。

政策是农村职业教育发展最重要的资源。这些政策不但为我国农村职业教育发展指明了方向，也营造了良好的发展环境。我国农村职业教育应以国家政策精神为指引，在积极主动的实践探索中，不断实现发展模式的变革与创新。

（二）农村社会的转型发展

农村社会转型发展是改革开放以来我国农村社会发展深刻变化的过程。尽管人们对社会转型的认识有歧义，但也有一些基本共识，即"社会转型"是指传统社会向现代社会的全面、深刻的转变，是社会政治、经济、文化、生活的整体性转变。

农村社会的转型发展，有如下主要表现。

其一，农村社会治理模式的转型。中华人民共和国成立后，我国农村社会形成了政府主导的"乡镇村治"模式，行政权力和行政组织延伸到了农村，以实现对农村社会的全面控制和介入，也就是国家主导下的"政社合一"的治理模式。改革开放后，随着人民公社解体、乡村治理的民主化改革，以村民参与乡村公共事务管理、村干部民选为特征的"共同治理"逐步成为农村社会治理的新模式。

其二，农村社会阶层结构的变化。改革开放后，随着人民公社体制的解体、家庭联产承包责任制的实行和城乡户籍管理制度的松动，农村社会结构发生了根本性变化，开始不断分化和重组，单一的农民阶级的社会结构被新型的社会结构所取代，农村居民在职业、收入、声望等指标上出现明显差异，农村社会阶层在农业劳动者基础上出现了个体工商户、私营企业主、乡镇企业管理者等新兴社会阶层。进入21世纪，在现代化、城镇化和市场化三股力量的推动下，农村社会结构转型进入了加速期，农民工阶层的兴起和壮大深刻地改变了中国城乡社会结构面貌。[1] 有研究把当前中国农村社会大致划分为八个阶层，第一阶层：举家进城户，主要包括外出经商户、城市有稳定工作的农民工及其家庭；第二阶层：农村私营企业主、个体工商户；第三阶层：农村管理者、知识分子；第四阶层：现代农业经营者；第五个阶层：未稳定型农民工（候鸟型农民工）；第六个阶层：本地农民工；第七个阶层：普通农业经营者，它包含以经营家庭承包土地为主，兼或有少量土地流入但不构成规模，或从事其他产业，但是农业外收入不构成家庭主要收入的农户；第八个阶层：贫弱农民。当前中国农村社会结构形态是中间阶层占主体的橄榄型结构，但与整个社会结构形态相比，农村社会结构的位次比较低，即农村社会的各个阶层在整体社会结构中大都处于中下位置，如农村中间阶层的主体——农民工阶层，在整体社会结构中仅处于中下层。当前，我国农村社会阶层结构属于低度和谐稳定的橄榄型结构。[2]

其三，农村经济结构变化。改革开放以前传统农业是我国农村经济主体，粮食种植业占据了农业的主体。改革开放后，市场逐渐成为农村经济的主要资源配置方式，农村的劳动力、资本和土地资源逐渐向收入高的部

---

[1]　顾辉. 当前中国农村社会阶层结构的深度调整及其发展形势［J］. 福建论坛·人文社会科学版，2017（03）：87.

[2]　顾辉. 当前中国农村社会阶层结构的深度调整及其发展形势［J］. 福建论坛·人文社会科学版，2017（03）：87－95.

门流动，经济结构随之发生比较大的变化。有三种结构的变化比较明显：首先是种植结构的变化，粮食种植面积在绝对数量上保持稳定，经济作物种植面积逐年提高；其次是林、牧、副、渔业发展迅速，增加值不断提高，在农林、牧、副、渔业增加值中的比例越来越大；最后是农村的非农产业发展迅速，农村资金投向新兴产业的比例日益提高。❶

当前，我国农村经济发展存在的突出问题主要表现在：农业生产技术水平不高；环境污染问题严重；农业产业结构不合理；经济发展水平存在显著的区域差异；现代农业发展缺乏人力资源保障；等等。

(三) 农村职业教育发展形势的变化

目前，我国农村职业教育发展形势产生了如下变化❷。

(1) 适应新形势的农村职业教育政策不断完善。国家和地方不断出台和完善农村职业教育政策，大力支持农村职业教育的发展。

(2) 农村职业教育网络与体系基本健全。2008 年，全国共有农村成人文化技术学校 13.78 万所，县级成人文化技术学校 1599 所，乡镇成人文化技术学校 1.99 万所，村办成人文化技术学校 11.27 万所，形成了县(市)、乡(镇)、村三级农民文化技术培训网络。这一覆盖城乡的农村职业教育网络体系，成为我国农村职业教育中与农民关系最近的部分，发挥不可替代的作用。县级中职学校和县级职教中心是农村职业教育体系中正式教育的重要组成部分。

2015 年 3 月 5 日，在十二届全国人大三次会议上，李克强总理在政府工作报告中首次提出"互联网＋"行动计划；2015 年 7 月 4 日，经李克强总理签批，国务院印发了《关于积极推进"互联网＋"行动的指导意见》。随着网络信息技术的广泛应用，一个基于互联网信息技术的农村职业教育网络正在逐步形成。

(3) 农村职业教育和培训效益逐步显现，影响扩大。到 2009 年，仅

---

❶ 李建华，景永平. 农村经济结构变化对农业能源效率的影响 [J]. 农业经济问题（月刊），2011（11）：93.
❷ 唐智彬，石伟平. 农村职业教育发展现状及问题分析 [J]. 职业技术教育，2012（28）：60-65.

教育系统开展农村劳动力转移培训人数就达到 4249.31 万人次，开展农村实用技术培训 4130.67 万人次；技能性培训 1564.46 万人次，占培训总人数的 36.82%，转移后（进城农民工）培训 791.62 万人次，占培训总人数的 18.81%。在针对农村人口的培训中，大部分工作是在农村职业教育机构中完成的，其在整个培训计划中占主导地位。

（4）广泛开展农村职业教育改革实践。农村职业教育改革涉及包括办学模式、人才培养模式、专业设置、课程建设、实训基地建设、师资培养培训等方方面面的改革，为农村职业教育改革和创新积累了宝贵经验。

当然，目前我国农村职业教育发展还面临生源短缺、办学基本条件有待改善、经费投入不足、专业结构与产业结构吻合度低、人才培养质量不高、企业参与农村职业教育主动性不强等问题。一方面，新农村建设、现代农业发展、新型农业经营主体培育等，为农村职业教育发展提供了新的发展机遇；另一方面，城镇化进程以及农村职业教育发展自身存在的问题，也让农村职业教育再次站在了发展的十字路口，面临新的不确定性和新的挑战。如何抓住机遇、迎接挑战，是在新的历史时期，我们在农村职业教育改革中必须认真对待的问题。

二、我国农村职业教育发展模式创新的指导思想与原则

（一）我国农村职业教育发展模式创新的指导思想

思想是行动的指南。我国农村职业教育发展只有坚持正确的思想指导，才能选择正确的发展模式。

1. 坚持"以人为本"的科学发展观

由于受传统文化的影响，以培养技能型人才为目标的职业教育，被视为一种学业失败者出于无奈而不得不接收的"二流教育"。传统职业教育本质上是"技能训练"，其主要任务是教人一技之长，以便受教育者将来凭借一定的职业技能养家糊口、安身立命。因此，传统的职业教育实际上是一种被异化的、工具性的"技能训练"。在这种工具性的技能训练中，受教育者被视为一件待加工的原材料，教育过程也就是一种对这种原材料加工的过程，即一种"制器"的过程，职业教育的经济功能被不恰当地

放大。

在我国农村职业教育发展历程中，这种"见物不见人"的现象普遍存在，农村职业教育发展多数模式的建构或选择，都表达出典型的工具性思维。教育的本质是培养人。职业教育只是一种教育类型，它同样要体现"培养人"的实质精神。人是一个有尊严的、和谐的生命体，人的培养是对人身心品质的整体性养成。因此，我国农村职业教育发展模式无论进行何种程度上的创新，都必须"以人为本"，实现从以技能为中心的"生存型的农村职业教育"向以发展为目的的"发展型农村职业教育转变"。

2. 体现终身教育理念

传统的农村职业教育是一种"断头"的职业教育，大多数农村职业学校学生读完中等职业学校后，极少有机会接受更高层次的正规学校教育、学历教育，尽管这种情况正在改变，但以中等层次教育为主的农村职业教育与普通教育、高等教育之间的连接通道依旧不够畅通。农村职业教育无论建构或选择怎样的发展模式，都必须体现终身教育理念，要把农村职业教育体系作为我国现代职业教育体系的有机组成部分进行重点建设，让接受农村职业教育的受教育者有更多样、更畅通的就学、升学和接受继续教育的通道，有充分的教育自由选择、转轨的机会。

3. 树立教育公平观念

公平是社会的核心价值观，是人类的"共同善"。教育公平是社会公平的"晴雨表"，是社会关注的焦点。改革开放前，中国社会是一个典型的城乡二元结构社会，城乡社会不同的制度设计，导致了城乡分割、城乡发展严重的不平衡。"一个中国，两个世界"既是对城乡社会结构的写实，也是社会不公平的典型表征。传统的农村职业教育，无论是就学机会、办学投入、办学基本条件、办学质量等方面，都远远落后于普通学校教育和城镇职业教育。因此，"农村职业教育"在某种程度上也就成了"落后教育""二流教育"的代名词，"边缘化"是农村职业教育发展的历史宿命。随着城乡统筹力度的加大、城乡一体化发展目标日渐清晰，"教育公平"应成为我国农村职业教育发展的思想指导，农村职业教育发展模式的创新应充分体现"教育公平"理念。

4. 彰显"农"字特色

在城镇化快速发展的今天，农村职业教育到底应该如何发展，是一个亟待回答的教育难题。一方面，随着中国社会进入城镇化加速期，农村人口在不断减少，农村职业教育发展面临严重的生存危机；另一方面，我国依然有广大的农村地区存在，新农村建设是我国社会发展的一项基本国策，新农村建设、农村经济发展、农业现代化建设依旧任重道远，农村社会发展急需各种类型和层次的适用技术技能型人才，需要农村职业教育在农村广阔天地大有作为。

不管我们对城镇化背景下的"农村""农村职业教育"如何理解，有一点我们应坚信不疑，那就是农村职业教育一定要面向农村、服务农村，它必然不同于城市职业教育，一定要具有鲜明的"农"字特色。由此可以说，农村职业教育发展模式的创新过程，必然也是一个农村职业教育"农"字特色不断凝练和逐步彰显的过程。

5. 激发实践主体的创新精神

从我国农村职业教育发展模式的变迁历史可以看出，我国农村职业教育发展形成了多种多样的发展模式。任何一种模式的形成，都是在国家政策指引下，地方政府、职业学校、企业等职业教育发展的实践主体，结合自身实际情况和发展需要，充分发挥积极性、创造性，勇于探索、锐意创新的结晶。在新的历史时期，农村职业教育发展面临新形势、新机遇、新挑战，发展模式的创新需要农村职业教育实践主体鼓起勇气，重启农村职业教育改革的新征程。

（二）我国农村职业教育发展模式创新的基本原则

1. 适应性原则

农村职业教育是面向农村的职业教育。农村职业教育嵌入在农村社会发展的历史脉络之中，必须适应农村社会发展环境。在农村职业教育发展历史上曾经产生过许许多多的发展模式，其中不乏一些在当时很有影响、被广泛学习借鉴的发展模式。这些在具体时空背景下比较成功的农村职业教育发展模式，有一个共性特征，即适合具体历史条件下的农村经济社会发展需要。只有农村职业教育的管理体制、办学定位、办学模式、人才培养规格、专业设置、教学模式等，与农村经济社会发展需要、发展水平相适应，才能使农村职业教育发展与农村经济社会发展形成良性互动机制，农村职业教育发展才能取得成功。

2. 实效性原则

没有改革创新就没有发展，改革是动力，发展是硬道理。创新大体有两个层面，一是形式上的创新。今天，我们职业教育上的不少改革创新流于形式，"发明"了一些动听的名词，申报了不少奖项，对所谓的"改革成果"进行了巧妙的、色彩绚丽的包装，但实际上这些所谓的改革创新只不过是"新瓶装旧酒"、炒作概念的"噱头"。另一种是实质上的创新。这种创新是精心设计和长期实践的产物，是发现和解决新问题的科学探索过程，是办学质量、办学效益、办学声誉的不断提高过程，它把改革创新具体落实在教育管理、教育教学实践的每一个具体环节，关注的是教育质量的实质性提高。

不少"新概念""新名词"只是一个标签，一个"创新假象"。农村职业教育发展模式创新，应看这种模式的实际效用，而不是为创新而创新。

3. 区域性原则

发展职业教育是当今世界各国教育发展的基本政策。大力发展我国农村职业教育，是我国国家意志的体现，但到底如何发展职业教育还是需要生动活泼的、丰富多彩的区域性职业教育实践。从实际情况看，我国农村职业教育大多在农村地区举办，主要面向农村人口、为农村社会培养人才。我国社会发展存在严重的区域不平衡，东部、中西部地区农村社会的发展基础、发展水平也存在显著差异。这种差异体现在自然资源、产业结构、人口素质、发展目标、文化传统、教育基础等方方面面，它们共同构成了农村职业教育发展模式的制约因素。无视这种区域差异的"创新"就不是创新，是急功近利的"冒进"，必然遭遇挫败。

4. 多样化原则

不同历史时期，农村职业教育面临的形势不同、农村社会发展的任务不同，在某一历史阶段农村职业教育发展的有效模式，可能在下一个历史阶段就失去了存在的合理性；不同的农村地区有不同的区域情形，某一种模式在某一个农村地区很有效，并不意味着在其他农村地区也同样有效，此之谓"南橘北枳"。农村职业教育发展必须走多样化的发展道路，各具千秋，才能显现其生命活力。

总之，农村职业教育发展没有千篇一律的公式，没有固定不变的模式，只有在不断创新中，才能形成适合自身发展需要的发展模式。这种模式才是最优、最好的模式。

三、我国农村职业教育发展模式创新的着力点

1. 强化问题意识，着力解决农村职业教育供给侧的结构性矛盾

在中央财经领导小组第十一次会议上"供给侧改革"的概念由习近平总书记首次提出，其含义是在适度扩大总需求的同时，着力加强供给侧结构性改革，着力提高供给体系质量和效率，增强经济持续增长动力，推动我国社会生产力水平实现整体跃升。这一理念的提出意味着我国发展模式的重大调整。

农村职业教育发展模式的创新，应强化问题意识，着力解决农村职业教育发展中的结构性矛盾。目前，我国农村职业教育的结构性矛盾主要有：（1）农村职业教育的规模与人才培养质量之间的矛盾。改革开放以来，我国农村职业教育的规模迅速扩大，但人才培养质量却没有显著提高，农村职业教育是"大而不强"。（2）农村职业教育的专业结构与农村产业结构之间的矛盾。我国不同地区不同农村职业学校之间的专业结构出现了两个比较明显的"同质化"，一个是城乡职业学校的专业设置同质，一个是同一区域不同学校之间的专业结构同质。不少农村职业学校在办学规模扩大过程中，老专业没有调整，又盲目跟风开设新专业，专业设置脱离农村产业发展实际，专业结构与农村产业结构的匹配度较低。（3）农村职业教育优质资源匮乏与教育资源分配不均的矛盾。农村职业教育因其发展基础薄弱、起点低、社会支持力度小等原因，优质教育资源比较稀缺。在教育资源分配中，地方政府通常会把优质教育资源分配给基础教育、高等教育，对职业教育的投入则明显不足。在职业教育系统内部，城市又比

农村地区拥有更多的教育资源。就地区比较而言，经济较发达的东部地区职业教育资源较为丰富，而经济欠发达的中西部农村地区，职业教育投入不足，优质的职业教育资源就更为稀缺。（4）农村职业教育的低层次办学与学习者接受高层次教育要求之间的矛盾。农村职业学校基本上只能招收考不上普通高中的初中毕业生。对于大多数农村中等职业学校的学生而言，读完中职后就难以有较多机会接受正规的高层次的学历教育。尽管近年来，高校招生渠道有所拓宽，通过"3＋2""3＋4"等形式增加了本科高校对中高职的招生比例，但总体而言，农村职业学校学生真正能进入本科高校就学的毕竟还是少数。文化基础较差的生源、较低的办学层次与受教育者对接受高层次学历教育的旺盛需求，两者之间产生了较大冲突。农村职业教育发展中，还存在其他方面的结构性矛盾。这些结构性矛盾的存在，就导致农村职业教育产生了许多无效的供给。今后，农村职业教育发展的重心不是盲目地扩大办学规模，而是大力推进农村职业教育的供给侧结构性改革，激发个体和农村社会发展对农村职业教育的有效需求，不断提高人才培养质量，努力增强农村职业教育的吸引力。

2. 从顶层设计出发，推动城乡职业教育一体化发展

党的十七届五中全会和"十二五"规划建议中，反复提到加强"改革顶层设计"。顶层设计是指理念与实践之间的"蓝图"，总的特点是具有"整体的明确性"和"具体的可操作性"，在实践过程中能够"按图施工"，避免各自为政造成工程建设过程的混乱无序。

农村职业教育发展模式的创新需要顶层设计，为农村职业教育的长远发展绘制蓝图。这种顶层设计应体现城乡统筹发展思想，推动城乡职业教育一体化发展。

城乡一体化发展需要我们进一步解放思想，秉持公平发展理念，打破城乡二元对立、"就农村谈农村职业教育"的思想桎梏，整体、系统、长远地规划城乡职业教育一体化发展目标、发展路径，在城乡互动、互补、互促中，实现农村职业教育的跨越式发展。

目前，我国不少地方正在进行城乡职业教育一体化发展的改革实践，农村职业教育的发展模式正在发展富有时代感的历史性转变。例如"永川

模式"就比较典型。被教育部称为全国第四种职教模式的永川"城校互动"的职教发展模式❶，使农村职业教育的办学条件得到明显改善，办学质量有了显著提高。

3. 以制度创新推动农村职业教育发展模式创新

制度是镶嵌在一套有意义系统中的规则和运行机制的总和。制度为实践主体提供了认知模板和行为框架，影响了人们的行为选择和行为预期。制度是社会生活和生产的基础，社会发展历史在某种程度上即是一部制度演化的历史。

农村职业教育发展模式的创新是一个全要素的创新，办学主体、专业设置、课程结构、教学评价等要素均包括在内，但并非所有要素都同等重要，在所有要素中，制度创新才是关键要素。

所谓制度创新就是使创新者获取最大利益的制度变革。之所以有制度创新，是因为现存的制度安排使行为者失去了获利的能力和机会，只有打破现存制度中的那些阻碍创新的因素，才能使创新者获得未来的追加利益。

农村职业教育发展模式的变革需要制度创新激发变革的内驱力。可以通过发明、模仿、演进等方式实现农村职业教育制度创新。农村职业教育制度创新应关注：（1）制度主体创新。要让企业、学校、社会组织、农村集体组织等都参与制度创新，成为制度创新的主体，而不是坐等政府制定规则；（2）制度结构的优化。制度是一个结构性、关联性存在，包括核心制度和外围制度。农村职业教育的制度创新不能仅仅关注教育内部的制度创新，还要关注与之配套发挥作用的外围制度的创新，如户籍制度、就业制度等。只有不断完善和优化制度结构，才能有效发挥制度的整体功能；（3）路径依赖的破解。"路径依赖"的基本含义是，制度演化一旦在自我增强机制下选择了一条路径，就会沿着这条路径走下去。"路径依赖模式意味着制度安排不会轻易改变；它们无法迅速变化以应对周围环境的改变。支持路径依赖过程的自我强化的反馈机制使组织探索替代性选择变得

---

❶ 田文生. 中国职教第四种发展模式［N］. 中国青年报，2016－04－11（11）.

非常困难。"❶ 我国农村职业教育发展模式的创新，需要打破旧的利益格局，破解路径依赖，通过制度创新，激发实践主体的创新活力。

4. 深化校企合作改革

职业教育培养的技术技能型人才，企业是职业教育的直接受益者，参与举办职业教育是企业应尽的社会责任。职业教育没有企业的参与，就难以实现人才培养目标的合理定位，也难以实现专业结构、课程结构、教学内容的及时更新与优化，人才培养质量也就无从得到保证。

从西方发达国家的职业教育发展历史看，其成功经验之一就是让企业深度参与职业教育，通过校企合作、工学结合培养高质量的职业技能人才。我国校企合作的职业教育改革已开展多年，也取得了不少成绩，但企业参与职业教育的积极性不高、校企合作浅层化、形式化，一直是我国职业教育校企合作的"痛点"，农村职业教育则尤为突出。

农村职业学校不能关门办学，应在政府的引导、协调和支持下，主动寻求与地方企业合作办学；地方行业协会、涉农企业、农村集体经济组织等，也应对学校的合作办学愿望做出积极回应。通过沟通、对话协商，以多种形式灵活地开展校企合作，如共建专业委员会、共同编制课程、共建"双师型"师资队伍、共建实习实训基地等，使农业企业全面、全过程地参与职业人才培养。通过深度的校企合作，逐步建立"农村职业学校—农业企业发展共同体"，实现农村职业教育发展模式的创新。

5. 大力推进现代学徒制

现代学徒制是将传统的学徒培训与现代学校教育思想结合的一种企业与学校合作的职业教育制度，是一种新型的职业人才培养实现形式，校企合作是前提，工学结合是核心。现代学徒制典型特征包括：国家战略层面的制度管理，多元参与的利益相关者机制，以企业为主、工学结合的人才培养模式，以学徒为主的双重身份，统一规范的教育培训标准，与国家职业资格体系的融通。

---

❶ ［美］沃尔特·W. 鲍威尔. 制度分析范围的扩展［A］. 薛晓源，陈家刚. 全球化与新制度主义［C］. 北京：社会科学文献出版社，2004：143.

现代学徒制是当今世界各国普遍实施的职业教育制度。不同国家，如英、美、法、德、澳等，都实施了适合自身特点的现代学徒制，并从国家层面颁布了相应的法律政策，且建立了相应的管理机构保障其实际推行。

我国实施现代学徒制也有多年。2010 年，江西新余市就率先出台了《职业教育现代学徒制试点工作方案》，开始了我国职业教育现代学徒制实施的试点工作。2014 年，国务院常务会议部署加快发展现代职业教育，开展校企联合招生、联合培养的现代学徒制试点，提出"全面推进现代学徒制试点"。2015 年 8 月，教育部又遴选 165 家单位作为首批现代学徒制试点单位和行业试点牵头单位，强调将加大投入力度，通过财政资助、政府购买等措施，引导企业和职业院校积极开展现代学徒制试点。

实践表明，职业教育实施现代学徒制，有利于深化校企合作；有利于破解职业学校招生难、企业用工难的难题；有利于丰富、优化职业教育资源；有利于发挥和拓展职业教育对地方经济发展的服务功能，等等。

近年来，随着我国农村产业结构的调整、现代农业的快速发展，农村职业教育承担了较多的新型农业经营主体、农村实用人才、青年农场主、科技致富带头人、农村工匠等新型职业农民、农村实用人才的学历教育和技能培训任务。实施现代学徒制可以较好地解决作为成年学习者学习的"工学矛盾"，激发其学习愿望和积极性，增强农村职业教育对农村劳动力的吸引力，这将为农村职业教育开拓新的发展空间和发展路径。

推进学徒制的关键在于：一是要通过立法明确学徒制在职业教育中的地位；二是要通过制度建设保障学徒制的顺利实施，包括学徒制的办学主体资格审查制度、经费投入制度、培训包开发制度、基于职业能力的资格认证制度等；三是要结合国家重大建设工程、地方经济发展项目等，以项目实施方式推进现代学徒制的具体落实。

6. 走"和而不同"的特色发展道路

在城镇化进程中，农村职业教育要加强与城市职业教育的双向互通互动。但是，城镇化并不意味农村职业教育要与城市职业教育同质化。的确，城镇化进程中的农村职业教育要进行改革创新，比如，要改变传统农村教育单一的以就业为目的的人才培养目标定位，应兼顾就业和升学这两种现实存在的个体需求。但是，这种改革不能以牺牲农村职业教育的特色为代价，不能改变农村职业教育面向农村、服务农村的办学方向定位。在人才规格、专业设置、课程内容、学校网点布局、功能定位等方面，都要体现"农"字特色，走与城市职业教育"和而不同"的发展道路。农村职业教育发展模式创新的过程，应被合理地理解为农村职业教育特色的凝练和彰显的过程，只有这种意义上的发展模式创新，才能真正促进农村职业教育的可持续发展。

协同推进：农村职业教育发展中政校企的角色定位

农村职业教育发展、新型职业农民培训，都需要构建一个由政府、涉农企业、职业院校等构成的社会支持体系。这是农村职业教育的公益性、跨界性等所要求的。在这个支持体系中，政府、涉农企业、职业院校等必须扮演好各自的角色。为促进这一社会支持体系的构建，政府必须明确定位，转变职能；职业院校要研究市场，提供优质服务；涉农企业要积极参与，释放活力；社会要努力做好舆论引导，政策宣导激励工作。

第一节　地方政府：农村职业教育发展政策的创新

30 多年来，党中央、国务院对农村职业教育发展的认识度、关注度、重视度日益提升，先后出台了一系列有关促进农村职业教育发展的文件与政策。这些政策对我国农村职业教育发展产生了积极作用。

农村职业教育的核心问题是如何为"三农"发展问题，其中新型职业农民培育问题又是关键。近年来，我国政府围绕新型职业农民培育出台了一系列政策，特别是每年的"中央一号文件"都不仅锁定"三农"，而且，将重点瞄准新型职业农民的培育，所以，本节将重点放在新型职业农民培育政策的变迁以及创新上。

一、我国农村职业教育发展政策概述[1]

关于我国农村职业教育发展政策的变迁及其创新问题，我们曾经有过专门研究，为免累赘，这里就其主要内容进行简要概述。

（一）理念前瞻的重农政策：确立和提升了农村职业教育的战略地位

在职业教育恢复之初，党和政府根据我国农村经济迅速发展、传统农业向现代农业转化进程加快、广大农民迫切要求掌握文化科学知识和职业技能的形势，颁布了一系列文件，这些文件中对农村职业教育发展提出了明确的要求。在这些政策的指导下，农中和职业中学快速兴起，招生数量猛增，到20世纪90年代农村职业教育都得到了初步的恢复与发展。

进入21世纪，农村职业教育的战略地位得到进一步的强化，发展农村职业教育被提高到了前所未有的高度。2005年《国务院关于大力发展职业教育的决定》指出："职业教育要为农村劳动力转移服务。实施国家农村劳动力转移培训工程，促进农村劳动力合理有序转移和农民脱贫致富，提高进城农民工的职业技能，帮助他们在城镇稳定就业。职业教育要为建设社会主义新农村服务。"2010年颁发的《国家中长期教育改革和发展规划纲要》对农村职业教育赋予了新的更伟大的使命："加快发展面向农村的职业教育。把加强职业教育作为服务新农村建设的重要内容。加强基础教育、职业教育和成人教育统筹，促进农科教结合。"2014年，教育部等六部门联合下发的《现代职业教育体系建设规划（2014—2020年）》中提出：大力发展现代农业职业教育，培养多层次农业技术人才和新型职业农民，促进农村剩余劳动力向城市的有序转移。所有这些都为农村职业教育的大力发展创造了优良的环境。

（二）大力发展的规模政策：从根本上调整和优化了农村中等教育结构

20世纪80年代初，为了使我国农村中等教育结构尽快得到调整，国家提出了明确的农村中等职业教育发展的目标要求以及实现目标的措施。

---

[1]　马建富. 社会转型与中国农村职业教育发展道路的选择［M］. 北京：知识产权出版社，2014：143－175.

2003 年《国务院关于进一步加强农村教育工作的决定》指出：要"以就业为导向，大力发展农村职业教育"，"城市职业学校要扩大面向农村的招生规模，到 2007 年争取年招生规模达到 350 万人。要积极推进城市与农村、东部与西部职业学校多种形式的合作办学，不断扩大对口招生规模"。在 2005 年《国务院关于大力发展职业教育的决定》中再次明确要求"到 2010 年，中等职业教育招生规模达到 800 万人，与普通高中招生规模大体相当"。正是这些具有一定强制性的文件中有职业学校与普通学校"相当于""大体相当"的规模目标的规定，使职业教育尤其是占比最大的农村职业教育获得了平稳快速的发展。

（三）惠及人人的资助政策：保障了农村弱势群体的职业教育权益

2005 年温家宝总理在全国职业教育会上明确提出"要建立和完善职业教育学生助学制度，使贫困家庭学生通过国家帮助和本人勤工俭学得以顺利完成学业，进一步体现社会主义教育的公平与公正"；同年《国务院关于大力发展职业教育的决定》中提出了要"建立职业教育贫困家庭学生助学制度"；2007 年国务院印发了《关于建立健全普通本科高校高等职业学校和中等职业学校家庭经济困难学生资助政策体系的意见》；2012 年的《关于扩大中等职业教育免学费政策范围进一步完善国家助学金制度的意见》规定"农民学员只要能够完成省级教育行政部门认定的全日制教学计划，均应该享受免学费和助学金政策；"2013 年国家制订了对符合条件的中高等学校毕业生、退役军人、返乡农民工务农创业给予补助和贷款支持的专门计划。这些政策是这些年来农村职业教育取得成就的重要保障，而农村职业教育免费制度的实行，必将为未来农村职业教育的进一步发展以及教育公平社会目标的实现产生重大影响。

（四）农村倾向的保护政策：确保了农村职业教育的平稳发展

在农村职业教育发展过程中，中央财政通过增加职业教育专项经费，重点用于补助农村和中西部地区加强职业教育师资培训、课程教材开发和多媒体教育资源建设以及骨干和示范职业学校建设。2005 年《国务院关于大力发展职业教育的决定》再次提出要"把职业教育对口支援工作与农村劳动力转移、教育扶贫、促进就业紧密结合起来"。2015 年"中央一号文件"要求"完善对新型农业经营主体的金融服务";《中共中央关于制定国民经济和社会发展第十三个五年规划的建议》提出农村土地三权分置，深化农村土地制度改革；2017 年"中央一号文件"要求整合各渠道培训资金资源，探索政府购买服务等办法。其他一系列的政策也无不体现对农村职业教育发展的倾斜与特别的"偏爱"。正是这些倾斜政策，才使农村职业教育稳步发展，取得今天这样的成就和地位。

二、基于新型职业农民培育的职业教育政策❶

培育新型职业农民是解决"农民荒"和发展现代农业的关键。自 2012 年"中央一号文件"首次提出"大力培育新型职业农民"以来，中央连续多年的"中央一号文件"都指向新型职业农民培育等问题，各级政府、农业部、教育部、财政部等都出台了很多相关政策文件。政策是推动新型职业农民培育工作的重要动力，通过对新型职业农民培育相关政策的梳理，可以了解新型职业农民培育的政策沿革，发现政策对新型职业农民培育的积极作用和存在的漏洞，以期针对性地提出建议，更好地服务于新型职业农民培育工作。

（一）新型职业农民培育政策的变迁

农村劳动力数量和质量随着务农人员离农，农二代轻农、弃农而不断降低，为了解决新常态下的"三农"问题，培育更多新型职业农民，解决将来"谁来种地"问题，国家各部门出台了一系列相关政策（见表 6 - 1）。

表 6 - 1　2012 ~ 2017 年关于新型职业农民培育的相关政策

年份	文件名	来源	主要内容
2012	关于加快农业科技创新 持续增强农产品供给保障能力的若干意见	中央一号文件	扩大培训规模，提高补助标准，大力培育新型职业农民
2012	新型职业农民培育试点工作方案	农业部	确立 100 个县（市、区）试点；探索培育模式、认定管理办法、支持政策体系

❶ 吕莉敏. 新型职业农民培育的政策变迁与趋势［J］. 职教论坛，2017（16）：26 - 31.

年份	文件名	来源	主要内容
2013	关于加快发展现代农业 进一步增强农村发展活力的若干意见	中央一号文件	创造良好的政策和法律环境，大力培育新型农民和农村实用人才
2013	关于新型职业农民培育试点工作的指导意见	农业部	准确把握新型职业农民主要类型及内涵特征；构建教育培训制度、认定管理制度和扶持政策体系；培养认定一批新型职业农民；建立一套信息管理系统
2014	关于全面深化农村改革 加快推进农业现代化的若干意见	中央一号文件	加大对新型职业农民和新型农业经营主体领办人的教育培训力度
2014	政府工作报告	国务院	培育新型职业农民
2014	新型职业农民中等职业教育学生资助办法	教育部、农业部	建立培育制度；开展示范培育；健全培训体系
2014	关于做好2014年农民培训工作的通知	农业部、财政部	建立2个示范省、14个示范市和300个示范县；创设相关配套政策
2014	关于加快发展现代职业教育的决定	国务院	完善农民职业教育培训资助补贴政策；建立公益性农民培养培训制度，大力培养新型职业农民
2014	关于引导农村土地经营权有序流转发展农业适度规模经营的意见	中共中央、国务院	开展新型职业农民教育培训；实施新型职业农民培育工程；构建新型职业农民和农村实用人才培养、认定、扶持体系；建立公益性农民培养培训制度；探索建立培育新型职业农民制度
2015	关于加大改革创新力度 加快农业现代化建设的若干建议	中央一号文件	逐步实现免费中等职业教育；大力培养新型职业农民
2015	政府工作报告	国务院	支持新型经营主体发展，培养新型职业农民；加强涉农资金统筹整合和管理
2015	关于制定国民经济和社会发展第十三个五年规划的建议	中共中央"十三五"规划	农村土地三权分置；构建培育新型农业经营主体的政策体系；培养新型职业农民

续表

年份	文件名	来源	主要内容
2016	关于落实发展新理念 加快农业现代化实现全面小康目标的若干意见	中央一号文件	加快培育新型职业农民；建立健全职业农民扶持制度；探索职业农民养老保险办法
2016	关于做好2016年新型职业农民培育工作的通知	农业部、财政部	完善培育制度体系；健全培育机制；锁定培育对象；明确培育主体；遴选优秀师资；创新培育方式；规范资金使用；加强考核管理
2017	关于深入推进农业供给侧结构性改革 加快培育农业农村新动能的若干意见	中央一号文件	开发农村人力资源；整合各渠道培训资金资源，探索政府购买服务等办法；培养乡村工匠
2017	政府工作报告	国务院	培养更多新型职业农民
2017	"十三五"全国新型职业农民培育发展规划	农业部	到2020年，新型职业农民总量超过2000万人；建立"一主多元"的新型职业农民教育培训体系

通过对2012～2017年新型职业农民相关政策文件的整理与归纳，可以发现这些政策涉及新型职业农民的内涵、类型、培育对象、培育主体、认证标准、政策扶持等多方面的内容。这些政策的出台为新型职业农民队伍的建立营造了良好的政策环境，为"三农"问题的解决提供了清晰的思路，也表明了政府对新型职业农民培育工作的高度重视。具体而言，这些政策主要呈现了以下几方面的特点。

第一，新型职业农民的内涵不断发展与丰富。"新型职业农民"这一概念的表述从最初的"新型农民""职业农民"到现在统一使用的"新型职业农民"，这一改变并非简单的名称改变，而是反映了人们对新型职业农民本质属性的认识，反映了现代农业发展对现代农民提出的新要求。新型职业农民这一概念是在农业现代化、城乡一体化背景下提出来的，撇开了农民作为一种世袭身份的象征。作为一种职业，既不同于传统农民，也不同于新型农民和职业农民，是新型农民与职业农民的有机结合，体现了我国农村从封闭走向开放、农业从传统走向现代、从农民身份走向职业，是农民专业化发展的要求，是我国农村社会经济转型升级和农业现代化发展的要求。与此同时，对新型职业农民的类型进行了明确界定。在与传统农民、新型农民、职业农民、兼业农民的特征比较中，形成了将新型职业农民分为生产经营型、专业技能型、社会服务型三种类型，每种类型又分低、中、高三个不同层次的共识，"三类协同""三级贯通"的新型职业农民制度框架逐步形成。

第二，新型职业农民的来源与培育对象不断拓展。从对在农村从业的村干部、农村种养殖大户、大学生村官的教育培训等到对新型农业经营主体培育，再到鼓励、吸引返乡农民工涉农创业、对大学生到农村就业创业培训，培育对象打破了城乡户籍限制，不仅包括农村户籍的潜在新型职业农民，还包括非农户籍的劳动力，真正实现了职业与身份的剥离。

第三，新型职业农民培育体系逐步完善。从大力发展农村职业教育、中等职业教育参与新型职业农民培育到农广校应该成为新型职业农民培育的主体，再到鼓励高等院校设置相关专业培养乡村工匠，"一主多元"的新型职业农民培育体系逐步完善。

第四，扶持新型职业农民教育培训的政策越来越全面。这些政策从农村土地改革、改善农村生活、教育培训资金投入、教育培训补贴、创业扶持等多方面，彰显了政府对新型职业农民教育培训工作的重视，多方面、全方位扶持了新型职业农民教育培训工作。

（二）新型职业农民培育政策的梳理与评析

1. 新型职业农民培育政策的积极效应

新型职业农民培育得到广泛的重视，各级政府注重顶层设计。新型职业农民培育工作是关乎"四化同步"发展能否实现的系统工程，各级政府做好顶层设计，有利于从整体上把握新型职业农民培育的制度和政策创新，提高政策的针对性和有效性。自2012年"中央一号文件"首次提出"大力培育新型职业农民"以来，财政部、农业部、教育部等相关部门都积极响应中央号召，落实新型职业农民培育工作。当年农业部就印发了《新型职业农民培育试点工作方案》，确定了"100个县（市、区）进行新型职业农民培育试点工作"，2014 年又"将试点范围扩大到 2 个示范省、14 个示范市和 300 个示范县"，2015 年试点范围再次扩大到"4 个整省、20 个整市和 500 个示范县"，2016 年继续"在全国 8 个省、30 个市和 500 个县进行示范培育"；2017 年还提出"到 2020 年，新型职业农民总量超过 2000 万人的目标"。随着新型职业农民培育工作的不断开展，各地政府也纷纷响应中央号召，扩大培育规模，将为现代农业发展培育大批新型职业农民作为一项重要任务来落实。比如，江苏省率先提出到 2020 年全面实现农业现代化，持证农民比例达到 35% 的目标。❶ 正是由于从中央到地方各级政府连续的、具有层次的、各部门之间相互合作协调的政策出台，才能为新型职业农民培育规模的不断扩大提供有效保障。

新型职业农民培育经费持续增长。一方面国家财政投入的新型职业农民培育的直接经费，即直接用于农民培训的经费持续增长。2015 年"中央财政安排 11 亿元农民培训经费，同时还拨款 26 亿元推进基层农技推广体系改革和建设"；2016 年"中央财政继续安排 13.9 亿元新型职业农民培训资金和 26 亿元支持各地加强基层农技推广体系改革与建设资金"。另一方面中央财政在涉农专业免学费政策、农民助学金政策、农民培训补贴政策等多方面的间接经费也在持续大幅增长。2012 年的《关于扩大中等职业教育免学费政策范围进一步完善国家助学金制度的意见》规定"农民学员只要能够完成省级教育行政部门认定的全日制教学计划，均应该享受免学费和助学金政策"；2013 年国家制订了"对符合条件的中高等学校毕业生、退役军人、返乡农民工务农创业给予补助和贷款支持的专门计划"；2014 年《新型职业农民中等职业教育学生资助办法》建议"建立国家出资购买农民学习成果的公益性补偿制度"，等等。正是由于新型职业农民培育经费的规定出台，才使新型职业农民的培育工作成为可能，可以说，培训经费持续增长的相关政策保障为新型职业农民培育工作的有效开展奠定了坚实的基础、提供了前进的动力。

---

❶ 曾一春. 培育新型职业农民需完善制度设计 强化配套政策［J］. 中国经贸导刊, 2012 (09)：9.

新型职业农民培育的制度环境不断完善。自"新型职业农民"提出以来，已经整整五个年头，在这五年中，为了能顺利培育出一大批新型职业农民，各级政府高度重视，不断完善新型职业农民培育的制度环境。2015年"中央一号文件"要求"完善对新型农业经营主体的金融服务"；《中共中央关于制定国民经济和社会发展第十三个五年规划的建议》提出实行"农村土地三权分置，深化农村土地制度改革"；2016年"中央一号文件"要求"建立健全职业农民扶持制度，相关政策向符合条件的职业农民倾斜，鼓励有条件的地方探索职业农民养老保险办法"；2017年"中央一号文件"要求"整合各渠道培训资金资源，探索政府购买服务"等办法。除此之外，浙江、江苏、四川等各级地方政府也都出台了具有地方特色的、符合本地区发展特色的新型职业农民培育工作的地方性法规。这些政策的出台不仅为新型职业农民适度规模经营奠定了基础，提供了资金和政策保障，而且还提高了职业农民的吸引力，为现代农业发展、新农村建设培养了一批具有农业科学知识和实用技能的专业人才。截至2015年底，全国培育新型职业农民1272万人，比2010年增长55%。❶

基于新型职业农民培育的职业教育和培训工作全面展开。2012年"中央一号文件"提出"整合各部门、各行业的力量，大规模培训农村实用人才，提高补助培训标准，加快对农村发展带头人、农业生产经营型和农业技能服务型人才的培养，对农村两后生开展免费农业技能培训"；2013年"中央一号文件"强调要"加大对专业大户、家庭农场经营者的培训力度，建立合作社带头人培训基地，吸引大学毕业生到农民合作社工作"；2014年教育部和农业部起草了《新型职业农民中等职业教育学生资助办法》，"建议建立国家出资购买农民学习成果的公益性补偿制度"；《国务院关于加快发展现代职业教育的决定》提出"建立公益性农民培养培训制度"；2015年提出以农村两后生为重点推进中等职业教育和培训的全覆盖。这些政策的出台不仅凸显了新型职业农民培育的公益性属性，而且有效地整合

---

❶ 农业部关于印发《"十三五"全国新型职业农民培育发展规划》的通知 [EB/OL]. http：//www. moa. gov. cn/zwllm/ghjh/201701/t20170122_5461506. htm.

了农业教育培训资源，促进了基于新型职业农民培育的职业教育和培训工作全面开展。

2. 新型职业农民培育政策的不足之处

缺乏立法保障。自 2012 年提出"培育新型职业农民"以来，各个层面出台了很多相关政策。现有的政策虽然对新型职业农民培育有一定的指导意义，但主要是一些宏观层面纲领性的规定，比较宽泛，缺乏可操作性和强制性，执行效果具有不确定性，各地区之间执行差异也比较大，究其原因主要是缺乏一部与新型农民培育相关的专门法律。目前，我国与农民教育培训有关的法律还只有农业法和职业教育法等普通法规，尚未出台关于农民教育培训的专项法。要使新型职业农民培育工作切实落到实处，执行到位，就需要从立法层面在新型职业农民培育经费的来源、使用、培育主体的责任、涉农企业的责任等方面做出规定，使我国新型职业农民培育工作走上法制化道路。

尚未形成长效的投入机制。经费投入是制约新型职业农民培育的重要因素，虽然现有许多政策都涉及国家对农民教育培训的资金扶持，但是，到目前为止，还没有相关政策支持新型职业农民培育的专项经费；而且，我国财政、农业、教育、扶贫、妇联等多部门均有数量不等的培训经费，各部门之间缺乏应有的合作与交流，经费使用不均也导致有些地方有些农民长期得不到培训；再加上长期以来，一直没有对新型职业农民培育投入制定明确的人均标准，各级地方政府根据自身财政状况和重视程度自行投入，有些地方基础设施落后、补贴标准偏低、财政投入的随意性和偶然性导致新型职业农民培育规模和质量上不去。因此，要保障新型职业农民培育工作长期稳定地发展，各级政府应该建立具体的长效投入机制，并将其纳入年度目标考核，各地区根据新型职业农民培育数量，明确规定每个受训农民的经费投入标准、各级财政的承担比例和监督经费的使用落实等方面的内容。

政策的精准度不够。现有的新型职业农民教育政策在组织实施、宏观管理和层次定位等方面都作了比较详细的规定，但在哪些方面支持提及较少，精准度不高。❶ 例如，现有的政策未能明确规定新型职业农民在贷款、利息、奖励、社会保障和成果使用等方面的具体优惠；新型职业农民通过培训获得绿色证书也未能与相关生产扶持政策挂钩，农民无法真正感受到参训获证带来的优惠政策；也没有出台针对新型职业农民后继人才培养的相关政策。要想提高农民参训的积极性，有效实施先培训后上岗制度，急需提高政策实施的精准度，提高政策的执行效果。

缺乏有效的监管与激励制度。一方面，我国各个地区之间新型职业农民培育工作重视程度不同，发展极不平衡，有些地方甚至出现村干部套取农民补贴、培训经费等现象。❷ 这是因为从现有的政策来看，不管是国家层面还是地方层面都缺乏明晰的监督机制，没有明确的监督主管部门，也没有具体的监管处罚措施，这就导致政策的执行力度不够，各地执行起来有很大的随意性。另一方面，缺乏对地方政府进行新型职业农民培育的考核制度。一些地方的新型职业农民培育工作之所以具有随意性和无序性，与缺乏对地方政府进行新型职业农民培育工作的检查考核制度有关。目前，许多省市还缺乏省、市级对各地方政府新型职业农民培育工作的专项检查和考核制度，在培训机构的建设、培训的组织与管理、资金的使用和管理、师资队伍的建设、教学档案材料的管理等方面考核制度的缺乏影响了新型职业农民教育培训的质量。

促进新型职业农民培育的职业教育和培训制度有待完善。要培育一支"用得上、留得住"的新型职业农民队伍离不开职业教育，只有完善了促进新型职业农民培育的职业教育制度，才能培育出更多农业后备人才。但是，当前促进新型职业教育制度尚不完善，比如，新型职业农民作为一种职业，缺乏职业准入制度和职业资格等级证书制度，还未制定出不同类型、不同层次新型职业农民的岗位标准和岗位晋升制度，新型职业农民接受继续教育的相关配套制度也有待完善。

---

❶ 肖俊彦. 构建培育我国新型职业农民的政策框架［J］. 中国经贸导刊，2016（07）：55.
❷ 侯艳芳，刘利利. 新型职业农民培养政策述评［J］. 职业教育研究，2016（05）：20.

三、新型职业农民培育政策的变革与创新

（一）营造基于新型职业农民培育的职业教育法律环境

完善的职业教育法律法规是发达国家职业农民培训取得成效的普遍经验，在培育主体、涉农企业、农民等各利益主体还没有高度的觉悟时，法律的强制性将更有利于工作的开展。因此，我们应该尽快启动立法工作，建立起基于新型职业农民培育的职业教育法律监督和反馈体系，引导新型职业农民培育工作走上法治化道路，提高培育效率。第一，从国家层面出台一部条款细化、针对性强的《新型职业农民职业教育培训法》，明确规定新型职业农民入职门槛、认定考核、享受的优惠政策、培育实施主体的职责、涉农企业应有的责任和义务、培育经费的来源和使用、后继农民培养等方面的内容。设立新型职业农民教育培训费人均最低标准，明确中央政府和地方政府的经费分担比例，确保新型职业农民培育有稳定的经费来源。第二，鼓励地方政府制定具有本区域特色的、更具针对性的职业教育法规。地方政府要根据国家法律进一步细化制定更适宜的、更具操作性的本地新型职业农民培育的职业教育法规，提高法律的执行效率。第三，建立法律监督反馈机制。通过法律形式明确执法主体和违法后果，对不履行或者违反《新型职业农民职业教育培训法》相关规定的个人和集体都必须承担相应的法律后果，以提高各利益主体遵法守法的自觉性。

（二）建立基于新型职业农民培育的职业教育投资机制

我国新型职业农民培育的地区差异表明，教育培训经费投入情况是新型职业农民培育工作开展好坏的重要影响因素，因此，我们应该建立长效的职业教育投资机制，确保新型职业农民培育工作有效、有序开展。第一，地方政府要把新型职业农民培育工作纳入本地区年度经济发展规划，制定新型职业农民培育规划，建立目标责任机制，根据培育人数进行培育资金预算，增加新型职业农民培育人力、物力和财力的投入，将新型职业农民培育的人均经费、资格认证、考核、证书发放等作为政府部门年终考核目标。第二，加大对新型职业农民教育培训的专项投入，做到专款专用，用于改善新型职业农民培育的场所、设备、学历提升、师资队伍建

设、对受训农民补贴等，提高新型职业农民培育的质量和综合素质。第三，拓宽经费来源，建立多元投资体系。各级政府通过政策吸引更多社会资本投入到基于新型职业农民培育的职业教育和培训中，建立长效的投资机制。鼓励涉农企业、民间组织、金融机构、农村合作经济组织、个人等共同投资新型职业农民教育培训工作，形成多元化的投资体系。

（三）完善基于新型职业农民培育的职业教育扶持政策

为了吸引和留住各类人才到农村就业创业，有一批年轻的、高素质的、有专业背景的新型职业农民进入农业领域发展现代农业，必须要完善基于新型职业农民培育的职业教育扶持政策。首先，出台涉农从业创业优惠政策。一方面惠农政策应倾向于现有的农村专业大户、家庭农场主、农业合作社带头人等，对其学历提升、教育培训等实行免费制度，鼓励他们提高综合素质；另一方面为农村初高中毕业生、退役军人、大学生、返乡农民工、城镇居民等有意到农村创业者提供创业场所和创业基金，若有需要贷款，亦可提供担保，吸引更多高素质人才到农村创业，带动农村经济的发展。其次，建立教育补助机制。为了提高农民的整体素质，地方政府可以建立科学的考评机制，对于通过培训获得新型职业农民职业资格的可以给予一定的奖励和资助。同时，还可以通过税费等政策使金融部门对获得高级证书的新型职业农民在贷款额度、贷款期限、利率等方面享有优惠政策，便于新型职业农民在创办农业企业、家庭农场、农民专业合作社等时有充足的启动资金，也有助于激励新型职业农民职业资格的晋升。

（四）建立基于新型职业农民培育的职业教育管理制度

目前，我国新型职业农民培育工作带有一定的政治色彩，新型职业农民培育的数量是各级政府年度考核的内容之一，因此，很多地方政府为了完成这一指标，不考虑农民的实际需求，随意组织几场讲座或者让农民签个到就算了事，新型职业农民培育效果不理想。要想提高教育培训质量，这就要求我们尽快建立起基于新型职业农民培育的职业教育管理制度。

第一，建立新型职业农民认定与动态管理制度。新型职业农民作为一种职业，理应有"门槛"，这就需要我们首先加快制定新型职业农民入职标准。选择合适的培育对象是提高新型职业农民培育质量的重要前提，因此，我们可以根据农村经济发展特点和现代农业发展的实际状况，建立起严格的职业准入制度，并将新型职业农民资格证书与创业信贷、农业保险、补贴等"独享性"惠农优惠政策挂钩，❶ 使农民这一职业更有保障、更有尊严、更具吸引力，从而吸引有意愿长期从事农业生产、加工、经营、销售的高素质人员，尤其是种养殖专业大户、农村毕业生、涉农专业大学生等青年农民参与新型职业农民培育。其次，建立新型职业农民考核制度。我们可以通过分析不同层次生产经营型、专业技能型和社会服务型新型职业农民的核心素质来制定考核标准，尽快建立起"三位一体、三类协同、三级贯通"的新型职业农民培育制度，制定不同层次、不同类别的新型职业农民资格证书，就如教师资格证书一样，可以有小学、中学、高校不同层级，也可以分语文、数学、英语等不同学科，新型职业农民资格证书也有类别和层次之分。最后，建立新型职业农民退出制度。对新型职业农民实行动态管理，对经认定合格的新型职业农民实施后续跟踪服务，可以享受国家多方位扶持政策，对不合格的实行退出机制。

第二，建立新型职业农民教育培训管理制度。首先，引入竞争机制。为了使有限的社会资源向优质培训机构倾斜，可以对政府买单的培训项目采用招标方式，也可以借鉴国外经验，实行"教育培训券制度"，让农民选择培训机构，倒逼培训机构提高质量。其次，建立考核评估机制。对照不同类型、不同层次新型职业农民的行业标准，制定职业教育和培训评价指标体系和考核办法，监督管理新型职业农民教育培训工作。再次，建立反馈跟踪机制。可以采用问卷、访谈等多种形式对接受教育培训的新型职业农民进行跟踪反馈，以改进教育培训质量。最后，建立新型职业农民继续教育制度。在终身学习的背景下，新型职业农民和其他职业一样，要不断地接受教育培训，不断更新和提高自身的理论水平和实践能力，这就需

---

❶ 米松华，黄祖辉，朱奇彪. 新型职业农民：现状特征、成长路径与政策需求［J］. 农村经济，2014（08）：120.

要建立起新型职业农民继续教育制度，明确要求新型职业农民每隔一段时间就必须接受国家、省、市等各级职业教育和培训，不断提高新型职业农民的综合素质。

第二节 职业学校：农村职业教育供给侧改革的主体

农业现代化的发展需要一批爱农业、有文化、懂技术、会经营、善管理的新型职业农民，但是我国现有农民整体素质偏低，人才供给结构不能满足需求结构的变化，这就需要农村人才培养机构从人才供给端通过调整专业、课程和教学等进行结构性改革，培养适应现代农业发展的人才。

一、职业学校是农村职业教育供给侧改革的主体

农村应用型人才培养主要依靠农村职业教育，农村职业教育既包括正规的职业学校教育，也包括非正规的成人教育培训。职业学校是农村职业教育供给侧改革的主体，因为随着城镇化的发展，我国农村青壮年劳动力持续外流，导致农村老年化、空心化，现代农业发展受阻。"农民荒"问题已经引起了全社会的关注，要解决这一问题，就要培育大批农业后备人才，而在培养实用人才方面职业学校具有独特的优势。

（一）职业学校培养高素质应用型人才的目标定位与新型职业农民的素质结构相吻合

农业现代化发展需要具有市场意识，懂技术、会经营、善管理、能创业的新型职业农民。他们能运用新科技实现农村快速发展、农业增产增效、农民增收致富，他们是新农村建设的生力军，是农业转型升级的新标杆，是广大农民富裕的领头雁。这类高素质应用型人才与职业教育为区域经济发展培养高素质技术技能型人才的目标相吻合。职业教育服务定位的区域性、培养目标的应用性，就意味着职业学校有责任为地方农业现代化发展培养大量一线生产、服务和管理型人才，以满足地方农业现代化发展对专业化、规模化生产以及农产品经营、管理等新型职业农民的需求。

（二）职业学校根植于农的"亲民性"决定了其培育新型职业农民的独特优势

职业学校在引导"农二代"就业创业，培养本土化新型职业农民方面具有独特的优势；再加上职业学校一般都具有健全的教育培养与培训体系，在新型职业农民远程教育和函授方面也有优势。因此，职业学校理应承担起为新农村建设和现代农业发展培育大批新型职业农民的任务，满足现代农业的发展对人才多样化的需求，培养大批促进现代农业对科技成果转化应用和推广、利用现代科技进行农业生产经营的技术技能型人才。

（三）职业学校拥有的行业资源优势能够保障新型职业农民培养的质量

校企合作、工学结合是职业教育培养人才的主要方式，特别是职业院校在与企业行业长期合作过程中，积累了丰富的资源优势。这些优势主要表现在以下几个方面：首先，资金优势。职业学校主要通过校企合作、工学结合培养应用型人才，企业与职业学校的合作大大地改善了职业学校的办学条件，这不仅为新型职业农民培育创造了良好的设施设备，而且也解决了实训基地问题。其次，课程建设优势。职业学校的教师可以与涉农企业的专家针对岗位需求，共同探讨以工作过程为导向的课程体系，制定课程标准，研究和开发课程。最后，师资优势。一方面职业学校的教师可以到涉农企业挂职锻炼，增强实践能力；另一方面可以聘请涉农企业的行业专家、专业技术人员为学校兼职教师，有利于双师型队伍的建设。

（四）职业学校现有教育培训平台能够为职业农民提供终身教育培训服务

在终身教育背景下，新型职业农民承担加快农业科技成果转化应用和推广普及的使命，他们需要不断学习农业新科技，提高自身的科技应用能力和创新能力。职业学校在农民继续教育方面有其优势，一方面每个地市都有职业学校，可以减少重复投资，各地有限的教育资源可以得到充分利用；另一方面，职业学校经过多年的发展，已逐步形成了办学特色鲜明、专业门类齐全的集大专学历教育与成人教育、短期培训于一体的教育培训体系，既可以满足农民学历提升的要求，又可以开展满足农民多样化需求的短期技能培训，还可以利用现代远程教育，为农民提供便捷的、多样化的长效培训服务。

二、职业学校在农村职业教育供给侧改革中的困境

（一）涉农高职偏少，服务职能弱化

随着农村社会经济的不断发展，涉农高等职业院校在推动农业现代化发展和农民增收致富中发挥了不可替代的引领作用。据统计，2011 年，全国涉农高职院校共有 343 所，占高职学校总数的 27%，其中农业类专业点 1042 个，在校生近 70 万人，200 所国家示范（骨干）高职院校中农业类占 10%。❶ 涉农高职为农村区域经济发展培养了大量留得住的、用得上的高层次新型职业农民和后备农民，展现了其培育新型职业农民的独特优势。

但是，涉农高职现状不容乐观，为农服务的方向及根基在动摇，服务新农村，尤其是培育新型职业农民的职能在弱化。以江苏为例，曾经的 8 所农业中专经过合并升级和改制，仅剩 3 所"农"字头高职，大多成了综合性高等职业院校，涉农专业偏少（见表 6-2），行业优势不足。据《江苏省高等职业教育质量年度报告（2017）》统计，全省共开设涉农专业 37 个，大部分集中在这三所农业高职。苏北经济发展水平不及苏南，农业所占份额要高于苏南，然而苏北地区涉农专业偏少，影响了农业现代化发展对人才的需求，高等职业教育为"三农"服务能力不强。

表 6-2 江苏省农林类高职院校开设涉农专业情况❷

学　　校	开设专业
苏州农业职业技术学院	作物生产技术、种子生产与经营、现代农业、生态农业技术、水产养殖技术、农业环境保护技术、园林技术、园林工程技术、观光农业、园艺技术等

❶　上海市教育科学研究院，麦可思研究院. 2012 中国高等职业教育人才培养质量年度报告［R］. 北京：外语教育与研究出版社，2012.

❷　信息来源：各学校的校园网主页。

续表

学　　校	开设专业
江苏农林职业技术学院	园林技术、林业技术、园艺技术、作物生产技术、畜牧兽医、宠物养护与疫病防治、茶艺、现代农业、实用农产品技术等
江苏农牧科技职业学院	畜牧兽医、饲料与动物营养、动物科学与技术、畜牧工程技术、猪生产与疾病防治、动物防疫与检疫、动物医学、兽医检验技术、养禽与禽病防治、兽药生产与营销、动物医药、农产品质量检测、宠物医学、宠物护理与美容、宠物训导与保健、实验动物技术、园林工程技术、园艺技术、水产养殖技术、特种水产养殖与疾病防治等
扬州环境资源职业技术学院	园艺技术、园林技术、园林工程技术、园林技术环境艺术设计等
南通科技职业学院	园艺技术、园林技术、园林工程技术等
淮安生物工程高等职业学校	园艺技术、园林技术、园林绿化、果蔬花卉生产技术、畜牧兽医、宠物养护与驯导、饲料与动物营养等
盐城生物工程高等职业技术学校	盐土农业、滩涂绿化、海水养殖、园林设计与城市绿化等
徐州生物工程高等职业技术学院	园林技术、植物保护、园艺技术、畜牧兽医等

（二）涉农专业生源不足，就业离农现象严重

首先，随着普通本科高校扩招，适龄人口的下降和出国留学人员的增长，我国越来越多的职业学校面临"生源荒"。还有部分农村孩子因为相对较高的费用而选择初中毕业之后就外出打工，涉农专业潜在生源的流失也加剧了涉农专业招生的困境。有关调查显示，仅有0.8%的高中毕业生愿意报考涉农专业，2013年河南省个别涉农专业报考人数只有9人。❶ 张党省等通过对陕西省四市的高等职业院校进行调查发现，2009～2012年，三年制高职招生数从700多人降到不足300人，部分涉农专业招生数不足10人；82%的涉农专业毕业生选择在非农企业就业，90%以上的涉农专业

---

❶ 王曙雅. 全日制涉农院校和专业生源状况调查分析与对策［J］. 教育发展研究，2015（11）：24.

学生表示毕业后不想去农村。❶

其次，涉农专业毕业生离农、弃农现象严重，他们渴望脱离农村和农业。据统计，全国农业专业人员仅占人口总数的 0.01%，而发达国家这一比例为 0.3% ~ 0.4%。❷ 2012 年中国高等职业教育人才培养质量年度报告显示，2011 年全国农业类专业占高职在校生的 7.3%，但到农村就业的高职毕业生却远低于该比例。另据《2012 届浙江省高校毕业生职业发展状况及人才培养质量调查报告》显示，仅有 1.26% 的高职院校毕业生在农村就业，有 33.3% 的林业技术专业毕业生对口就业，专业对口率排名前 20 位的几乎没有涉农专业。❸ 涉农专业入口和出口困境严重影响了其"三农"服务能力。

（三）专业设置与现代农业发展需求脱节

培育大批新型职业农民是现代农业发展的关键所在。随着城镇化的不断加速，人们对休闲农业、观光农业等的需求不断增强，农民也从单纯的农业生产转向了生产经营一体化。就都市农业、观光农业、休闲农业等的发展而言，目前主要需要以下几类人才。

第一，农业科技人才。一方面，现代农业发展需要能够运用科学技术进行农业生产，提高农业生产规模和效率，满足都市人对农产品采摘、垂钓的要求；另一方面，随着人口红利逐步消失，"互联网＋现代农业"将成为农村社会经济发展的一片蓝海，这就需要培养一大批农业互联网人才。第二，现代农业管理人才。随着人们生活节奏的加快，都市人喜欢利用周末和节假日到农村休闲度假，对农家乐的经营和管理人才的需求也随之增大。第三，现代农业设计人才。各地都越来越注重生态环境保护与设计，加大了对园艺师、景观设计师等人才的需求。第四，现代农业服务人才。随着人们生活条件的改善，饲养宠物的家庭越来越多，对兽医、宠物

---

❶ 张党省，马永华，张鑫科，等. 提高高职涉农专业服务能力的研究［J］. 安徽农业科学，2015（43）：369.

❷ 熊汉琴，翟英，樊丽萍，等. 高职涉农专业构建校企合作机制的思考［J］. 现代农业科技，2014（09）：340.

❸ 肖红波，王道龙，王济民，等. 从世界工业化、城镇化和农业现代化发展规律探讨中国"三化同步"的标准及发展路径［J］. 农业现代化研究，2013（02）.

美容等方面的人才需求也随之加大。

但是，从表6-2可以看出，目前江苏几乎每所涉农高职院校都开设了园艺技术，而开设休闲农业和观光农业的仅有苏州农业职业技术学院一所，没有一所学校开设农业销售、农产品物流和农家乐等相关专业。高等职业院校专业设置未能紧密联系当地农业产业化发展需要，培养的人才技能相对单一，难以满足现代农业发展对复合型高技能人才的需求。

（四）"双师型"教师队伍有待完善

目前，大部分涉农职业学校教师的学历层次和专业技能整体偏低，而非农高职又缺乏为地方农业发展培育新型职业农民的意识，缺乏农科类专业教师，涉农职业学校或涉农专业"双师型"教师匮乏。据调查，职业学校涉农教师中具有硕士学位的不到20%，具有博士学位的几乎没有，具有高级职称的涉农教师占比不足10%，绝大多数教师缺乏实践经验，有实践经验的教师理论知识明显不足，理论和实践都具备的"双师型"教师极少。❶ 涉农专业师资结构不合理、"双师型"教师匮乏阻碍了新型职业农民培育的速度与规模，严重影响了农业现代化的进程。

三、职业学校供给侧改革的策略

（一）充分重视，改变农村职业学校出口和入口两难现象

长期以来，职业教育不是学生的选项，学生及家长将就读职业教育常常看作无奈之举；与此同时，农业的比较效益低、风险大、周期长，愿意就读涉农专业的学生更是少之又少；再加上我国城乡二元差距较大，农村生活环境不及城市，毕业生离农弃农思想严重。因此，要改变这一现状，需要政府、职业学校、涉农企业等多部门协调合作。

第一，要充分利用电视、报纸、网络媒体等加大对职业教育的宣传，尤其是职业学校毕业生到农村成功创业的事例，增强职业教育吸引力。

第二，拓宽招生渠道。职业学校涉农专业不仅要为区域现代农业发展培养后备农民，也要通过对现有农民的素质提升培育新型职业农民，因

---

❶ 何国伟. 高职院校培育新型职业农民之困境及路径选择［J］. 成人教育，2016（11）：54.

此，职业学校涉农专业生源不能局限于初、高中毕业生和中等职业院校学生，还可以面向农村、农业企业、家庭农场等招生，进行定向培养。

第三，职业学校要组织涉农专业学生开展丰富多样的下乡活动，让学生在实践活动中学习相关农业生产经营知识，多接触农村农业，多了解新型职业农民这一职业。另外，还要完善就业指导工作，引导涉农专业毕业生树立正确的就业观。

第四，通过加大政策扶持力度，对选择涉农专业的职业学校学生免学费，对于到农村创业就业的毕业生，享受相应的补助政策，鼓励和吸引学生选择就读涉农专业，毕业后能返乡就业创业。

（二）优化涉农专业群结构，提高专业与产业的"对接度"和"吻合度"

现代农业的细分，促进了与现代农业相关的新兴职业不断涌现。现代农业已不再围于传统的种、养殖业范畴，而与金融、信息、物流、装备等相互融合，形成集产前、产中和产后为一体的产业链条。这就要求从事现代农业的农民具有市场意识，掌握农业生产、经营、销售等相关专业知识和技能。而这就急需作为培养应用型人才的职业学校调整涉农专业群，为区域现代农业发展培养新型职业农民。根据《国家中长期改革和发展规划纲要（2010—2020 年）》，必须"加强涉农专业建设，加大培养适应农业和农村发展需要的专业人才力度"。

首先，对于有涉农职业学校或者开设涉农专业的职业学校，要根据区域农业发展对人才类型的需求，优化专业群结构，基于对生产型、服务型、创新型、管理型等不同类型职业农民岗位职责的分析，制定培养目标和专业标准，做到专业链对接产业链，❶提升服务效能。其次，对于没有涉农专业的职业学校，可以建立专业进退机制，结合区域新兴产业对人才的需求，对接区域农业龙头企业、家庭农场和农业产业合作社，了解区域现代农业发展对新型职业农民类型、数量的需求，确定培养目标和培养规模，以传统专业为生长点，通过调整合并相近专业，培育新的涉农专业或

---

❶ 黄建平. 高职院校涉农专业群的改革与建设——以广西职业技术学院为例［M］. 北京：北京师范大学出版社，2012（08）：4.

者专业方向。比如，以物流管理专业为依托可以培育农产品冷链物流管理方向，满足农产品流通对人才的需求。

（三）凭借"互联网＋"载体，构筑开放式新型职业农民教育培训平台

新型职业农民培育对象的基础学力特点以及需求的差异性特点，要求创新新型职业农民培训组织形式，构建开放的立体的、多层次的职业教育和培训平台。各类职业院校，尤其是农科类职业院校及有关高校农科类专业，必须根据生源特点、自身的服务方向、办学优势，结合各类职业农民的需求，构筑新型职业农民培训平台。这里有一个很重要的方面就是，要凭借发达的互联网，开展"互联网＋职业农民教育培训"，使有志于学习现代农业技术与管理的职业农民可以全时空地进行自我学习与提高。

从职业农民需求与自身条件以及互联网发展普及现状和趋势来看，建立开放式的、以互联网为载体的新型职业农民职业教育和培训平台，不仅必要，而且完全可能。有关信息显示，截至2013年，中国网民中农村人口占比28.6%，农村网民规模的增长速度为13.5%，城镇网民规模的增长速度为8.0%，城乡网民规模的差距继续缩小。❶

中等职业院校是培养新型职业农民的主体，而且已具备开展"互联网＋新型职业农民培训"的条件，通过这些区域性培训平台的构建，适应和满足区域农民集中学习与分散学习的需要；同时，通过这些培训平台，活化教学组织形式，使农民既可以在集中学习时利用互联网在线讨论、案例教学，又可以使他们在分散学习时根据自身需求及特点，进行师生之间的在线、离线教育、辅导和答疑。

（四）锁定重点培训人群，支持现代农业经营和服务主体培育

围绕现代农业产业发展、新型农业经营主体发育和农业重大工程项目实施，选准培育对象，建立培育对象数据库。我国新型农业经营主体快速发展，对相应类型的人才需求日益旺盛。据2013年农业部调查统计，全国共有家庭农场87.70万个。家庭农场平均经营规模达到200.20亩，是全国

---

❶ 2014年1月第33次中国互联网络发展状况统计报告［EB/OL］. http：//www. cnnic. net. cn/hlwfzyj/hlwxzbg/hlwtjbg/201403/t20140305_46240. htm，014－03－05.

承包农户平均经营耕地面积 7.50 亩的 26.69 倍。截至 2012 年 3 月底，全国依法注册登记的农民专业合作社达到 55 万多家。❶ 另据我们 2014 年年底对江苏省 1070 名留守农民调查，承包土地规模达到 50 亩以上的农户占8.04%，其中 100 亩以上的占 3.74%；个人从事农业产业年收入达到 30万元以上的达到 5.98%；有长期雇佣工 30 人以上的占 3.46%；拥有的农业机械总价值达到 20 万元以上的占 11.12%。由此可见，我国以家庭农场为主、规模以上的农户比例越来越高，其中家庭农场主以及专业合作社负责人、骨干农民等应是职业教育和培训的重点人群。根据我国现实情况以及发展趋势，在未来新型职业农民培育中，要将专业大户、家庭农场经营者、农民合作社带头人、农业企业骨干和返乡下乡涉农创业者以及留守青年农民、毕业后返乡的大学毕业生、退伍军人等列为生产经营型职业农民的重点培育对象。欧盟十分重视农业后继者的培养，在其 CAP 新一轮改革议案中就提出，要将 2% 的直接财政支付专项支持 40 岁以下的青年农民从事农业生产经营。英国的农业学历教育大量招收具有普通教育基础、具有1~2 年农业实践经验的青年农民进行专业教育，学员毕业后主要在农业生产第一线工作。❷

（五）校企协同，创新开放式的新型职业农民培育模式

职业教育不同于普通教育的培养目标，它更加注重专业实践能力的培养与提升，这就决定了两者人才培养模式及过程的差异性。作为职业学校，要加强与涉农企业、行业、合作社等的合作，以就业为导向，通过工学结合、校企合作、订单培养、产学研一体化等方式，实现新型职业农民的"产销"链接。

首先，职业学校可以采用涉农企业冠名班的人才培养模式，与涉农企业签订协议，共同定向培养新型职业农民。前三学期学生可以在校内实训基地进行基本岗位能力的训练，后三学期可以到冠名企业进行顶岗实习。

---

❶ 童洁. 我国新型职业农民培育的方向与支持体系构建［J］. 财经问题研究，2015（04）：95.

❷ 张亮，周瑾，等. 国外职业农民培育比较分析及经验借鉴［J］. 高等农业教育，2015（06）：123.

其次，订单式培养模式。职业学校要根据涉农企业和行业需求的新型职业农民类型和规模以及缺口情况，进行人才培养。涉农企业要参与招收、培养和就业的全过程，真正做到专业设置对接区域产业，课程标准对接行业标准，教学安排对接企业需求。

最后，"三明治"式人才培养模式。打破常规的前两年校内学习，最后一年实习的人才培养模式，将三年六个学期分段安排实习。比如第二、三学期可以安排2～3周时间让学生去涉农企业见习，随岗实习，以便学生了解"三农"和岗位技能，第五、六学期分别安排5～6周的顶岗实习，实现学生从学生身份向农民身份的转变。

（六）开辟人才引进"绿色通道"，强化激励机制，确保师资队伍建设

师资队伍是人才培养质量的关键。职业学校涉农专业生师比过高、教师企业实践经历短缺，严重制约了新型职业农民培育的进程。因此，必须采取积极有力的措施，加强职业学校涉农专业师资队伍建设。

第一，要按照梯队培养、结构合理的原则。引进人才一方面招聘更多的高学历科研型农业人才充实到涉农专业师资队伍，另一方面通过"绿色通道"到农业龙头企业或者实习基地引进或者聘请学历不一定很高，但是有丰富实践经验的土专家、农村实用人才带头人、农业科技推广员、农艺师等充实师资队伍；同时，组建以涉农企业以及能工巧匠为主的兼职教师师资库，并加强对兼职教师的动态管理。

第二，校企合作培养师资，促进专业化发展。为了不断提高涉农专业教师的专业水平，实行涉农专业教师到实习实训基地、对口单位定期轮岗培训机制，让企业协同参与专业教师的培养，加速"双师型"队伍建设。

第三，对涉农专业教师实行分类分层培养。通过到涉农企业顶岗、聘请农业专家讲座、外出考察交流等方式对骨干教师进行教学能力、科研能力、校本课程和教材开发能力等方面的培养，使其成为当地农业领域有一定知名度的学者型、研究型教学名师；通过师徒结对的方式对青年教师的基本功和现代农业教育理念的培养，使其快速成长为骨干教师。

第四，实行考核机制，定期对教师理论教学、实践教学和终身学习情况进行考核。考核通过者，在职称晋升、评优等方面可优先考虑，这既有助于调动教师的积极性，又有助于提高人才培养质量。

第三节　涉农企业：农村职业教育发展的共同体

农村职业教育的发展、新型职业农民的培育，离不开涉农企业（行业）的鼎力支持，企业和职业学校、政府是农村职业教育发展的共同体。《国家中长期教育改革和发展规划纲要》指出，要调动行业企业的积极性，建立健全政府主导、行业指导、企业参与的办学机制，制定促进校企合作的政策法规。只有企业以主体身份积极参与农村职业教育办学，全面参与新型职业农民培育工作，才能提升职业教育的服务能力，提高新型职业农民培训的质量。

企业是否真正参与职业教育和培训工作，是衡量职业教育和培训发展水平的重要标尺，也是全社会广泛参与职业教育和培训的标志，特别是在现代职业院校治理中，需要企业的高度融入。这既有利于彰显企业在职业学校管理运行中的话语权，又有利于职业学校更好地把握市场方向，促进学校办学与市场接轨。

一、企业角色：行动主体，协同参与

随着我国现代农业的快速发展，农业生产比较收益的提高，将有更多的企业以各种方式涉农，而涉农企业发展所需要的正是具有先进发展理念、掌握现代农业技术和管理经验的经营、管理和服务型新型职业农民。毋庸置疑，在未来农村职业教育发展、新型职业农民培育过程中，涉农企业与职业院校的关系将会日益密切，在农村职业教育发展中具有义不容辞的责任，其职责和作用主要表现在全面参与与监督评价两个方面。

（一）企业是职业教育发展的行动主体

1. 涉农企业与职业教育是利益相关者

其一，职业教育与企业是命运发展共同体。发展职业教育和培训的根本目的是为企业发展培养所需要的各级各类多层次的应用型人才。人才培养质量如何，职业教育人才培养供给结构与企业的需求结构是否吻合，能否建立起职业教育人才培养随产业结构动态调整的机制，直接关系到能否培养企业需要的人才，所以，涉农企业与职业教育是当然的"利益相关者"。按照利益相关者理论，职业教育与企业分别居于人才产品"生产"和"消费"的两端，两者只有全面配合与互动，才能保证为涉农企业培养合适的人才。

其二，职业教育和培训必须以涉农企业人才需求为导向。这就决定了涉农企业必须全程参与职业教育和培训。在这个过程中，企业一方面为职业教育和培训提供需求信息以及对人才培养规格和标准的要求；另一方面就是要参与人才培养方案的制订，要为方案的实施提供必要的条件，包括专业师资、实验实习实施，等等。所以，涉农企业作为利益相关者的受益方，必须更新观念，认识到全面参与新型职业农民培训的过程是企业分内之事，应尽的职责。

2. 全面参与新型职业农民培育，是涉农企业应尽的社会责任和法律义务

正如前所述，涉农企业是新型职业农民培育最大受益者，理所当然要尽自己的一份责任，更何况，开展职业教育和培训，促进新型职业农民培育，具有明显的社会公益性特征。既然如此，每个阶层的社会公民，特别是涉农企业这样的利益相关团体，参与基于新型职业农民培育的职业教育和培训工作更是天经地义；与此同时，我国法律也明确规定了企业参与职业教育和培训的责任。可以预见，未来促进新型职业农民培育的相关法律法规，必须也必将会强化涉农企业发展职业教育的责任。

（二）企业是职业教育人才培养的第三方监督评价者

农村职业教育与培训质量的保障，既需要有政府、学校和企业发挥主导、主体作用，更需要社会的参与和依法监督。通过委托有资质的社会力量对职业教育和培训质量进行评估，这是制度层面的重要保障措施。在这里，"社会力量"主要是政府和职业院校以外的"第三方力量"。作为涉农企业应是"第三方力量"的重要组成部分，它不仅是农村职业教育，尤其是新型职业农民职业教育和培训的重要主体，也是依法对农村职业教育办学过程和质量进行监督评价的主体和主要责任方。

企业的社会监督，主要是指企业以主体身份介入职业教育，依据政府

委托成立第三方独立社会中介组织，并承担部分原隶属于政府的职业教育行政职能，实现职业教育的监督。● 企业对职业教育和培训过程和质量结果的监督评价主要包括：企业或者行业协会就新型职业农民的培育提出培训规划与标准，为第三方社会中介组织的监督与评估提供行业专业依据；对校企共同制定的人才培养培训方案落实情况督查；对参与职业教育和培训的师资条件、教学见实习实施进行监督，如专业教师尤其是"双师型"教师质量能否满足人才培养的需要；对教学过程尤其是学生实习条件及过程进行督查；对学生技能考核过程及质量进行监督，等等。

二、企业作为：深度合作，全程参与

（一）强化责任意识，主动参与办学过程

从根本上说，职业院校是为涉农企业培养以新型职业农民为主体的各级各类人才，那么，就必须改变长期以来职业院校在职业教育和培训过程中单一主体的状况，即必须确立涉农企业在农村职业教育中的主体地位，明确其职责、义务与权益。在农村职业教育发展，特别是新型职业农民培育中，只有坚持学校和企业的双主体理念，让涉农企业发挥作用，唱主角，主动牵手各类农职业院校以及农村成人教育学校（社区教育中心）为其培养人才，主动参与办学全过程，才能真正提高新型职业农民培育的质量。为此，要赋予涉农企业、行业协会等在职业教育和培训中更大的话语权，要按照 2014 年国务院《关于加快发展现代职业教育的决定》的要求，加强行业在职业教育中的指导作用，"把适宜行业组织承担的职责交给行业组织，给予政策支持并强化服务监管"。根据职业教育的性质及其服务对象，应该强化与相关农业产业组织的关系，这有助于促进相互间建立更紧密的关系，有助于降低在校企合作中的耗费和成本，也能使企业在更大程度上代表自身利益，更好地培育高质量的新型职业农民。

（二）深化微观领域合作，推进校企深度合作

既然职业院校与涉农企业等都是职业教育和培训的重要主体，那么，

● 赵学瑶，卢双盈. 对建构我国职业教育社会支持体系的理性思考［J］. 职教论坛，2015（10）：22.

唯有两者协同深度合作，才能扎扎实实地推进新型职业农民培育工作，提升职业教育和培训的质量。这种深度合作要深入到微观层面，双方要共同进行人才需求的研究，协同开发校本课程和教材，密切配合进行实践教学，等等，这是校企双方共同的利益追求和价值取向。

第七章

趋势展望：未来农村职业教育的发展

未来 20 年，全球经济将保持较快增长，科技革命和创新竞争将更加激烈，到 2030 年，中国将跻身高收入国家行列，在经济规模上超过美国成为世界第一大经济体，并成为现代、和谐、有创造力的社会。❶ 随着发展环境的急剧变化，在未来的 10 ~ 20 年，中国的"新型城镇化""四化同步""消除贫困"等国家战略与发展趋势都将面临重大的机遇和巨大的挑战，并将在推动经济社会转型中扮演重要角色。与此同时，中国将实现教育现代化，构建世界上最大规模的全民学习、终身学习、灵活学习的学习型社会，建成世界人力资源强国。在这样的总格局下，面向 2030 年，中国职业教育尤其是农村职业教育应该有怎样的发展定位、目标与路径？基于此，有效促进农村职业教育发展，释放其内在潜力，中国要向世界职业教育强国迈进将是历史的必然。

第一节　发展趋势之一：新型城镇化

党的十九大报告在对过去五年的工作和历史性变革的总结中提出的一

---

❶ 中国职业技术教育学会课题组. 从职教大国迈向职教强国——中国职业教育 2030 研究报告［J］. 职业技术教育，2016（06）：10 – 30.

个重要目标是："城镇化率年均提高一点二个百分点，八千多万农业转移人口成为城镇居民。"《国家人口发展规划（2016—2030年）》指出，我国人口发展已进入关键时期，其中农村人口的发展尤为复杂。人口城镇化发展与教育息息相关。农村职业教育作为与农村经济发展联系最为紧密的教育类型，对农村的发展将产生巨大影响。面向2030年，通过有效分析新型城镇化的内涵与特征、预测2030年农村和城镇人口的发展趋势并分析其对农村职业教育的诉求，探究城镇化对农村职业教育现代化的影响，找到农村职业教育未来发展的着力点，对解决由于新型城镇化带来人口变动等系列问题，继而实现我国农村经济社会的可持续发展具有重要战略意义。

一、"新型城镇化"发展图谱

（一）新型城镇化的内涵与特征

古今中外，凡有城镇诞生，无非来自两种情形：一是因为交通便利、资源丰富而自然形成的人口稠密之处；二是依靠产业集聚、商贸繁荣而逐步拓展的区域经济中心。❶ 无论是城市还是城镇都是本地区市场经济发展到一定阶段以后各种生产要素综合聚焦的客观反映，也是社会文明形态由传统农村向现代城市变迁的过程。

新型城镇化概念最早出现于我国官方的正式文件是在2012年。2012年12月中央经济工作会议召开，会议公报不仅使用了新型城镇化的概念，而且明确指出了新型城镇化的内涵，从而使新型城镇化成为一个具有中国特色社会主义道路特色的概念。公报指出："城镇化是我国现代化建设的历史任务，也是扩大内需的最大潜力所在，要围绕提高城镇化质量，因势利导、趋利避害，积极引导城镇化健康发展。要构建科学合理的城市格局，大中小城市和小城镇、城市群要科学布局，与区域经济发展和产业布局紧密衔接，与资源环境承载能力相适应。要把有序推进农业转移人口市民化作为重要任务抓实抓好。要把生态文明理念和原则全面融入城镇化全

---

❶ 中国改革发展研究院. 人的城镇化［M］. 北京：中国经济出版社，2013.

过程，走集约、智能、绿色、低碳的新型城镇化道路。"❶

新型城镇化就其本质而言，就是坚持以人为本，以新型工业化为动力，以统筹兼顾为原则，推动城市现代化、城市集群化、城市生态化、农村城镇化，全面提升城镇化质量和水平，走科学发展、集约高效、功能完善、环境友好、社会和谐、个性鲜明、城乡一体、大中小城市和小城镇协调发展的城镇化建设路子。深刻理解新型城镇化的内涵和精神实质，分析其对农村职业教育的需求，探索新型城镇化进程中农村职业教育发展方略。❷

新型城镇化具有十个方面的特征：一是以人为本；二是集约增长，内涵发展；三是产城互动，三业并举；四是空间一体，适度集聚；五是协调发展，以城市群来带动；六是城乡一体，互补双赢；七是绿色发展，环境友好；八是和谐参与，多元包融；九是创新驱动；十是内外需牵引。❸ 未来的新型城镇化发展战略不仅可以拉动广大国民潜在的巨量消费内需，成为支撑中国未来 20 年乃至 30 年高速增长的最大"引擎"，而且可以促进农业文明的大幅提升、农民人生的亮丽转型以及农村家园的梦幻变迁。

（二）新型城镇化发展预测

美国城市学者诺瑟姆（Ray. M. Northam）研究发现，城镇化有其自身的发展规律，并提出了"诺瑟姆曲线"。诺瑟姆在总结城镇化发展历程的基础上，将城市化的轨迹概括为拉长的 S 型曲线。他将城镇化进程分为三个阶段：第一是起步阶段，城镇化水平较低，发展速度也较慢，农业占据主导地位；第二是当城市人口超过 30% 时，进入了快速提升阶段，人口向城市迅速聚集，城市化推进很快；第三是当城市人口超过 70% 时，进入城镇化的成熟阶段，城市化水平比较高，城市人口比重的增长趋缓甚至停滞。在有些地区，城市化地域不断向农村推进，一些大城市的人口和工商业迁往离城市更远的农村和小城镇，使整个大城市人口减少，出现逆城市化现象。诺瑟姆认为，世界各国城镇化历史进程大体都表现为 S 型，即由

---

❶ 岳文海. 中国新型城镇化发展研究［D］. 武汉大学，2013.

❷ 马建富. 新型城镇化进程中的农村职业教育发展［J］. 教育发展研究，2013（11）：32－36.

❸ 中国改革发展研究院. 人的城镇化［M］. 北京：中国经济出版社，2013.

慢到快、由快到慢直至停滞不前的曲线发展过程。❶

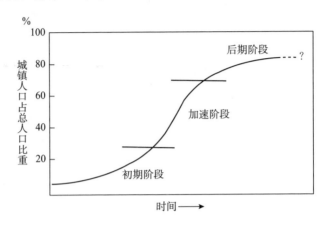

图 7-1　诺瑟姆 S 曲线

　　据国家统计局公布的 2016 年多项宏观经济数据显示，从城乡结构看，城镇常住人口 79298 万人，比上年末增加 2182 万人，乡村常住人口 58973 万人，减少 1373 万人，城镇人口占总人口比重（城镇化率）为 57.35%。因此，目前我国正处于 S 曲线的中部，还有较大的发展空间。面向 2030 年，世界银行预测我国城镇化比率将达到 66% 以上，联合国经济社会事务部则估计这一比例为 65.4%。❷ 我国学者同样对此趋势予以重视，并运用了曲线拟合预测法、经济模型法、城乡人口比例法等不同的方法预测未来数十年的城镇化水平。

　　根据学者的前期研究，到 2030 年，我国的城镇化比例将介于 66.0% ~ 70.0% 之间。有学者根据国家统计局 1995 ~ 2015 年的统计数据进行了建模预测，经多次检验，最后选用拟合度最高的三次多项式拟合模型，得到这一比例为 69.27 %，这与清华大学国情研究中心的预测（见表 7-1）中提及的 "2030 年常住人口城镇化率达到 70%" 的目标基本契合。几种预测数据虽略有差别，但预测结果都指向同一方向，即中国城镇化水平正在不断提高，且在 2030 年有望达到 66% 以上。预测当今社会发展形式下我国

❶　王竹林. 城市化进程中农民工市民化研究［M］. 北京：中国社会科学出版社，2009.

❷　DivisionUP. Worldurbanizationprospects［R］. NewYork：UnitedNationsPublications，2014.

农村人口城镇化的 2030 年总体趋势如图 7 - 2 所示。

表 7 - 1　中美城镇人口比较（1950~2030 年）

年份	城镇人口（百万）		城镇化率（%）		占世界城镇人口比重（%）			
	中国	美国	中/美	中国	美国	中国	美国	
1950	61.7	101.2	0.61	11.2	64.2	8.37	13.74	
1960	130.7	13.3	1.00	19.7	70.0	13.12	13.08	
1970	144.2	154.6	0.93	17.4	73.6	10.83	11.61	
1980	191.4	170.3	1.12	19.4	73.7	11.00	9.78	
1990	302.0	192.8	1.57	26.4	75.3	13.28	8.48	
2000	459.1	225.3	2.04	36.2	79.1	16.09	7.90	
2010	665.6	259.0	2.57	49.7	82.3	19.05	7.41	
2020	845.0	290.7	2.91	60.0	84.9	21.00	6.91	
2030	1020.0	318.5	3.20	70.0	87.0	22.90	6.41	

资料来源：清华大学国情研究中心. 2030 中国：迈向共同富裕 ［M］. 北京：中国人民大学出版社，2011.

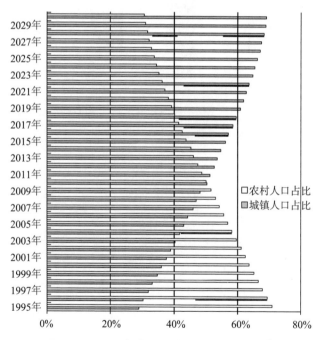

图 7 - 2　2030 年中国城镇化发展水平预测❶

---

❶　陈衍，徐梦佳，郭珊，等. 面向 2030 年我国农村人口发展与职业教育现代化刍议 ［J］. 河北师范大学学报，2017（09）：20 - 25.

然而，与快速城镇化形成巨大反差的是农村劳动力的低教育水平，来自农村的"移民"大都是低技能劳动者。据第六次全国人口普查数据，2010年末我国农村劳动力资源总量约为5.36亿人，其中文盲占7.26%，"小学文化程度"为36.45%，"大学及以上的文化程度"占比处于末端，不足1%。而同期，我国乡镇和城市的"大学及以上的文化程度"占比分别为3.25%和9.66%，其劳动力受教育水平远远高于农村地区（见图7-3）。

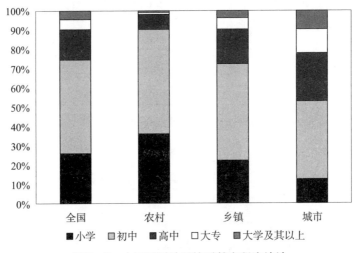

图7-3　全国不同地区接受教育程度统计

资料来源：《中国2010年人口分县普查资料》❶

国际上认为，城市化率到达70%左右，发展速度就会减缓，继而出现人口由大城市向小城市甚至农村回流的现象。进入21世纪以来，我国城镇化发展进一步加深，户籍人口的"转非农"趋势不仅没有消退，反而更加明显。虽然，农业人口转非农是时代发展的主旋律，但是非农人口迁入大于非农人口迁出的表征也正是逆城市化的产物。预计到2030年，两者的比例更加接近（见图7-4）。

---

❶ 陈衍，徐梦佳，郭珊，等. 面向2030年我国农村人口发展与职业教育现代化刍议［J］. 河北师范大学学报，2017（09）：20-25.

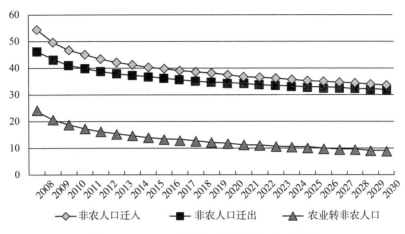

图 7－4　2008～2030 年非农业人口变动情况

资料来源：《中国统计年鉴 2016》

（三）未来农村职业教育面临的挑战

面向 2030 年，新型城镇化背景下农村与城市人口变动所带来的一系列问题在我国将产生长期的影响，对于农村职业教育发展来说，则是机遇与挑战并存。为有效应对农村人口城镇化甚至逆城市化现象带来的挑战，需要通过提高农村职业教育整体质量来破解当前困境。

伴随新型城镇化的推进，在由传统社会向现代社会转型发展过程中，出现了与此相关的人口流动，并分化形成了转移进城的"农民工"和依然在农村的"留守农民"两大类群体。农民分化现象是我国工业化、城市化和现代化与传统的二元经济社会制度相撞击的产物。千百年来形成的巨大的农民群体出现分化，既是我国农村社会发展进步的标志，也是我国农村社会特殊性的反映。

第一类群体为农民工。大批农民已经或正在成为转移农民工，但从转移农民工到市民身份、角色的转变依然举步维艰。农民工市民化关系到我国新农村建设和新型城镇化推进的重大经济问题和政治问题。2030 年，在农民工群体步入代际转换的重要时期，新生代农民工作为农民工的主力军和生力军，未来农村职业教育需要如何破解？

第二类群体为留守农民。作为我国农民分化形成的一个新的重要群体，目前我国有大约 5 亿劳动力继续在农村劳作与生活，成为留守一族。新农村建设需要培养现代农民，留守农民也需要发展和提高自身素质，需要改善生活条件。让留守农民更好地参加新农村建设、增加收入和改善生活，未来农村职业教育需要如何应对？

二、基于农民工诉求的农村职业教育应对策略

党的十八届三中全会做出的《中共中央关于全面深化改革若干重大问题的决定》中明确指出：坚持走中国特色新型城镇化道路，推进以人为核心的城镇化，推动大中小城市和小城镇协调发展、产业和城镇融合发展，促进城镇化和新农村建设协调推进。从根本上说，推进新型城镇化关键是促进"人"的城镇化，即通过促进农民工市民化，让农民工有稳定的就业、能安居和享受均等公共服务来推进新型城镇化建设。新生代农民工作为未来转移农民工的主体，其能否顺利地实现从转移农民工到新市民的全面转化，与其人力资本积累状况有着密切关系，因此，农村职业教育与培训意义尤其重大。

（一）新生代农民工市民化的新特征

新生代农民工是指出生于 20 世纪 80 年代以后，年龄在 16 岁以上，在异地以非农就业为主的农业户籍人口。2016 年农民工总量达到 28171 万人，比上年增加 424 万人，增长 1.5%。其中农民工仍以青壮年为主，但所占比重继续下降，农民工平均年龄不断提高。从平均年龄看，2016 年农民工平均年龄为 39 岁，比上年提高 0.4 岁。从年龄结构看，40 岁以下农民工所占比重为 53.9%，比上年下降 1.3 个百分点；50 岁以上农民工所占比重为 19.2%，比上年提高 1.3 个百分点。1980 年及以后出生的新生代农民工已逐渐成为农民工的主体，占全国农民工总量的 49.7%，比上年提高 1.2 个百分点；老一代农民工占全国农民工总量的 50.3%。❶ 这意味 2030 年，农民工群体将步入代际转换的重要时期，新生代农民工将成为农民工

---

❶ 中华人民共和国国家统计局. 2016 年全国农民工监测调查报告［EB/OL］. http://www. stats. gov. cn/tjsj/zxfb/201704/t20170428_1489334. html, 2013 – 05 – 27.

的主力军和生力军。

"农民工市民化"，刘传江（2008）、王竹林（2009）、谢建杜（2011）等学者认为新生代农民工市民化的内涵应体现在生存职业、社会身份、自身素质以及意识行为四个层面。可以看出，新生代农民工市民化不仅仅是简单的空间位置的移动过程，更多的是其职业、社会身份、自身素质以及意识形态、生活方式和行为方式等方面全面向市民转变的过程。农民工市民化具有历史阶段性、过程渐进性、进程二元性、群体分层性等特征，由于新生代农民工具有不同于上一代农民工的新特征、新诉求，其市民化往往呈现出新的时代特性。

其一，市民化意愿强烈，但市民化能力相对较弱。新生代农民工的留城意愿和留城能力相互影响、制约，留城意愿需要留城能力支撑。据清华大学中国经济数据中心发布的中国城镇化调查数据显示：尽管很多新生代农民工认为在城市定居艰难，但打算再回农村的农民工仅有 11.1%，❶ 与上一代农民工有极大的差距。但是，留城意愿需要留城能力支撑，新生代农民工所需要的与职业转换相关的劳动能力、与地域转移相关的城市生存能力、与身份转换相关的发展能力和贯穿于行为始终的信息能力、学习能力等都还相对脆弱，市民化意愿与市民化能力存在较大的不同步性。

其二，市民化成本相对较高。毫无疑问，从农民工到市民角色的华丽转身，是转移农民工的综合"转型"，这一转型需要一定物质的、心理的投入与支持。然而，新生代农民工转化成市民所需要支付的生活成本、智力成本、自我保障成本等与他们的低收入相比，具有"高价性"。据国家统计局 2016 年的数据显示，农民工的平均月收入为 3572 元。然而，其个人所需支付的工作搜寻、教育培训、社会保障等成本则较高。这足以说明新生代农民工市民化的前提即在城市居住的成本非常高。这也就是中国城乡迁移人口已经达到非常大的规模，但永久迁移到城市却不多的重要原因。

---

❶ 清华大学中国经济数据中心. 中国城镇化调查数据 [EB/OL]. http：//www. legaldaily. com. cn/executive/content/2013－10/28/content_4966824. htm? node＝32120，2013－10/28.

（二）新生代农民工市民化的人力资本障碍

制约新生代农民工市民化的因素既有城市环境、现行制度、身份认同困境等外生原因，更有人力资本不足的内生因素，而且，人力资本是影响新生代农民工市民化的关键因素，人力资本的高低决定市民化能力的强弱。正如英国普林斯顿大学的哈比森教授所言，"在现代生产中，贫困人口最稀缺的资本是人力资本"❶。人力资本，从投资行为的角度看，是通过人力投资形成的资本，它是人在成长过程中为获得并提高智慧、知识、技能、素质等而进行的各种投资所形成和积累的资本；从货币形态看，它表现在保健、医疗、教育、培训、劳动力迁移等方面的各项开支，其中最重要的投资形式是接受教育与培训，接受教育与培训水平越高，劳动技能就越强，人力资本的可变价值就越大。❷ 投资人力资本，人们获取收益和发展的机会远远大于其成本支出，会带来收入增加等货币收益以及社会地位提高、工作条件改善、劳动强度降低、受到人们尊重等非货币收益。

新生代农民工人力资本是指通过教育、培训等形式凝结在其身上的资本量，这种资本量的大小会影响到其非农职业转化的程度，影响其在城市的就业与获取收入的能力，影响其城市定居的意愿，进而影响其市民化的进程。一般来说，观念越新、文化程度越高、职业技能越强，那么，其融入城市的意愿就越强烈，劳动力配置资源的能力就越强，就业就越容易，全面接受城市文化、实现角色转换的速度越快，市民化程度就越高，城市生活的稳定性就越高。

然而，据有关调查显示，2012 年 30 岁以下青年农民工中，文盲占0.3%，小学文化程度占5.5%，初中文化程度占57.8%，高中文化程度占14.7%，中专及以上文化程度占21.7%。这表明新生代农民工文化程度依然以初中文化程度为主。2012 年新生代农民工中，接受过农业技术培训的占10.7%，接受过非农职业技能培训的占25.6%，既没有参加农业技术培

---

❶ [英] 哈比森. 作为国民财富的人力资源 [M]. 上海：上海人民出版社，2000：1.

❷ [美] 西奥多·舒尔茨. 对人进行投资——人口质量经济学 [M]. 吴珠华，译. 北京：首都经济贸易大学出版社，2002：6.

训也没有参加非农职业技能培训的农民工占 69.2%。❶ 这意味新生代农民工的文化程度、受培训程度虽然高于老一代农民工，但是平均水平仍低于城市人口平均程度。显然，学历教育与职业技能培训的匮乏使新生代农民工人力资本积累能力严重不足，正因为人力资本积累不足，使他们陷入知识能力、技术能力、信息能力、维权能力、城市生活与发展能力不足的"综合能力贫困"和思想道德素质、科学文化素质、心理素质等不足的"综合素质贫困"陷阱之中，这种状态成为新生代农民工市民化的内生障碍。

在城镇化进程中，职业教育缺位与职业技能培训不足正是长江三角洲、珠江三角洲再遇"民工荒""青工荒"的深层次原因，这影响新生代农民工自身综合素质的提高、人力资本的快速积累和在就业的基础上充分表达自己的尊严。因此，国内许多学者提出的中国"人口红利已到尽头""刘易斯拐点已出现""劳动力供不应求的时代远远未到来"等都显示，农村职业教育和培训在人力资本生成、提高等方面的功能和作用，都将促进新生代农民工实现人口红利向人才红利时代的转变。

（三）未来农村职业教育与培训的应对策略

农村职业教育与培训是对"新生代农民工市民化水平"影响最大的自变量。职业教育与培训在人力资本生成与提高等方面的价值与功能，将促进新生代农民工从人口数量优势转向人力资源优势，这是职业教育与培训的理论依据。《国家中长期教育改革和发展规划纲要（2010—2020年)》指出，我国将实现从业人员继续教育年参与率达到50%，这是职业教育与培训的政策依据。当前，新生代农民工更倾向于通过教育与培训实现自我提升，实现自我价值，而非传统的生存需求。他们已经表现出生存理性向发展理性转变的行为特征，这是职业教育与培训的现实依据。由此，探讨新生代农民工职业教育与培训方略既有理论的诉求，又有政策的需要以及现实的可能。

---

❶ 任娟娟. 新生代农民工市民化水平及影响因素研究［J］. 兰州学刊，2012（03）.

1. 构建以新生代农民工为主体的现代职业教育与培训体系

首先，要构建促进新生代农民工发展的教育"立交桥"，形成纵向上从初等教育、中等教育到高等教育相衔接，横向上学历教育和非学历教育、职业技能培训等相联通的多元开放的立体职业教育和培训体系。考虑新生代农民工终身发展和不断提高学历的需求，可以实行培训学分制度，当培训学分累计达到规定数量时，鼓励新生代农民工参加职业技能鉴定、获取国家职业资格证书。

其次，开展新生代农民工补偿教育，并将其纳入流入地职教体系。"劳动力的无限供给—低工资—高竞争力"链条的象征性断裂，是长期以来不重视自主创新和产业升级的理性反映，而新生代农民工的低技能、低素质在一定程度上会延缓产业结构转型升级的进程。因此，职业教育需对新生代农民工进行补偿教育，实现与其原有的社会化过程不同的再教化过程。由于新生代农民工输出地经济比较落后，职业教育与培训相对薄弱，而流入地——经济发达的大中城市受市场驱动与调节，其优质教育资源比较丰富，职业教育办学条件较好；而且新生代农民工流入地正在加速进行的产业结构转型升级对农民工的素质要求进一步提高，但在输出地接受的转移培训远远不能满足流入地对工人技能和素质的需求。此外，新生代农民工对其输出地的农村也存在各种适应性障碍，他们既缺乏务农技能，也在社会心理方面表现出很强的去农化意识。❶ 因此，在新型城镇化进程中，将对新生代农民工进行的补偿教育纳入输入地的职教体系是必然的选择。输入地高职院校和中等职业学校可以打破户籍限制，进一步扩大招生对象范围，让新生代农民工一部分通过进入职业学校接受正规学历教育，一部分通过各种短期技能培训和企业岗前培训，从而满足新生代农民工流入地产业升级对高素质工人的要求。

2. 提供适应多层次需求的职业教育和培训菜单

适应是个体调整自己的动机和状态，使之与周围环境相适应的过程。

---

❶ 王世斌，兰玲. 产业升级背景下新生代农民工补偿教育主要障碍及路径选择 [J]. 安徽农业科学，2008（22）：46－47.

新生代农民工从乡村来到城市，其身份、职业、环境都发生急剧转变，没有一定的适应力便无法在城市生活和工作。职业教育要针对新生代农民工的生存、生活、心理和发展适应进行相应的培训，使之能更好更快地适应城市、融入城市。

（1）职业适应。职业阶层的差异往往是影响新生代农民工市民化程度的重要因素。❶ 因此应开展职业适应培训。首先是就业观念教育。人才市场上，往往存在供需失衡状况，这种供需失衡主要是结构性失衡，而非数量性失衡，这就需要开展就业观念培训。新生代农民工择业时除考虑薪资收入外，还需要考虑企业管理是否规范、工作是否体面等"非物质"因素。❷

其次，开展职业生涯规划教育。新生代农民工因其年龄及社会适应性特征，心智发展尚未成熟、思想尚未稳定、身份认同尚不清晰，加上他们缺乏对社会、企业的认识及自我的认知，使其职业发展定位不切实际，普遍存在中等以上强度的职业决策困难，从而表现出拖延职业选择、频繁转换职业等行为。❸ 职业培训可以通过"CDDQ"等职业心理量表对其进行测量，使他们更为准确地认识自我、认识职业，从而通过职业定位、目标设定、通道设计对职业生涯进行持续的系统安排。

再次，开展职业技能培训。新生代农民工外出务工后更换工作的平均次数为1.44次，是上一辈农民工的2.9倍，其原因是46.82%的人表示自己没有某种职业技能或一技之长。新生代农民工具有初级、中级、高级及以上职业技能或资格证书的比例分别为13.3%、9.3%和3.8%，❹ 职业技

---

❶ 周密，张广胜，黄利. 新生代农民工市民化程度的测度［J］. 农业技术经济，2012（01）：90－98.

❷ 邵爱国. 影响新生代农民工择业的"非物质"因素研究［EB/OL］. http：//wenku. baidu. com/link? url＝XEblOzFV5szpBoGpNUll5XbOViyeO5Ki33e2TTc_DhX_r7bMHzdvNJ3yPm0 Fz-KEaWrMwvHO3iGUcTU4wL44tkgrsPE6CDc3HWYnRqKsDI87；方翰青，谭明. 新生代农民工职业决策困难实证研究［J］. 职业技术教育，2012（31）：71－76.

❸ 全国总工会新生代农民工问题课题组. 全国总工会：关于新生代农民问题的研究报告［2010－06－21］［EB/OL］. http：//news. xinhuanet. com/politics/2010－06/21/c_12240721. htm.

❹ 中央党校. 新生代农民工社会心态研究报告［EB/OL］. http：//www. xinnong. com/news/20131031/1129832. htm.

能的缺乏自然导致缺乏职业信心，正如孟子所说"无恒产者无恒心"。托达罗认为：国家经济结构包括"农业部门""非正式部门"和"工业部门"三部门，迁移到城市的缺乏技术的农民工只能在传统的非正式部门找到不具有稳定性的工作。所以，在新型市民化过程中，技能培训不可或缺。

（2）文化适应。新生代农民工进城就业对他们来说是一个再社会化的过程，意味着进入另一种社会和文化，甚至是另一个时代。适应乡村社会的制度和规则并不一定意味着能够适应城市社会的生活，他们先前所受的教育、在农村所接受的文化观念、在农村养成的习惯等，甚至会成为其融入城市社会的障碍。因此，通过教育和培训，帮助他们解构原有的乡村文化的负面影响，学会适应城市的制度和规则，重新建构适应城市生存和生活所需要的技能、知识和修养。此外，城镇化的内容之一就是让广大非城镇人口能够把生活和工作重心放在城镇，让他们成为名副其实的城镇居民，因此，职业教育还要培养他们的市民意识，让他们树立城镇主人翁意识，以巨大的热情参与城镇化建设大业中来。

（3）心理适应。移民代际研究发现，新一代的移民心理和行为与老一代移民心理与行为发生了重大变化，他们往往是以迁入地作为参照系，心理上更加敏感，更容易产生被歧视感和被剥夺感，55.6%的人工作中出现过紧张焦虑，36.5%的人感觉得不到尊重，37.2%出现过痛苦失望，9.7%的人产生过愤怒报复心理，6.2%的人曾有轻生念头。研究表明，新生代农民工"底层认同"现象明显，呈现群体弱势心态，❶这种"被剥夺、受摆布"的弱势心态，可能促使其采用极端方式表达诉求，很多新生代农民工工作在繁华的都市里，却生活在心理的荒岛上。因此，职业教育与培训应加强对新生代农民工的心理干预，加强法制教育。比如，可以通过开设符合新生代农民工"重薪更重心"特点的"新生代农民工QQ群""新生代农民工心理咨询室""新生代农民工联谊会"等，为他们搭建交流情感

---

❶ 注：如2010～2013年，河南省罗山县人民法院共审结各类侵财、盗窃、暴力犯罪410件442人，其中，新生代农民工犯罪的有316人，占71.5%（董王超. 新生代农民工暴力侵财犯罪频发［N］. 人民法院报，2013（06））。

表达诉求的平台，发挥"减压阀""缓冲带"的作用，帮助新生代农民工找到融入城市的心理归属感，增强心理适应。

（4）发展适应。同上一代农民工相比，新生代农民工对生活、发展的诉求已经由个体式迁移向家庭式迁移转变，由生存型向发展型转变，就业动机从"改善生活"向"体验生活、追求梦想"转变。因此，职业教育与培训要针对新生代农民工的特点与需求进行开展。

首先，开展创业教育，搭建创业扶持平台。欧盟委员会在《1999年就业指导纲要》中指出，要通过职业教育培养三种能力，即就业能力、适应能力和创业能力。目前，新生代农民工对于"未来的发展"选择"做小生意或创办企业"的比例远远高于传统农民工。然而，目前我国的职业教育与培训存在过于关注"精英创业"等误区，所以在新型城镇化建设和生态农业迅速发展的情况下，职业教育与培训应该对一部分具有相关知识、技能又对农业相对熟悉的新生代农民工进行启蒙式创业教育，打造小微企业，并提供补贴启动资金、帮助融资、减免税收等创业政策，提升新生代农民工创业意识与能力。

其次，开展竞岗培训。新生代农民工受教育程度相对较高，综合能力相对较强，因此，他们时常会参与各种各样的社会竞争。国家和社会应该鼓励这代人去施展自己的才华，发挥他们的能量。因此，在职业教育和培训中，应该对新生代农民工进行竞岗培训，鼓励他们参加各种竞争，以此增强他们的自信，提高他们的社会地位，实现他们的权利，从而达到创新城镇社会管理模式和城镇社会和谐的目标。

3. 创新符合新生代农民工特点的职业教育与培训模式

政府与培训机构要改变等人订购的做法，深入实际，及时了解新生代农民工和市场的需求，使培训与用人单位和就业市场直接挂钩，实现以需求定培训，以输出带培训的培训模式，把培训工作做到市场需求与新生代农民工就业的结合点上。因此，教育培训机构可以根据新生代农民工的职业结构有针对性地调整培训，按需施教、学用结合，实行"订单式""模块式"教学。

在具体的培训方式上，职业教育和培训应该考虑新生代农民工的特点进行创新。20 世纪 80 年代以来，一个不容忽视的客观事实是：现代传媒的迅速发展成为现代化进程的一大奇迹。正如英克尔斯所说：大众传媒给人们带来有关现代生活诸多方面的信息，向人们显示新的行为方式。新生代农民工喜爱网络、接受新鲜事物快等特点，使得运用微博课堂、短信课程、视频课堂等移动式教学开展新生代农民工教育与培训成为可能。现代传媒的教学知识传播具有碎片化、互动性、多渠道、速度快等特点，适合于开展以语言文字、案例分析、互动交流等形式进行的知识传播和能力培养，所以在培训中可以用来进行创业知识、法律知识、职业安全卫生知识、人文知识、生活知识等的教育教学。

在教学形式上，采用讲练结合，以实训为主。可在新生代农民工聚居较多的工厂、开发区办民工夜校，送教上门，也可让中小型企业的新生代农民工加入到附近的大型企业参加培训。针对新生代农民工的水平起点，在教学形式上宜精讲理论，加大实际操作，降低难度，循序渐进。职业课除基本知识、原理传授外，应以企业实训为主，老师讲解演示，手把手指导。这是掌握职业技能最为有效的教学方式，也是新生代农民工很认可的培训方式。

4. 建立新生代农民工市民化职业教育与培训的社会支持体系

新生代农民工不仅需要他们在乡土社会中已建立起的初级关系的支持，还需要城市社会中政府、用工单位、职业院校及社会各界的支持。因此，职业教育与培训应建立起能够满足新生代农民工需要的社会支持体系，形成一个社会各界共同关注新生代农民工、促进新生代农民工城市融入的良性局面。

首先，营造良好社会氛围，建构新生代农民工的公共服务机制，让新生代农民工实现自我，体验有尊严的劳动和有尊严的成功。新生代农民工不是社会财富的被动消耗者，而是社会财富的积极创造者。依据公共产品理论，新生代农民工培训整体上属于准公共产品，再加上他们参与培训意愿强而支付能力弱，所以，流入地公共就业服务机构应该全部向新生代农民工开放，为其提供与城镇人员同等的求职登记、职业指导、职业介绍、政策咨询、劳动事务代理等"一站式"服务；政府可以通过设立新生代农民工职业教育与培训专项资金、提供财政补贴、购买培训服务等方式，提供对接当地劳动市场需要的、免费的或者较少收费的职业培训。

其次，各级职业学校要拓展社会服务职能，积极开展职业培训。职业学校要以新型城镇化为背景，适应农村劳动力转移现状，以提高劳动力人力资本为目标，以劳动力转移培训为契机，发挥办学优势，拓展社会服务，形成办学特色。

最后，构筑社会联动机制。统筹规划、协调城市社区的职业学校、成教中心、培训中心、民办职业学校、企业职工夜校等教育与培训机构，构建网状型职业教育与培训机构，实现师资、设备等教育资源的共享，形成覆盖城市社区无缝隙教育与培训网络。

三、基于留守农民诉求的农村职业教育应对策略

留守农民是指在农村经济社会发展过程中，伴随农村劳动力转移进城成为农民工或经商后剩下的、在农村继续从事以农业生产为主的农村劳动力。纵观社会发展史，任何一个国家的每次社会转型与跨跃，都必然伴随一个产业结构和社会结构的转换以及与此相关联的劳动力人口，尤其是农村劳动力的大转移，即由农业人口向非农业人口、农村人口向城市人口、农民向工人的转化，在我国也不例外。留守农民作为我国经济社会转型时期的特殊群体，是其他国家在工业化、城市化和现代化过程中所未曾出现过的现象。

（一）留守农民的时代特征

我国留守农民群体大致包括三类人：留守儿童、留守妇女和留守老人。由于青壮年劳力和农民精英向城市流动，使本就缺乏组织资源的农村社区结构呈现出进一步松散的趋势，农村空心化问题越来越严重。综观我国留守农民群体，具有以下特征。

1. 人口特征

中国农业大学主持的"中国农村留守人口研究"结果显示，目前我国农村留守人口已经高达 8700 万人，其中，留守老人近 2000 万人，80.6% 依靠农业劳动进行自养；留守妇女 4700 万人，92.4% 成为"男工女耕"

模式下农业生产的主力军；留守儿童 2000 万人，从事重体力劳动的情况较多。不难看出，我国广大农村留守人口以"三八六一九九部队"为主体，其中，又以留守妇女为主。留守农民成为农业生产的主力军。

2. 年龄特征

由于青壮年劳动力大多已经转移成为农民工，因此，留在农村的劳动力自然年龄偏大。有学者对河南省 18 个地市 39 个村庄，每个村庄随机选取约 30 户农户，共 1305 个样本家庭，5449 个村民进行了问卷调查。其中，59 岁以上的人大都留在农村，而年龄在 16~39 岁的人基本外出打工，40~59 岁组中留守农业与外出打工的人员比例基本持平；留守农业劳动力 70% 的年龄在 40 岁以上，且老年人口占当地劳动力人口总数的 23.09%。

3. 心理特征

农村劳动力的大量转移，不仅大大降低了留守农民的文化素质，影响了新农村建设和现代农业的发展，而且，在很大程度上影响留守农民的生活安定，导致他们心理问题的产生。农村大量青壮年劳动力涌向城市导致的直接结果是：繁重的农活落在了这部分留守农民羸弱的肩上；留守妇女缺乏关爱和安全感，心理孤寂；留守老人缺少交流，生活孤单，内心空虚。而留守农民的心理素质与他们所需要承受的心理压力存在较大差距，由此引发了一系列问题，甚至导致了一些负面、极端事件的发生，留守农民的心理危机应引起全社会的高度关注。

4. 从业特征

农村留守劳动力从业的主渠道还是传统的农、林、牧、副、渔业。随着农村产业结构的调整以及非农产业比较效益的提高，养殖业、交通运输业、加工制造业、建筑业、餐饮宾馆服务业、个体工商业、信息服务业等产业在农村产业结构中的比例不断提高，农村留守劳动力就业出现典型的兼业性特征。

（二）留守农民的人力资本瓶颈

1. 政府职责不落实，农村职教协同发展的机制失灵

经费投入不足。经费投入是留守农民职业教育与培训的物质基础。发达国家农民职业教育体系的完善，主要依靠大量的资金投入与技术支持。

江苏省政府提出，要强化农民教育培训事业的公益性地位，将农民教育培训经费列入财政预算，落实新型职业农民培育的投入保障机制。要将农民教育培训条件建设列入农业基本建设计划，安排专项建设资金，加强教育培训设施建设。虽然政府要求保证农民的教育培训经费，但在具体实施时存在职责不落实、经费投入不足的问题。一方面，农民职业教育与培训的总经费不足；另一方面，政策性经费与实际到位的资金存在差距，相当一部分社区教育中心只能依靠自身资源筹措教育经费。在笔者调查中发现，江苏省政府有关文件虽然规定成人教育经费人均1元/年，但由于没有财政厅的文件下达，部分地方政府往往不愿执行或执行不力。在连云港市城区下辖的12个乡镇中，不少乡镇社区的教育经费未能真正到位，若需要经费，必须临时向政府申请。有的成人教育学校、社区教育中心只能利用村居或动员企业赞助，有的靠开办棋牌茶室、门面房出租收入来解决办学经费不足的问题。经费投入的不足，严重阻碍了新型城镇化进程中留守农民人力资本的提升。

地位提升无期。与普通中小学教育和高等教育相比，职业教育的地位低下，农民职业教育和培训的地位更没有得到应有的重视。社区教育中心是留守农民职业教育与培训的主要阵地，承担培养符合新型城镇化建设需要的新型职业农民的重任。但是，相当多的社区教育中心，没有独立的学校法人、办学体制、财务制度、人员编制、校园设施与办学空间等。还有的社区教育中心，其教师编制全部挂靠在当地中小学，财务完全依附于普通学校或地方政府。这种状况的出现，与省政府有关文件的消极影响有密切关系。如江苏省编办、省教育厅、省财政厅联合下发的《关于明确乡镇成人教育机构和编制问题的通知》规定："乡镇成人教育机构原则上并入乡镇中学（或中心初中），保留其牌子，承担农村成人文化和技术培训工作。"乡镇成人教育机构并入乡镇中学或者小学，使其丧失了独立性，也影响了留守农民的职业教育与培训工作。

部门协调不够。新型城镇化强调统筹发展，参与留守农民职业教育与培训的有关部门本应相互合作、沟通交流、统筹协调，但事实上，很多部门各自为政，协调不够。农委部门负责农业新技术、新品种的推广；劳动部门负责留守农民的技术技能、就业政策法规、职业道德等方面的培训；妇联部门主要负责农村妇女的技能与创业培训。留守农民职业教育与培训的任务本应主要由教育部门承担，各部门全力配合教育部门开展培训，但实际情况是，教育部门在很大程度上配合其他部门被动开展工作，甚至有的社区教育中心靠自身人际关系去争取培训资源。各部门的协调程度不够，导致培训内容重复、培训资源浪费，直接影响留守农民的人力资本提升。

2. 农民培训不接地气，教学缺乏灵活性和针对性

培训内容脱离需要。目前各类培训把主要精力集中在青壮年农村劳动力的培训上，针对留守农民的培训较少。对于留守农民的培训也是重技能、轻文化和道德培训，不能满足留守农民的培训需要。笔者通过问卷调查发现，留守农民参加培训面临的最大问题中，"培训内容不符合自己的需要"占 44.25%，"培训内容听不懂"占 32.07%。之所以出现这样的问题，一方面，对留守农民缺乏培训前的调查；另一方面，有的培训内容陈旧或理论性过强，不能满足现代农业建设与新型职业农民培育的需要。

留守农民以老年与妇女劳动力为主，总体文化层次不高，他们更希望了解法律法规、疾病防治、传统文化、文明礼仪等方面的知识，也希望接受节能环保、生态农业、特色种植、先进技术等方面的培训，而目前提供的培训内容远不能满足他们的需要。

培训方式灵活性差。要提高留守农民职业教育与培训的实效性，必须注重培训方式的合理选择。一方面，要充分考虑农民的意愿、倾向；另一方面，又要考虑农业生产的季节性特点，不能与之冲突。部分留守农民接受培训的愿望低，除了与培训内容不符合需要有关外，培训方式不灵活也是一个重要原因。现有的培训方式重理论、轻实践，集中授课和室内授课多，现代多媒体技术没有得到合理、有效的运用。农民所学的许多理论知识不能及时运用于农业生产实践，导致知识不能充分内化，从而影响职业教育与培训的效果。

3. 农民缺乏培训意愿，人力资本提升的自觉性有待提高

传统的小农意识强。留守农民是职业教育与培训的主体，也是人力资

本提升的最终受益者，但很多留守农民没有意识到人力资本提升的作用，缺乏培训意愿。部分农民认为培训完全没有必要，只要种好自家田地、照顾好子孙即可，培训就是浪费时间与精力。虽然这种现象在较发达地区已有很大的改善，但在有些地区仍然存在。留守农民应摒弃传统的小农意识，放远眼光，把人力资本提升转化为个人的自觉行为。

自主培训意愿弱。新型城镇化、新农村建设造就了一大批农场主、农业技术能人、农村干部，他们对职业教育与培训有极大需求，也带动了许多留守农民接受培训。但是，部分普通留守农民接受培训的意愿仍不强。要提高留守农民的整体素质，改善农民的人力资本存量，最有效的方法就是农民主动提升自身的人力资本，自主参与职业教育与培训。政府应大力宣传人力资本理论，重视人力资本投入所带来的潜在经济价值，增强留守农民的培训意愿。

（三）农村职业教育与培训的应对策略

要提高留守农民人力资本提升的效率，就要从农村职业教育的组织、内容、方式、实效等方面着手，完善提升留守农民人力资本的职教体系。

1. 农村职业教育组织：稳定与协调，统筹多方力量与资源，形成培训合力

加大培训资金投入，解决经费问题。经济学家马歇尔（Alfred Marshall）认为，在所有的投资中，最有价值的是对人本身的投资。他把对人的投资看作在学校教育和家庭培养上的总投资，教育投资不足的问题无法由市场单独解决，必须依靠政府投入保证教育投资，进而影响经济增长，促进职业技术结构的转变。德国农民培训的经费来源稳定，国家将农民培训经费列入财政预算，并通过立法由企业和个人以纳税形式缴纳培训费。

农民职业教育与培训是一种公益性事业，政府也提出要努力构建新型职业农民和农村实用人才的培养、认定、扶持体系，建立公益性农民培养培训制度，探索建立培育新型职业农民的制度。因此，要保证留守农民职业教育与培训组织的有效运行，政府必须加大培训资金投入，解决经费不足的问题。首先，应将留守农民职业教育与培训经费列入县级财政预算，每年定时定额把培训经费落实到每个乡镇社区教育中心等培训单位，根据

实际需要逐年增加资金投入，并安排专门部门对经费使用进行监督。农民培训补贴经费要落实到位，并根据各地区的实际情况逐步提高补贴标准。其次，政府还可以通过间接拨款、发放补贴、优惠贷款、减税免税等方式，激发社会组织与个人投入留守农民职业教育与培训的积极性，建立多元化的经费投入机制。

提升社区教育地位，解决挂靠问题。社区教育在留守农民人力资本提升的过程中充当重要角色，因此，应提升社区教育的地位，使其更好地发挥培训留守农民的作用。社区教育中心不能再挂靠在普通教育下，应做到学校法人、办学体制、财务制度、人员编制、校园设施与办学空间等方面的独立。要明晰产权，完成事业单位独立法人登记，明确社区教育中心的法人地位；享有独立办学权，接受教育行政部门与政府的管理；实行独立财会制度，接受财务部门的监督；所有教师编制全部属于社区教育中心，不再挂靠普通中小学；有自己独立的培训场所、教学设施。

联合多方教育力量，解决资源问题。留守农民的职业教育与培训不是某个部门的单独行为，涉及多个部门。因此，应联合多方的教育力量与资源，共同致力于留守农民人力资本的提升。除教育部门外，劳动、科技、农林、妇联等部门都可举办留守农民的培训。为了提高资源利用率，各部门应加强沟通交流，积极配合，统筹协调，共同制订年度留守农民人力资本提升的计划，建立专门的例会制度；共同建立实训基地，提高培训实效；积极聚集各方资源，形成师资队伍、实训设备、培训教材、科技示范户等资源库。各部门联合开展留守农民职业教育与培训，能有效提高培训效率，对提升留守农民的人力资本有重要作用。

2. 农村职业教育内容：丰富与先进，助推农民"洗脚"与"洗脑"并进

丰富教育培训菜单，提供多样化选择。要提高留守农民职业教育与培训的实效性，就要清楚留守农民需要哪些培训，以便丰富培训内容，为留守农民提供多样化的选择。农民的性别、年龄、学历、兴趣爱好等诸多因素，决定了农民培训内容的多样化。另外，农民对工作和生活状态的预期不同，对培训需求也有多样性。因此，在培训前，有关部门应做好调查，

了解农民的培训需求，根据农民的实际需求安排培训内容，主要满足现代农业发展的技术人员、家庭规模经营的现代农场主、具有现代管理理念的乡镇村干部以及普通留守农民的需要。结合培养有文化、有技术、会经营的新型职业农民的要求，培训菜单应包括现代农业生产技术、农业规模生产、农村管理、法律法规、计算机技术、家庭教育、传统文化等内容，既满足农业技术人员、现代农场主、村干部管理农业与农村的需要，也满足普通留守农民了解现代农业技术及提高生活品质的需要。

融入精神文明元素，拓宽知识视野。一是通过政策宣讲，让留守农民了解党的政策方针、政府的富民政策、培训政策；二是通过移风易俗教育，帮助农民摆脱封建迷信、陈规旧俗的约束；三是通过健康知识教育，让农民掌握健康常识与保健知识，提高健康水平；四是通过传统文化教育，促使农民了解当地以及全国的文化精髓，提高自身的素质。

注入先进农业理念，跟上时代步伐。传统的农业生产理念已不能满足现代农业生产的需求。由于青壮年农民向城镇转移，留守农民多是劳动能力有限的老人、妇女与儿童。他们中很多人已意识到规模种植、土地流转、生态农业的重要性，认为这不仅可以节约劳动力、提高生产效率，也有利于管理和保护环境。因此，留守农民的职业教育与培训，应该渗透旅游农业、生态农业、特色种植、规模种养殖、农业产业化经营等培训内容。

3. 农村职业教育阵地：多样与灵活，全面考虑留守农民实际情况与需要

开展室内培训，网内与网外相结合。职业教育与培训的场所与培训方式，在很大程度上影响留守农民的培训兴趣与效果。因此，在培训阵地与方式的选择上，要充分考虑留守农民的实际情况与需要，使其具有多样性与灵活性。其中，室内培训是传统的、常用的培训阵地与方式，具有相对固定、操作简单、环境稳定等优势。随着科学技术的不断发展，室内培训已不仅局限于面对面的现场授课，而拓展到网络授课层面。一方面，要继续运用室内直接面授的培训方式，结合现场农民的实际培训情况，灵活调整培训进度；另一方面，要做到网内与网外结合，充分利用计算机房、多功能报告厅、网络平台进行培训，突破传统学习模式，打破时间、地域

限制。

大力开展现场培训，理论与实践相结合。实践证明，只有理论学习而不结合农业生产实际与实践操作，难以达到理想的教育与培训效果。通过笔者调查发现，留守农民最喜欢的培训方式中，"现场教学"占43.71%，这说明很多人希望得到田间培训和现场指导，实现理论与实践相结合。因此，要在开展室内培训的基础上，大力开办"田间课堂""流动课堂"，将培训时间安排在生产关键季节、农闲或生产之前进行。可在农村田间地头由授课教师现场讲解、示范，让农民实际操作练习，针对问题思考提问，有针对性地解决生产过程中的实际问题。只有将留守农民置于具体的实际生产中，才能够有效地激发农民的学习热情与自主性，提高培训效果。

4. 农村职业教育实效：监督与考核，有效保证留守农民人力资本提升质量

引入社会监督，规范办学过程。留守农民的职业教育与培训，不能只注重表象，缺少对效果的监控。只有强化对培训的监督与考核，才能更有效地保证留守农民人力资本提升的质量。其中，加强对留守农民培训过程的监督，是培训实效性的重要保证。监督不能仅依靠政府、各部门内部的监督，还应引入社会第三方监督，规范留守农民培训过程。一方面，政府要把留守农民的培训纳入相关部门的考核指标，定期开展监督检查、绩效考评；另一方面，要专门聘请社会监督机构对培训经费的投入与支出、培训计划的制订与实施、培训资源管理、培训过程、培训结果等方面进行认定与监督。对在培训过程中表现突出、培训效果较好的部门与个人，要给予表彰鼓励；对培训工作做得不到位的部门，要给予通报批评。严格鉴定考核，强化后续指导。严格培训结果的鉴定与考核是保证留守农民职业教育与培训实效的重要手段。国外发达国家执行严格的职业资格证书制度，对职业资格证书的发放有严格的控制。因此，对留守农民人力资本提升的质量，相关部门要进行严格鉴定与考核，只有达到培训标准的农民，才能获得结业证书或职业资格证书。此外，对于留守农民的后续指导工作也不能忽视。可以通过建立农村俱乐部、农业技术推广站、农民专业技术协

会、农业科研院所、农村妇女协会等组织，向留守农民继续提供技术咨询、生产指导、经营管理、信息传播等服务，全面促进新型城镇化进程中留守农民人力资本的提升。

第二节　发展趋势之二：四化同步

2012 年党的十八大提出了"四化同步"发展战略，2017 年党的十九大再次提出"坚持推动新型工业化、信息化、城镇化、农业现代化同步发展。主动参与和推动经济全球化进程，发展更高层次的开放型经济，不断壮大我国经济实力和综合国力"。毋庸置疑，这一重大发展战略的实现，必将对我国未来经济社会以及与之联动的农村职业教育发展产生全面而深刻的影响。农村职业教育作为人才培养的供给侧，必须对过往发展进行审视与反思，并根据"四化同步"发展要求，对未来农村职业教育发展的定位、功能、发展模式以及服务体系等问题进行全面的改革与展望，制定出具体行动纲领与策略。

一、"四化同步"的目标与实然现状

（一）"四化同步"目标：城乡一体，协调发展

由于长期以来我国实行的是城乡二元分割的发展制度，造成了今天的城乡差别，形成了二元，甚至三元社会群体（"市民""农民"以及离开了农村但尚未市民化的"农民工"）。根据我国"四化同步"发展目标，必须改变长期以来实行的以牺牲农村、农民利益为代价的区别化，甚至带有歧视性的发展策略，必须通过城市支持农村，工业反哺农业的策略，推进城乡发展一体化。也就是说，在未来的发展中，将不再是单纯地推进新型城镇化或建设新农村，而是坚持城乡协调发展的理念，整体推进工农业、城乡、城乡居民的发展，就是通过统筹发展，促进城乡在发展规划布局、生产要素配置、产业发展、公共服务、生态保护等方面相互融合、共同发展，促进城乡文明的共同繁荣与发展。与此同时，由于城市与乡村具有互补性和共生性，所以，推进城乡一体化、协调化发展，就

农村职业教育发展*新论*

是要把城乡作为发展共同体，依据各自的特点和优势，实行城乡错位发展，各种要素双向流动、优势互补、相互依存的城乡一体化生产生活格局。坚持城乡协调发展，是增强一个国家和地区经济社会发展整体性的有效路子。

（二）"四化同步"的实然现状

"四化同步"作为有效解决"三农"问题的重大战略决策，是我国推进现代化的基本路径。就其运作机理来讲，"四化"相辅相成，有利于实现生产力提升和城乡的跨越式发展，最终达到推动信息化和工业化深度融合、工业化和城镇化良性互动、城镇化和农业现代化相互协调。❶ 随着农业现代化的发展，我国农村经济、农业转型取得巨大进步。然而，相关的研究表明，较之于工业化、新型城镇化、信息化的发展，农业现代化依旧是短板。

2015 年，相关课题组对北京、上海、山东、安徽、福建、河南、河北、四川、内蒙古、黑龙江、云南 11 个地区的 4116 名务农农民的调查发现，初中及以下文化程度者占到 67.5%。从实现农业现代化的一些国家看，早在 1975 年，日本农业劳动力平均受教育年限为 11.7 年，大体相当于我国高中毕业程度；荷兰农民大部分是高级中等专业农校毕业，而且每年还有将近 20% 的从业农民进入各类职业学校接受继续教育。可见，我国农民文化素质与国际社会相比仍有很大差距。与此同时，我国教育离农现象导致农业劳动力后继乏人的问题则更让人忧心。相关调研发现，当前我国基础教育、农村职业教育"去农、离农、轻农"趋势已经难以逆转，其结果致使农业劳动力后继乏人。20 世纪 90 年代末以来，大规模撤点并校布局调整和农村寄宿制学校建设工程导致大量农村学校急剧消失。不少地方已达到一个乡镇只有一所中心校的程度。农村学生对农村十分陌生，不仅缺乏乡村文化、农业知识，也缺乏对农村和农业的感情，他们不愿意从事农业，也不会从事农业。

职业教育的离农倾向严重。一是农业类院校数量急剧减少。中等农业

---

❶ 夏金梅. 论四化同步发展的科学内涵和衡量标准 ［J］. 探索带，2013（07）：262.

职业学校数量不断减少，中等农业职业教育功能严重弱化。据各行业部门不完全统计，1998 年我国有各类中等农业职业学校 500 余所，而目前仅剩 237 所。二是涉农专业毕业生直接从事农业技术或生产的比例极低，学非所用现象普遍。对浙江农业大学等 8 所高校农业专业学生所作调查显示，愿意到农村基层就业的仅占 40%，涉农职业教育发展现状不容乐观。根据对 11 省市的调研显示，超过 70% 的农民不愿意让子女从事农业职业，只有 28% 的农民希望子女能够接替他们继续从事农业。

农业现代化水平的滞后，不仅影响农业、农村自身的发展，而且难以实现"四化"的协同性。"四化"中的每个指标都是影响中国经济发展的主要变量，协同性更是主要变量中的关键（见表 7 - 2）。黄祖辉等学者指出当前中国城镇化滞后于工业化，农业现代化滞后于工业化和城镇化，并且农业现代化滞后性在进一步加剧。

表 7 - 2　中国"四化"协调发展情况

	全国	东部	中部	西部
工业化水平	0.5396	0.5443	0.5391	0.5345
信息化水平	0.3413	0.4311	0.3073	0.275
城镇化水平	0.4617	0.518	0.4506	0.4082
农业现代化水平	0.3398	0.4018	0.3218	0.2742
"四化"协调发展水平	0.5988	0.6222	0.5253	0.4732

资料来源：徐维祥，舒季君，唐根年. 中国工业化、信息化、城镇化和农业现代化协调发展的时空格局与动态演进 [J]. 经济学动态，2015 (1)：76 - 85.

党的十八届五中全会提出，到 2020 年农业现代化要取得明显进展。当前，与农业发达国家相比，我国农业的劳动生产率依然很低。由此可见，中国的人均耕地面积处于世界较低水平，单位劳动产出（农业劳动生产率）与发达国家存在巨大差距，同时也反映出农业劳动力的过剩程度。要想实现从农业大国到农业强国的转变，大力推进农业现代化、转变农业发展方式就显得尤为重要。

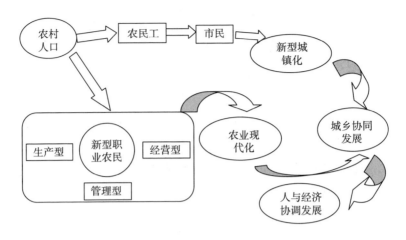

图 7 - 5　农民群体分化与城乡协调发展的关系

二、"四化同步"下的农村职业教育发展适应性反思

（一）功能定位单一短视

关于农村职业教育定位问题，一直以来都有争论，在实践中也有偏颇。基于新型城镇化、农业现代化发展以及城乡一体化发展趋势考量，农村职业教育定位存在的问题逐渐显露，主要表现在以下几个方面：一是面向狭隘的乡村。这个问题主要与人们对农村及农村职业教育概念的理解偏差有关。部分学者以及职业学校领导认为，顾名思义，农村职业教育就是要为农村第一产业培养人才，为其他产业发展，尤其是为城镇培养转移人才便是"离农"教育。二是完全的"离农"教育。将农村职业教育服务对象主要定向于城镇，这是另外一种关于农村职业教育服务方向的极端认识。三是"升学教育"。至今在一些地区，尤其是经济、职业教育不发达地区的部分学校，依然是行职业教育之名，务升学教育之实。按理，根据职业教育"立交桥"的构建，职业院校部分学生通过对口升学等路径升学无可非议，也是未来理想职业教育体系所要求，但问题是相当一部分学校本末倒置，他们不是以就业为导向，而是将升学教育作为学校的着眼点和努力的方向。四是人才培养的短视行为。大部分职业学校，在人才培养中，能够做到既为农村培养第一、二、三产业所需要的人才，也为农村劳

动力转移服务，但是，没有能够以前瞻性的视野，为"四化同步"背景下的新型职业农民、新市民服务。

（二）城乡职教二元分裂

城乡一体化是我国经济社会发展的目标，也是不可逆转的大趋势，目前，在经济发达的农村地区已呈现出了城乡模糊、一体化的新农村模样。这就意味着，作为对经济社会发展服务具有滞后期的城乡职业教育必须以统筹发展的理念，对城乡职业教育发展进行前瞻性的统筹规划。然而，目前我国城乡职业教育发展受城乡经济社会分离的影响，在很大程度上也显现了割裂发展的状态与格局。主要表现为：城乡职业教育缺乏区域性的统筹规划，更没有按照系统论的思想进行一体化发展；城乡职业教育专业设置、教育资源的利用缺乏统合；一体化的城乡职业教育模式尚不多见；缺乏依据都市圈、同城化的趋势进行职业教育发展的理念与实践，如此等等，都是缺乏职业教育发展前瞻性和战略思维的表现。

（三）体系结构存有短板

总体而言，我国已经建立起了相对完善的农村职业教育体系，在一定程度上适应了农村职业教育发展的需要，但是，在"四化同步"，尤其是新型城镇化和农业现代化互动发展的背景下，现有农村职业教育体系的不适应性也日益暴露，存有明显的体系短板。主要表现为：一是城乡职业教育体系缺乏整体性，具有二元割裂性，这一点前面已述；二是与职前职业教育体系应该平行的职业教育和培训体系是整个农村职业教育体系的"短腿"，与职业教育和培训是当前和未来农村职业教育发展新的增长点明显不适应。就我国现行的农村职业教育体系而言，主要面向农村适龄人口提供正规职业教育与培训，为农业人口转移提供培训服务，难以与职业农民培养制度形成有效的整合与衔接；三是无论是农村职业教育体系还是成人教育培训体系，缺乏现代性，脱离了信息化时代职业教育与培训的先进性特点，比较典型的就是"互联网＋职业教育和培训"发展滞后；四是非正规职业教育与培训体系没有得到应有的重视，作用发挥不够。

三、未来农村职业教育改革发展策略

（一）功能转型：服务城乡，适应农民人力资本和生活品质提升的需求

基于"四化同步"的新特点与新要求，农村职业教育只有顺应历史发展的需要，积极进行农村职业教育发展供给侧的创新与改革，才能真正成为经济社会发展和人民群众需要的职业教育。根据城乡一体化和协调发展的趋势与要求，农村职业教育首先必须在对自身定位进行反思的基础上做出相应调整。在农业现代化与新型城镇化互动、协调推进过程中，应建立"大农"发展的思维，将城乡职业教育置于一个新的区域概念范畴中进行整体思考，农村职业教育必须同时服务于社会主义新农村建设和城镇化发展；不仅要为第一产业发展培养多类型的新型职业农民，还要为城乡第二、三产业培养人才；不仅要促进农村转移劳动力市民化，还要促进留守农民生活品质的提升，促进城乡社区民众和谐幸福生活的中国梦的实现。

1. 促进志愿农民的职业化——新农民

培育新型职业农民是解决我国新型城镇化，促进劳动力转移后农村劳动力数量逐步减少与农业现代化对劳动力，尤其是高素质农业劳动者需求矛盾的根本。

首先，从农民职业化的过程看，职业农民代替传统农民的过程，是农民能力素质结构优化、提升的过程。农民职业化的实质是社会分工下的专业化生产过程。正是这种专业化的发展，要求人们具备相应的专门领域的职业技能。其次，从新型职业农民培育对象的现实状态及需要来看，必须通过适当的路径，提升农民职业素质。在未来 5 ~ 10 年，我国需要培养 1 亿以上的新型职业农民。值得指出的是，由于适度规模的家庭农场是未来农业发展的方向，所以，培养大量的家庭农场主将是我们面临的巨大任务。这些新型职业农民培养对象的重点将锁定在农村留守青年、返乡农民工、农村"两后生"。这些培育对象虽然各有自身优势，而且，整体素质较之于传统农民有明显提升，但是，与作为一个职业农民的素质要求还相去甚远。为了促进这些现实农民和未来农民成为真正意义上的新型职业农

民，必须通过有效的路径实现其职业农民素质的提高。笔者认为提升新型职业农民素质的路径具有多样性，但关键还是在于要通过职业教育和培训供给侧的全面改革，促进农民人力资本的提升与积累。

2. 促进转移农民的市民化——新市民

随着我国新型城镇化的快速推进，农业转移人口成为城镇新的群体，这个群体具有自身的特殊性。其一，他们需要逐渐放弃原来的身份、社会方式和习惯，转而认同、接受新的城市文明和生活环境，逐步融入城市社会，成为新市民。但是这个身份和角色的转化不仅需要一个过程，而且，往往非常艰难。许多转移农民工正是因为不能真正融入城市社会，适应城市生活，因而成为游离于城乡之间的边缘人，难以真正享受城市文明、共享美好的都市生活，而要真正使之成为新市民，就必须通过职业教育以及成人教育培训等促进其由农村到城市的个体社会化的进程，逐渐适应城市生活，习得城市文明。

其二，农业转移人口市民化的另一个关键是必须具有良好的职业技能，拥有一份稳定的工作，真正成为永久的市民，而不是无业游民。要稳定就业、高质量就业，具有再就业和可持续的职业生涯规划发展能力，那么，就必须具有足够的人力资本。这种人力资源开发、人力资本积累的过程，正是一个接受职业教育和培训的过程。目前，许多转移农民既缺乏外在的物质资本，还缺乏内在的文化资本、社会资本，更缺乏就业发展的人力资本。要改变这种资本全面缺乏的状态，就必须通过职业教育、成人教育培训等进行多路径的资本提升，也就是说，通过职业教育和培训，使转移农民具有足够的就业资本。所以，在未来，人们会倍感职业教育和培训在转移农民市民化中的作用。

3. 促进城乡阶层自由流动——新阶层

城乡差距逐渐缩小，最终实现一体化的和谐发展，是人们对未来的理想和憧憬。然而，要使未来城乡的社区群众能够自由地流动，或者使长期处于社会底层的城乡民众有机会向上层社会阶层流动，关键还是要靠教育。客观地说，尽管我国高等教育大众化已经实现，在部分发达地区已经普及化，但许多人仍然难有机会通过普通教育改变自己的社会地位，而职业教育和培训就其本原属性而言，属于真正的平民教育、大众教育，也可以说是真正公平的教育。通过这种具有补偿性的职业教育和培训，使农村社区民众获得实现阶层流动，改变命运的机会。作为农村职业教育与培训，应该坚持"四化同步"的人本性目标特征，以人的现代化为依托，通过职业教育和培训，推进社会各阶层能够进行合理的、双向流动，使农村更广大的人口有更多机会向更高阶层流动。

4. 促进居民生活品质提升——新生活

农村职业教育和培训在为培育新农民、培养新市民，促进农民全面适应，具有生存适应能力的同时，还应该充分考虑其在促进城乡社区民众生活品质提升方面的功能。这一功能将随着城乡人民生活水平的提高以及终身教育的发展而日益显现出来。在未来，人们将不再是满足生活的富足，会越来越多地追求高品质的生活，希望在物质文明建设的同时，能够学会更好地享受美好的生活；特别是转移而来的新市民，盼着能够像城里人一样过高质量的生活。要实现这些梦想，提升城乡民众的幸福指数，职业教育、成人教育、社区教育等义不容辞，他们将是最受城乡社区民众欢迎的教育与培训。

（二）体系统整：统筹规划，满足"新农民"和"新市民"接受职业教育和培训的需要

1. 体系的特征

人本性，体现公平共享理念。以人为本，体现了哲学的最高层次，是对人本原属性的追问与探究。在实现"四化同步"发展战略过程中，必须将人作为首要的考虑因素，且要以实现人的全面发展以及和谐幸福作为根本宗旨。在农村职业教育和培训体系构建中，坚持人本性原则，就是要通过对职业教育和培训体系的重构与完善，使之与人的发展需求相适应。就是新的农村职业教育和培训体系必须有利于新型职业农民的培育和新市民素质的养成，有利于农民在城乡之间以及在城市社会阶层的自由流动；必须体现时代精神，也就是要让人们在接受多样化的自由教育中得到精神的升华；必须具有现代性，即现代职业教育体系必须是一个能促进人的全面发展、自由发展的教育体系，能够保证城乡社区群众在任何时间、地点接受需要的职业教育和培训；必须体现公平精神和人道主义情怀，能够为城乡社区所有社会成员提供均等的接受职业教育和培训的机会。

整体性，体现城乡一体化目标。所谓体系的整体性，就是要根据未来城乡协调发展、一体化的趋势，将城乡作为一个区域整体，统筹构建职业教育和培训体系，使这一体系同时服务于城乡各类人才的培养。具体而言，包括统筹职业学校设置、统筹城乡输入地和输出地人才培养、统筹城乡职业教育资源配置和实现双向流动等。

吻合性，体现经济社会需要。体系的"吻合性"主要指：一方面城乡一体化的现代职业教育体系结构，要与区域经济社会发展对职业教育人才培养的需求结构相吻合，总体满足产业结构和劳动力市场对各类人才的需求。教育部颁布的《中等职业学校专业目录（2010 年修订）》，坚持以就业为导向，强调构建与产业结构、职业岗位对接的专业体系。另一方面就是现代职业教育体系必须有效地实现现代职业教育的经济和政治功能，能够动态地适应现代产业结构转型、升级的需要，最大程度满足人们不断增长的自身发展和生活质量提高的需求。

2. 体系的重构

根据城乡一体化的趋势，基于新型职业农民培育的需要，笔者认为，现代农村职业教育体系应该形成以中高等职业院校及有关高校农科类专业为主体的、职前培养与中等职业学校和城乡成人教育中心（社区教育中心）为主体的、在职培训相平行的实体教育培训体系；以中高等职业院校农科类专业、农业广播电视学校和农业技术推广服务体系为主要依托，积极吸收科研院所、涉农企业、农村专业合作社等广泛参加的现代农村职业教育和培训的新格局。高校、社区各类教育培训机构、中高等职业院校、涉农企业、专业合作社、相关科研院所等要树立共建、共享、共用的理念，全面合作，联合办学，提升合作水平和教育培训能力，积极开展基于新型职业农民、新市民以及社区民众生活需要的各类教育培训。从发展来看，在现代农村职业教育和培训体系重构中，主要应加强四个方面的工作。

（1）完善职前学校职业教育体系，激发职业院校潜能

正规的学校职业教育和培训体系是培育高层次新型职业农民的主体，

它主要由中高等职业院校以及高等院校组成，分别培育高层次经营管理型、专业技能型和社会服务型专业人才。就目前而言，为新型职业农民培养的体系中存在"断头""断裂"现象。体系"断头"主要是指培养高层次新型职业农民的高等院校及高等职业院校积极性不高，缺乏设置农科类专业的热情，造成了事实上的新型职业农民培养的"断头教育"；所谓体系"断裂"主要是指没有形成与职业农民培养体系相平行的培训体系，一方面两者自身均不完善，另一方面两者缺乏融通，没有体现一体化。所以，国家以及各省教育主管部门，应该采取特殊的激励政策，鼓励高校完善基于职业农民培育需要的培养体系，逐步开展培养新型职业农民的专业硕士研究生工作。

（2）构建城乡一体的教育培训体系，凸显社区教育功能

城乡区域一体化发展，必然会逐步模糊城乡职业教育的界限，也必然要求城乡职业教育和培训资源统筹、共享、和谐发展，教育资源使用效益最大化，所有这些反映到职业教育体系的建设中，就是必须构建城乡一体化的职业教育和培训体系。新的城乡区域一体化职业教育和培训体系必须既为现代农业发展培养新型职业农民，又要为农村劳动力转移以及转移后的农民工市民化服务，还必须同时为城乡民众生活品质的提升以及终身教育的发展服务。

需要指出的是，随着城乡一体化的发展，在未来，城乡将构成新的意义上的农村社区，在这个大社区概念意义上，必须充分整合业已存在的社区教育功能，使之服务功能同时指向城乡民众发展的需求。在新型城镇化和农业现代化进程中，我们必须研究如何实现城乡社区教育功能定位的转型问题，探索适合城乡一体化的农村社区教育模式，使城乡社区教育功能最大化，使之在培养新型职业农民、新市民、丰富农村转移人口精神生活中发挥应有作用。

（3）创建远程网络职业培训体系，强化"互联网＋"功能

我们已进入互联网时代，"互联网＋"将是未来职业教育和培训的重要形式，互联网将大大推进远程网络职业教育和培训体系的建设，所以，在构建城乡职业教育和培训体系中，必须充分发挥互联网的作用，将以互

联网为关键载体的远程职业教育和培训体系建设完善起来，以为新型职业农民的培育、新市民的训导提供新的更高的现代化教育培训平台。

（4）推进建设校企合作培育体系，提升人才培养效能

在我国传统的职业教育体系建设中，一般都是注重教育培训内部体系的建设，只注意各级各类职业学校的发展，关注各类教育之间的衔接、沟通和渗透，鲜有将职业教育和培训体系与为之服务的对象之间的联系。人们已经越来越多地认识到，企业是与职业学校共存的另一个职业教育发展主体，因此，构建职业教育体系时，毫无疑问应该将企业作为体系构建的对象。就城乡职业教育和培训体系而言，就是要建立具有广泛性的校企合作职业教育和培训体系，这样的体系才是真正完整的、高效的人才培养体系，才能真正培养出高质量的新型职业农民以及经济社会发展需要的其他人才。

（三）模式创新：城乡合作，构建资源优化配置协同培育人才的职业教育和培训模式

1. 城乡区域统筹型模式

所谓城乡区域统筹型模式，是指基于城乡一体化的发展趋势和特征以及集聚优质教育资源，实现人才培养效能扩大化的思想，而对城乡职业教育的统筹规划与发展。它包括根据区域经济社会发展要求，统筹发展规划，确定培养规模；统筹专业设置，合理分工；统筹教师资源，有序流动；统筹基地建设，共享教育资源；统筹管理制度，规范管理运行。这种模式的最大特点是通过统筹，达成教育资源的集聚集约利用，实现人才培养效能最大化。

2. 区域中心辐射型模式

区域中心辐射型模式主要是指城乡优势职业院校或专业，通过适当形式，对区域内其他各级各类职业学校、成人教育中心、社区教育中心人才培养过程给予全面支持，包括办学的指导、教育资源的共享、人才培养方案及课程和教材开发，等等。这种中心辐射型模式可以是根据地区教育规划或政策而实行的结对子型的辐射，更多的是学校自主形成的职教集团或者合作联盟而进行的辐射。这种模式的最大特点是通过优势学校"中心"

作用的发挥，对区域或者集团内的其他职业教育机构进行教学指导、办学示范以及资源利用的最大化。

3. 同城化都市圈型模式

我国城市化发展正在进行第二次甚至第三次转型，即城市化发展由以单个城市为主导向以城市群为主导的转型，进而城市群发展进一步向同城化转型。这种以城市群为主导的区域空间结构转型的显著特征是区域空间结构向一体化方向发展，广域地提升区域的"城市性"；相邻城市的资源共享程度和功能关联程度的不断提升，相邻城市也就会由空间上的"群散"状况逐步形成功能上的"群合"趋向，从而使居民在城市间的社会生活如同处在一个城市那样便捷，形成同城化新格局。城市群向同城化的转型，必然会对同城化区域内的经济社会发展结构产生影响作用，进而对城乡职业教育布局结构、发展模式等提出统筹规划、优化布局、合作联盟等的改革要求。建立同城化都市圈型城乡职业教育模式，主要精神就是根据都市圈的城市性特征以及由此带来的经济社会发展特点和城乡人民需求特点，通过建立区域城市群内联合机制，建立以优势专业等为主的职业教育办学联盟或集团，使人才培养的供给侧结构与城市群发展的需求侧结构相吻合。这种都市圈型办学模式主要特点是通过统筹、联合，达成新的城乡生态下职业教育和培训的优组，以更好地为区域经济社会发展培养人才。

（四）制度配置：顶层设计，建设具有包容性的职业教育和培训制度与政策

"四化同步"背景下农村职业教育和培训创新发展的一个重要依赖路径就是，通过各级政府层面的顶层设计，进行制度配置与政策创新。在制度和政策体系的配置与创新中必须注意把握以下原则。

1. 包容性

我国长期以来存在的以户籍制度以及由此导致的二元城乡社会结构，对"四化同步"背景下的城乡职业教育发展带来了负面影响，成为城乡职业教育一体化发展的重要阻力。笔者认为，在未来"四化同步"推进中，基于城乡一体化趋向而进行的农村区域职业教育和培训制度的设计与实施，必须从制度、政策源头逐渐消除原有歧视性和非均衡性制度与政策，

逐步形成和实施对城乡尤其是乡村具有包容性、倾斜性取向的职业教育和培训政策和制度体系，尤其是在教育资源的分配、教育投资中，在坚持公平、公正、共享原则的同时，在现阶段要通过对乡村职业教育和培训的倾斜、"偏爱"政策，达成城乡职业教育的均衡发展、一体化发展目标。"四化同步"战略背景下农村职业教育的培训实践，应该是一个具有包容性的、渐进的过程，其最终目标就是通过城乡一体化的职业教育和培训体系的构建，促进城乡经济社会与职业教育互动发展，形成动态的调节机制，提升职业教育和培训服务效能。

2. 整体性

"四化同步"战略的终极目标就是要改变城乡二元经济社会结构，形成城乡一体化发展，共享改革、发展的成果。城乡一体化发展，必然要求区域职业教育和培训体系进行整体的重构，通过新的职业教育和培训体系的建设、政策和制度的创新，以及既有联合又有分工的城乡职业教育和培训功能定位，为新农民、新市民以及城乡人民生活质量的提升创造条件。整体性原则的核心是与城乡职业教育一体化发展相关的所有要素的统筹规划与建设，目标是服务效能最优化、最大化。

3. 区域性

城乡一体化背景下的农村是新的区域概念，因此，在未来农村职业教育的规划与发展中，一方面必须建立新的区域农村职业教育概念，由此对城乡职业教育和培训进行统筹规划与发展；另一方面又必须基于各区域的特殊性，建设具有区别性的区域职业教育发展制度和政策，构建相应的发展体系和具有区域适应性的农村职业教育和培训模式。

4. 前瞻性

"四化同步"战略背景下的城乡职业教育，无论是其规划，还是实施措施，或是支持其发展的创新政策和制度都必须具有前瞻性。唯有如此，所建立的现代农村职业教育体系才具有现代性和更强的适应性，才能成为"四化同步"发展的教育依靠或者有力的依赖路径。

第三节　发展趋势之三：消除贫困

中共十九大报告中指出"要深入开展脱贫攻坚，保证全体人民在共建共享发展中有更多获得感，不断促进人的全面发展、全体人民共同富裕"的总体展望，提出了"脱贫攻坚战取得决定性进展，六千多万贫困人口稳定脱贫，贫困发生率从百分之十点二下降到百分之四以下"的具体战略目标，最终实现"打好精准脱贫的攻坚战，使全面建成小康社会得到人民认可、经得起历史检验"。

为了实现消除贫困的伟大目标，面向 2030 年，通过分析消除贫困的未来图景、实然现状与本质内涵，分析农村职业教育精准扶贫的理论基础与实践效能，从而探究农村职业教育精准扶贫的治理路径。

一、"消除贫困"的未来图景与实然状态

（一）消除贫困的未来图景

2015 年 9 月 25 日，联合国可持续发展峰会通过了具有里程碑意义的《2030 年可持续发展议程》，规划了未来世界可持续发展蓝图，设立了 17 大目标，涵盖了消除贫困与饥饿、健康、教育等多个领域，其中"贫困"作为高频词汇在全议程中出现 31 次，且"目标 1"即为"在全世界消除一切形式的贫困"；"目标 2"为"消除饥饿，实现粮食安全，改善营养状况和促进可持续农业"。作为国际社会对消除贫穷与饥饿的规划，《议程》在"序言"部分就承诺"决心为所有人，包括为数百万被剥夺机会而无法过上体面、有尊严、有意义的生活和无法充分发挥潜力的人，建设一个更美好的未来。我们可以成为成功消除贫困的第一代人；我们也可能是有机会拯救地球的最后一代人。如果我们能够实现我们的目标，那么世界将在 2030 年变得更加美好。"

美国国家情报局发布的《全球趋势 2030：变换的世界》中分析了世界四大趋势，其中第一大趋势"个人能力显著增长"中提及的第一条即是"贫困人口减少"，并预测"随着全球经济广泛发展，越来越多的人将摆脱

绝对贫困。如果不发生长期经济危机，全球贫困人口在未来20年将持续减少，根据一些模型推断，到2030年绝对贫困将减为当前的一半。多数情况下，到2030年，全球将凯歌高奏"。"在全球中产阶级膨胀"中涉及"根据亚洲开发银行的研究，一旦中国政府新的目标兑现，即家庭支出至少与GDP增长同步，中国中产阶级人口势将激增。到2030年，超过75%的中国人将迈入中产阶级行列，赤贫绝迹"。

表7-3 关于贫困的2030年未来图景

论及"贫困"的预测与规划	发展目标	2030年可持续发展图谱
2030年可持续发展议程	在全世界消除一切形式的贫困	• 到2030年，在全球所有人口中消除极端贫困 • 到2030年，按各国标准界定的陷入各种形式贫困的各年龄段男女和儿童至少减半 • 到2030年将适合本国国情的全民社会保障制度和措施在较大程度上覆盖穷人和弱势群体 • 到2030年，确保所有男女，特别是穷人和弱势群体，享有平等获取经济资源的权利，享有基本服务，获得对土地和其他形式财产的所有权和控制权，继承遗产，获取自然资源、适当的新技术和包括小额信贷在内的金融服务 • 到2030年，增强穷人和弱势群体的抵御灾害能力，降低其遭受极端天气事件和其他经济、社会、环境冲击和灾害的概率和易受影响程度 • 到2030年，大幅增加掌握就业、体面工作和创业所需相关技能，包括技术性和职业性技能的青年和成年人数
21世纪议程	将减轻贫困作为一项重要优先事项	• 协助制订和执行有关减轻贫困和可持续发展的国家行动方案 • 促进发展中国家间为消除贫困活动进行技术合作 • 加强联合国系统内协调消除贫困行动的现有结构，包括建立一个进行信息交流的联络中心，以及制订和执行可仿效的消除贫困试点项目 • 在执行《21世纪议程》的后续工作中，将审查在消除贫困方面取得的进展列为高度优先事项 • 对各国际组织和机构，包括金融机构的政策作一次审查，以确保继续向穷人和有需要的人提供基本服务 • 促进开展国际合作，解决贫困的根源

论及"贫困"的预测与规划	发展目标	2030年可持续发展图谱
联合国千年宣言	发展与消除贫穷	• 我们将不遗余力地帮助我们十亿多男女老少同胞摆脱目前凄苦可怜和毫无尊严的极端贫穷状况 • 我们决心使每一个人实现发展权,并使全人类免于匮乏 • 我们决心在国家一级及全球一级创造一种有助于发展和消除贫穷的环境
全球趋势2030:变换的世界	贫困人口减少	• 全球贫困人口在未来20年将持续减少,到2030年绝对贫困将减为当前的一半 • 到2030年,超过75%的中国人将迈入中产阶级行列,赤贫绝迹
中央十九大报告	脱贫攻坚战取得决定性进展	• 六千多万贫困人口稳定脱贫 • 贫困发生率从百分之十点二下降到百分之四以下

在关于贫困的未来图景的展望下,我国的贫困发展呈现如下趋势。

首先,贫困人口边缘化趋势明显。随着贫困人口数量的减少,政府贫困效果呈现出边际效率递减的现象,农村贫困人群在组合上的边缘化倾向越来越明显。[1] 他们越来越集中在人力资本较少、生存能力较差的人群。都阳等学者将我国农村贫困性质的演变划分为三个阶段,且认为我国农村贫困已进入第三个阶段(见表7-4)[2]。

表7-4 不同阶段农村贫困性质的演变

阶段	时间	贫困性质	减贫方式	贫困根源
第一阶段	1979~1975年	全面贫困	体制改革和发展生产力	改革效应
第二阶段	1986~2000年	区域性贫困	区域开发带动经济增长	增长和投入效应
第三阶段	2001年~	边缘性贫困	就业机会和社会保障	保障效应

其次,相对贫困日益显著。我国在区域发展、城乡居民、区域内部、农村内部等收入分配以及城乡各项人类发展指标等方面的差距使得农村贫

---

[1] 吴海涛,丁士军. 贫困动态性:理论与实证 [M]. 武汉:武汉大学出版社,2013:74.

[2] 都阳,蔡昉. 中国农村贫困性质的变化与扶贫战略调整 [J]. 中国农村观察,2005 (05):2-9.

困问题日渐突出。

（二）贫困的实然现状

改革开放 40 年来，7 亿多贫困人口摆脱贫困，农村贫困人口减少到 2015 年的 5575 万人，贫困发生率下降到 5.7%，基础设施得到明显改善，基本公共服务保障水平持续提高，扶贫机制创新迈出重大步伐，有力促进了贫困人口基本权利的实现，为全面建成小康社会打下了坚实基础。

联合国《2015 年千年发展目标报告》显示，中国极端贫困人口比例从 1990 年的 61% 下降到 2002 年的 30% 以下，率先实现比例减半，2014 年又下降到 4.2%，中国对全球减贫的贡献率超过 70%。[1] 中国成为世界上减贫人口最多的国家，也是世界上率先完成联合国千年发展目标的国家，为全球减贫事业做出了重大贡献，得到了国际社会的广泛赞誉。

然而，中国减贫面临的形势依然严峻。贫困人口规模较大，贫困程度较深，减贫的成本更高、难度更大，这是当前中国减贫面临的主要问题。中国减贫已进入啃硬骨头、攻坚拔寨的冲刺期。目前，中国减贫所面对的多数是贫中之贫、困中之困，减贫的任务十分艰巨。一是数量多。截至 2015 年年底，全国还有 14 个集中连片特殊困难地区、832 个贫困县、12.8 万个建档立卡的贫困村，贫困人口达 5575 万人，相当于中等人口规模国家的总人数。二是难度大。未脱贫人口大多贫困程度更深、自身发展能力较弱，脱贫攻坚成本更高、难度更大。三是时间紧。中国已提出从 2016 年起，平均每年要实现减贫 1000 万人以上。四是易返贫。不少贫困户稳定脱贫能力差，因灾、因病、因学、因婚、因房返贫情况时有发生，新的贫困人口还会出现。

---

[1] 联合国开发计划署. 千年发展目标报告［EB/OL］. http：//www.cn.undp.org/content/china/zh/home/library/mdg/mdg - report -2015/，2017 - 4 - 13.

农村职业教育发展**新论**

单位：万人

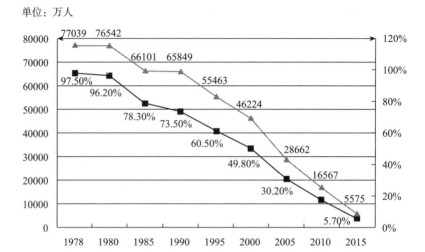

图7－6　按现行农村贫困标准衡量的农村贫困状况　（来源：国新网）

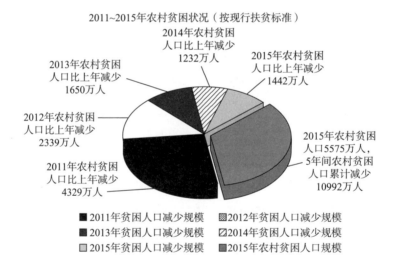

图7－7　2011～2015年农村贫困人口累计减少10992万人　（来源：国新网）

中国政府承诺，在2015年已经完成1442万人脱贫的基础上，从2016年起每年都要完成1000万以上贫困人口的脱贫任务。中国作为世界减贫事业的积极倡导者，国际人权事业的忠实实践者和有力推动者，承诺到2020年实现农村贫困人口全部脱贫。这既是全面建成小康社会的必要条件，也是落实联合国《2030年可持续发展议程》的重要一步。

（三）贫困的本质

贫困本身具有丰富的社会含义，是一个涉及社会学、经济学、人类学、政治学的综合的、复杂的社会现象与问题。❶ 随着社会经济的发展，贫困的存在形式和演绎变化呈现出新的特征。研究者对贫困概念的认识经历了一个由经济领域深入社会政治领域，从简单到复杂，从狭义到广义，由静态描述到动态分析，由表及里，由现象到本质的逐步深化过程。

关于什么是贫困，英国经济学家罗恩特里（1901）在《贫困——关于乡村生活的研究》中将贫困家庭定义为：如果一个家庭的总收入水平不足以获得维持身体正常功能所需的最低数量的生活必需品，这个家庭就基本上陷入了贫困之中。罗恩特里的论述被称为贫困定义的生物学方法，尽管存在弊端，但由于其定义强调绝对贫困，而绝对贫困是贫困问题无法回避的内核。❷ 20 世纪 80 年代，经济学家阿玛蒂亚·森在其《贫困与饥荒》《以自由看待发展》著作中提出了"能力贫困"的概念。他认为，贫困是基本能力的剥夺和机会的丧失，而不仅仅是低收入。阿玛蒂亚·森认为实现贫困从收入到能力的转变，即实现了其本质与成因的内生化。森开辟了一个全新的可行能力视角来衡量和评价个人的实际生活状态，这种定义的重要意义在于：可行能力以人为主体，以自由为中心，是一个比收入更能准确反映人们实质生活状况和质量的概念；可行能力本身包括收入水平，低收入是可行能力剥夺的重要原因但不是唯一原因，收入对可行能力的影响可以因个人年龄、性别、社会角色、居住环境等变化而变化；可行能力贫困更能反映贫困的真实状况，即"真实贫困"。可见，对于贫困本质的认识，能力贫困是一个比收入贫困更加精准的概念，能力贫困包括收入贫困，但比收入贫困更能反映和揭示贫困的内在本质特征。❸

---

❶ 王春萍. 可行能力视角下城市贫困与反贫困研究 [M]. 西安：西北工业大学出版社，2008：5.

❷ 吴海涛，丁士军. 贫困动态性：理论与实证 [M]. 武汉：武汉大学出版社，2013：1.

❸ 岳映平. 精准扶贫的一个学术史注角：阿马蒂亚·森的贫困观 [J]. 经济问题，2016（12）：17－20.

基于此，联合国、世界银行等权威机构对贫困进行了定义：贫困并不只是表现为衣食住行的短缺，也不仅仅只是物质层面的"穷"。在更深的层面，贫困意味着对人的选择和机会的否定和对人格的侵害，意味着缺乏有效地参与社会的基本能力，无法享受基本的教育和医疗服务，被排斥在群体生活之外，被剥夺福利状态。因此，贫困是一个动态的、历史的和地域的概念，在经济发展的初级阶段，绝对贫困被广泛关注，在经济发展的高级阶段，相对贫困和多维度的贫困备受关注。贫困理论研究者一般将贫困划分为物质贫困、能力贫困、权利贫困和多维贫困等范式（见表 7 – 5）。

表 7 – 5　贫困的定义类型及具体表现

贫困的理论阐释	贫困的具体表现
物质贫困	缺少资金、资产等物质资源
能力贫困	缺少生存能力、健康生活能力、知识与技能、自尊和社会参与能力等
权利贫困	生存权、受教育权、发展权、话语权等基本权利没有保障
多维贫困	缺少权利、不能长寿、缺乏知识、没有尊严和体面的生活

二、农村职业教育精准扶贫的理论基础与实践效能

（一）教育精准扶贫的理论基础

阿玛蒂亚·森创立的可行能力理论，认为贫困产生的内在机制在于可行能力与权利的被剥夺，提出导致贫困的"发展—自由—生活质量"之间的内在逻辑关系，而贫困的本质是人基本能力的缺失和被剥夺（见图 7 – 8）。人力资本的不足、教育权利的不公平等都是造成可行能力缺失的因素。为此，必须注重人力资本的开发和赋值，提高贫困人口可持续发展的内在动力，消除贫困的脆弱性与持久性，才是消灭贫困的根本路径。❶ 阿玛蒂亚·森在其著作《经济学与伦理学》中认为良好教育、优质培训可以提高穷人自身能力，使其获得更高收入、摆脱贫困。❷

---

❶　李兴洲. 公平正义：教育扶贫的价值追求 [J]. 教育研究，2017（03）：31 – 37.

❷　崔赢一. 精准扶贫背景下的基层政府瞄准识别机制研究 [D]. 郑州大学，2016.

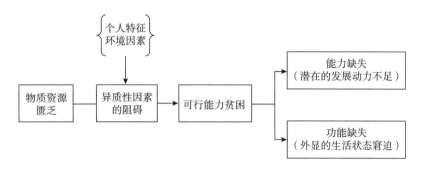

图 7-8 可行能力贫困思想

（二）教育与精准扶贫的逻辑关系

教育对开发人力资本具有积极的干预和影响作用。充分发挥教育对"代际贫困"的阻隔是一种原点式、标本兼治的扶贫措施。世界银行的研究结果显示，以世界银行的贫困线为标准，如果家庭中的劳动力接受教育年限少于 6 年，则贫困率大于 16%；若将接受教育年限增加 3 年，则贫困率会下降到 7%；若教育年限为 9~12 年，则贫困率下降到了 2.5%；若教育年限超过 12 年，则几乎不存在贫困的状况。教育程度的变量同样会反映在平均收入的结果中。[1] 国际食物政策研究所（IFRRI）生产与环境部高级研究员樊胜根利用我国 1970~1997 年的省级数据，运用联立方程模型估算不同类型的政府投入效果。结果表明，我国政府对教育公共投资的扶贫效果最大，平均增加 10000 元的教育投资，就可帮助 9 个人脱贫，这种扶贫效果比科研投资的扶贫效果高出 30%。

（三）职业教育精准扶贫的实践效能

1. 职业教育定位的精准性与高效性

职业教育是广泛面向社会人员的教育，在终身教育体系中占据主体地位，更适应精准扶贫工作的需要。联合国教科文组织（UNESCO）于 2001 年发布的《修订的关于技术和职业教育的建议书》，包括 10 个部分 100 条，其中 7 个部分共有 12 条专门论及扶贫助困。第 2 条就提出：应将技术和职业教育视为"有助于减轻贫困"的一种方法。2005 年《国务院关于大力发展职业教育的决定》明确提出，把加快职业教育发展特别是加快中

---

[1] 李兴洲. 公平正义：教育扶贫的价值追求 [J]. 教育研究，2017（03）：31-37.

等职业教育发展与繁荣经济、促进就业、消除贫困、维护稳定、建设先进文化紧密结合起来。❶ UNESCO 发布的"教育 2030 行动框架"高度重视职业技术技能的培养，内容包括获得就业、体面工作和创业所需职业技术技能，消除性别差距以及确保弱者的机会，应对快速变化的贫困的持续、不平等的扩大问题等。因此，对于广大尚未脱贫的家庭人员而言，如果能在职业教育中习得一技之长，无疑就增加了脱贫致富的本领。

2. 职业教育目的的一致性与指向性

从教育目的来看，职业教育重在培养生产和管理一线的技术技能型人才，为经济社会发展提供人力资源支撑。可见，接受职业教育的民众能够更快地融入工作，投入生产经营一线并创造"生产力"，在就职初期获得较高收入。❷ 吉利（2003）提出，职业教育的目的是提高学习者的就业素质和工作素质，更强调针对性、实用性。有学者对我国三个不同时期扶贫治理工作实践进行分析后发现，我国当前面临的扶贫工作难度在不断加大，中国贫困人群致贫的主要因素中"技术与劳动力短缺"和"因学致贫"所占比例是 23.90% 和 4.96%（见图 7-9）。❸ 由此可见，包括职业培训在内的职业教育与精准扶贫目标高度一致。

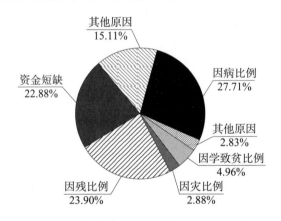

图 7-9 中国贫困人群致贫原因及结构比例

---

❶ 何丕洁. 对职业教育精准扶贫问题的思考 [J]. 教育与职业，2015（30）：5-7.

❷ 王大江，孙雯雯，闫志利. 职业教育精准扶贫：理论基础、实践效能与推进措施 [J]. 职业技术教育，2016（34）：47-51.

❸ 崔赢一. 精准扶贫背景下的基层政府瞄准识别机制研究 [D]. 郑州大学，2016.

3. 职业教育扶贫贡献的直接性与长效性

作为与经济社会产业联系最为紧密的教育类型，职业教育与其他类型教育的主要区别在于其具有高收益率的特点。实践证明，"以职业教育脱贫、阻断贫困代际传递"成效明显，精准扶贫的贡献作用具有直接性和长效性。特别是对贫困地区人口进行职业技能和技术培训，可有效促进劳务输出工作，直接提高贫困人口收入。相关研究考察了各变量对收入不平等的贡献率（见表7-6）发现，除了生产性固定资产，接受培训程度差异是造成收入不平等的最重要因素，它对农户不平等的贡献率达到了13.3%。在新型城镇化时代背景下，青壮年农村劳动力大量外出务工的前提下，接受职业技能培训的农民在劳务输出以后在获取更高工资的可能性超过没有接受职业技能培训的农民。受教育程度为代表的人力资本差异是造成农户收入差距的第三位因素，它定义收入不平等的贡献率为8.3%。基于此，对于低收入农户而言，积累生产性资产之外，职业教育与培训的实施效应具有直接性且贡献率高。

表7-6 各解释变量对收入不平等的贡献

各变量	基尼系数	贡献率%
家庭规模	-0.001	-0.41
户主年龄	-0.002	-0.83
户主受教育程度	0.020	8.30
户主受培训程度	0.032	13.28
生产性自查原值	0.161	66.80
耕地面积	0.016	6.64
税费支出	0.003	1.24
劳动力比重	0.008	3.32
外出劳动力比重	0.004	1.66
所有变量	0.241	100.00

注：这里的收入是指拟合收入扣除常数项后的收入项。

数据来源：吴海涛，丁士军. 贫困动态性：理论与实证［M］. 武汉：武汉大学出版社，2013.

三、农村职业教育精准扶贫的治理路径

（一）绿色理念引领，构建"脱贫能力为基础、可行能力为核心"的分析框架

职业教育精准扶贫是一项系统工程，不仅涉及技术层面，更涉及思维理念、价值取向等观念层面，是一个"价值理性"优先于"工具理性"的过程。❶ 科学的战略思维、发展理念与分析框架作为职业教育精准扶贫实践的逻辑前提和行动指南，引领职业教育实现脱贫攻坚大局。党的十九大报告指出"必须坚定不移贯彻创新、协调、绿色、开放、共享"五大发展理念。《2030 年可持续发展议程》的核心是通过全面普及绿色发展理念，积极推动绿色经济和绿色就业的发展，促进整个社会实现可持续的发展目标。在这一视角下，作为与经济、产业和就业联系最为密切的教育类型，职业教育的可持续发展急需向绿色职业、绿色经济和绿色技能转换，即实现整个职业教育的绿化，这已经成为国际社会的共识。绿色技能又称"可持续发展技能"，是指劳动力支持并促进工商业和社区可持续的社会、经济发展和环境友好而需要的技术、知识、价值观和态度。❷ 基于以上趋势，农村职业教育在精准扶贫中应该将"脱贫能力为基础、可行能力为核心"的可持续发展内化为职业教育发展的基本原则和目标。

鉴于对贫困内涵和成因认识的深入，职业教育在未来扶贫过程中，既要赋予贫困人群短期内摆脱贫穷的能力，更要为防止其返贫而使其具备可持续发展能力。当前，中国的返贫问题具有频繁、易发和反复性特点，反映出中国脱贫人口的抗贫能力与基本素质较差，尤其是部分脱贫农户抵御各类风险冲击的能力较弱，因此，陷入了"脱贫—返贫—再脱贫—再返贫"的恶性循环之中。阿玛蒂亚·森的可行能力理论认为，人力资本的开发和赋值，可以提高贫困人口可持续发展的能力，消除贫困的脆弱性与持

---

❶ 代蕊华，于璇. 教育精准扶贫：困境与治理路径 [J]. 教育发展研究，2017（07）：9-15.

❷ 李玉静. 《2030 年可持续发展议程》下的职业教育发展 [J]. 职业技术教育，2015（31）：1.

久性。基于此，生计、可行能力、脆弱性与贫困存在难以割舍的联系。研究发现，"DIFD可持续农户生计框架""Dercon脆弱性分析框架"在农户生计问题分析中存在共同的目标和系列共同属性，因此基于阿玛蒂亚·森的可行能力理论，将两种分析框架融合加以运用，构建出基于"脱贫能力为基础、可行能力为核心"培养目标的贫困人口生计分析框架（见图7-10）。

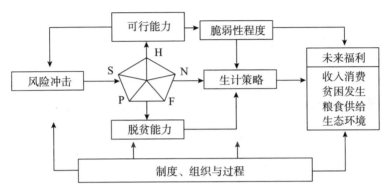

图7-10　基于可行能力的农户生计与贫困的分析框架

注：H：人力资本；S：社会资本；N：自然资本；P：物质资本；F：资金资本

　　该分析框架的基本内涵是，农户的生计资本暴露于一系列风险冲击中，应对风险的能力由农户的资本决定。风险冲击对农户的贫困产生不同程度的影响，而这与农户自身应对风险的可行能力密切相关。可行能力又是衡量脆弱性程度的重要内容，从而进一步影响其生计策略和福利状况。其中贫困是脆弱性的直接表现，当受到不利的风险冲击时，脆弱的人群更容易跌落贫困线，成为贫困人口。越是脆弱，贫困的程度越严重。此外，整个的农户生计受到了系列制度、组织以及过程等因素影响。

（二）聚焦动态贫困，精准分类施策，提高职业教育扶贫针对性与有效性

　　实施精准扶贫基本方略，需要进行分类施策，从而有效提高扶贫措施的针对性。已有相关学者基于区域"精准扶贫"战略布局从产业发展、经济社会发展的角度，围绕地区产业发展的实际需求，深入分析人才培养需求的重点，从而构建定向农村职业教育的分类发展体系。❶ 然而，精准扶贫的核心要义在于"精准"，其中最为重要的前提是对象的精准，即有必要聚焦于贫困中"人"的状态并对其进行分类。比如，谁在进入和退出贫困？他们怎样进入和退出贫困？未来会怎样贫困？这是对贫困对象、性质以及前瞻性预测的动态性研究逻辑主线。关于贫困动态性的普遍性定义是：在一段相对较长的时期内，个体或者家庭进入或退出贫困的运动与过程（Hill，1983）。对于贫困研究性质的把握，阿玛蒂亚·森认为贫困陷阱破解的总体思路是区分两种性质不同的能力贫困类型：突发性的、短期性的能力贫困和持续性的、长期性的能力贫困。发展经济学家休姆（Hulme）和西普赫德（Shepherd）（2003）则基于动态视角，根据进入和退出贫困的频率以及处于贫困状态的时间长短，将永久性贫困和经常性贫困统称为慢性贫困（见图 7 - 11），而反复贫困和偶尔性贫困被定义为暂时性贫困（见图 7 - 12）。

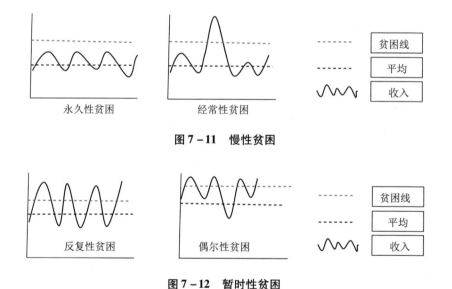

图 7 - 11　慢性贫困

图 7 - 12　暂时性贫困

---

❶　唐智彬，刘青. 精准扶贫与发展定向农村职业教育——基于湖南武陵山片区的思考 ［J］. 教育发展研究，2016（07）：81 - 84.

相关研究对慢性贫困、暂时性贫困的影响因素进行比较发现，影响其变量参数系数大小存在较大差别，部分变量系数显著性水平存在差别，个别变量系数的方向相反（见表7－7）。❶ 其中比较一致正向显著因素用"＋"标识，比较一致负向显著因素用"－"标识，不显著的因素用"?"标识。数据表明，户主教育程度对慢性贫困有显著影响，但对暂时性贫困并没有显著影响。户主接受专业培训、劳动力比重以及耕地面积等对慢性贫困、暂时性贫困以及贫困脆弱性的影响是一致的，且都为负向显著。

表7－7　贫困动态性影响因素比较

各变量	贫困脆弱性	暂时性贫困	慢性贫困
户主年龄	＋	?	＋
户主教育程度	－	?	－
户主接受专业培训	－	－	－
家庭大小	?	＋	＋
劳动力比重	－	－	－
耕地面积			
耕地面积标准差	－	＋	＋
生产性固定资产价值	?	－	－
外出务工人口比重	?	?	?
非农活动月数	＋	?	

数据显示，影响慢性贫困和暂时性贫困农户的影响因素是有区别的，对不同类型农户的贫困性进行缓解需要根据其影响因素的不同而采取不同类型的扶贫措施，这样才能保障职业教育进行扶贫的有效性。比如，农村职业教育可以通过采用"短、平、快"的培训方式，为贫困人口提供技能，并起到实际的脱贫效果，这对于无论是慢性还是暂时性贫困人口皆为有效。同时，要重视农村职业教育对贫穷人口"可行能力"的可持续化培养，拓展贫困人口视野，树立走出贫穷的决心与信念，这是智力扶贫的基

---

❶ 吴海涛，丁士军. 贫困动态性：理论与实证 ［M］. 武汉：武汉大学出版社，2013.

础。❶ 同时注重定向职教项目对贫困地区人群的长期关注，通过相关配套产业扶贫措施，培养贫困人口可持续发展能力，减少其贫困脆弱性，帮助其永远摆脱贫穷。

（三）引入 PPP 模式，补位社会工作，构筑多方协同的职业教育精准扶贫格局

贫困地区传统的教育培训主要由政府提供，财政支持、师资力量、基础设施等资源都相对缺乏，不利于促进公共服务效率的提升。在精准扶贫中可以纳入 PPP 模式❷，创新和激活我国贫困地区公共服务供给形式、完善体系、推进均等化，鼓励和引进社会资本参与投资与建设，这对提高贫困地区公共服务供给效率、降低经营风险、实现资源优化配置具有重要意义，且将成为深入推进精准扶贫重要的选择。❸

首先，发挥政府主体作用，构建复合型贫困治理体系。可行能力理论强调政府在反贫困政策过程中，是多元主体的参与者和合作者之一。为此，应当结合我国国情，建立以农村贫困人口为中心，以农村社区为场域，政府引导多元社会主体的复合力量参与农村贫困治理。积极推动精准扶贫治理层级的扁平化，实现从政府单独集中教育扶贫资源、单独拥有权利与责任向多元主体共享资源和分担扶贫责任的转变，强化村级主体在精准扶贫中的地位和作用，实现"政府—社会力量—村民自治"之间的有序衔接，充分激发全社会力量在教育扶贫领域内的活力，鼓励引导学校、企业、社会团体、非政府组织、国际组织等汇聚成多元的社会扶贫资本，形成多元主体协同推进的职业教育扶贫长效机制。

其次，彰显社会工作❹优势，实现帮扶资源和精准扶贫有效对接。《中

---

❶ 唐智彬，刘青. 精准扶贫与发展定向农村职业教育——基于湖南武陵山片区的思考［J］. 教育发展研究，2016（07）：81－84.

❷ PPP（Public Private Partnership）模式是指政府与私人组织之间，为了提供某种公共物品和服务，以特许权协议为基础，彼此之间形成一种伙伴式的合作关系，并通过签署合同来明确双方的权利和义务，以确保合作的顺利完成，最终使合作各方达到比预期单独行动更为有利的结果。

❸ 廉超. PPP 模式助推精准扶贫、精准脱贫［J］. 贵州社会科学，2017（01）：152－157.

❹ 代表性定义如下：社会工作是一种助人自助活动。威特默尔（Witmer）1942 年在其所著的《社会工作：一种制度的分析》一书中认为：社会工作是有组织的机构或团体为解决个人所遭遇的困难而实施的一种援助，是为协助个人调整其社会关系而实施的各种服务。

共中央国务院关于打赢脱贫攻坚战的决定》中强调"鼓励支持民营企业、社会组织、个人参与扶贫开发"。社会工作作为引导者、增能者和资源链接者，在国内外促进贫困者就业方面发挥重要作用。实践证明，职业社会工作制度已经成为英国、德国、瑞士、美国等西方国家反贫困制度体系不可或缺的组成部分，社会工作在协调利益关系、搭建服务平台、激发基层活力、评估监督一体等方面均能发挥积极作用。❶ 到 2015 年底，中国民办社会工作机构有 4686 家，东部地区北京、上海、江苏、福建、山东等地机构数量达到 100 家，浙江突破 500 家，广东更是突破 1000 家，这些社会机构的广泛参与都将助力职业教育精准扶贫的整体效能。

最后，依托互联网技术，构建多方协同的职业教育发展联盟。《关于职业技术教育与培训（TVET）的建议书》中提出应在职业技术教育与培训中充分利用信息和传播技术的潜力。因此，应着力通过建立统一扶贫工作信息交流与管理平台，创新区域内、跨区域协同互动模式，创建城乡协同攻坚共同体，构建国际职业教育精准扶贫开发联盟等，在多元主体间搭建跨空间跨时间的稳定性、制度化的协作扶贫渠道，从而真正构筑多方联盟协同推进的职业教育精准扶贫格局。

---

❶ 李迎生，徐向文. 社会工作助力精准扶贫：功能定位与实践探索［J］. 学海，2016（04）：114－121.

研究图谱：农村职业教育研究新进展

"三农"问题始终是我国经济社会供给侧改革与研究聚焦的主要领域之一，随着我国"四化同步"战略尤其是新型城镇化、农业现代化以及党的十九大关于乡村振兴战略的提出，农村职业教育研究受到了更多的关注，许多问题成为农村职业教育研究的重要课题。本章主要以可视化分析系统与工具 Citespace 软件，对 2000 年以来的农村职业教育现状以及未来的研究趋势进行可视化分析，为学者开展深入的研究提供一些话题或者启示。

第一节　我国农村职业教育研究概况

2000 年以来，连续十多个"中央一号文件"都聚焦"三农"问题，"中央一号文件"已然成为中共中央重视农村问题的专有名词。农村职业教育对农村经济发展、解决三农问题、促进农业现代化、新型城镇化、培育新型职业农民等方面都有重要意义。在这样的大环境下，非常有必要对我国农村职业教育研究的现状、问题及趋势进行分析，进一步把握农村职业教育研究发展方向，真正将研究落到实处，进而促进农村职业教育的发展。

一、研究设计

1. 研究工具

本研究通过基于德雷塞尔大学华裔研究者陈超美开发并开放授权使用的可视化分析系统与工具 Citespace V，对 2000 年以来的农村职业教育相关研究进行可视化分析。

通过对文献数据信息的可视化处理，可以探测出某一学科或领域的热点主题及其演进。Citespace 软件的功能按钮主要有关键词（keyword）、机构（institution）、作者（author）、作者被引（cited author）、杂志被引（cited journal）、文献被引（cited reference）等，可以根据需要选择相应功能按钮进行可视化分析。"关键词"作为学术论文的重要组成部分和精髓，通过共现能够敏锐、直接反映出某一领域的研究热点与前沿。"机构""作者"则能够反映相关研究领域学科队伍建设情况、相关研究领域学术带头人的成就。Citespace 软件的词频跳变算法为关键词共现的可视化分析提供了可能。❶

2. 研究方法

基于对 2000 年以来我国农村职业教育研究进展探索的研究目的，本研究数据以中国知网（CNKI）为数据来源，检索了 2007 年 1 月～2017 年 12 月发表在全国中文核心期刊和 CSSCI 期刊上的主题为"农村职业教育"的论文，共获得数据 871 条（2017 年 12 月 6 日搜索结果），经过数据筛选和剔除不良数据，最终获得数据 598 条。

在 Citespace 中对文献参数进行设置，将时间节点（time slicing）设置为 1，时间跨度为 2007～2017 年，TopN 为 15，节点类型（Node types）为关键词（Keyword）、发文机构（Institution）、作者（Author），首次分析不予以任何算法的修剪。

---

❶ 闫守轩，朱宁波，曾佑来. 十二年来我国课程研究的热点主题及其演进——基于 2001—2012 年 CSSCI 数据库关键词共现知识图谱的可视化分析［J］. 全球教育展望，2014（03）：64–72.

二、结果分析

（一）我国农村职业教育研究机构概况

通过 Citespace 的机构共现分析，可以探究当前我国农村职业教育研究的力量分布以及各机构间的合作情况。河北科技师范学院、江苏理工学院（原江苏技术师范学院）、湖南农业大学、西南大学和华东师范大学是我国农村职业教育研究的主要力量，同时以这些机构为中心，形成了若干小范围的研究机构群。机构合作网络中共有节点 541 个，连线 184 条，网络整体密度仅为 0.0013。这说明我国农村职业教育研究的机构较多，但是各机构间的合作不够紧密，尚未形成规模化、组织化的研究群对农村职业教育进行系统化、结构化的研究。此外，作为主要研究力量的五个机构间，华东师范大学与江苏理工学院存在小规模的区域性合作网络，其他机构间并未形成合作关系网络，仍然处于较为封闭的、各自研究的状态。

为定位我国农村职业教育研究的核心机构，本研究通过 Citespace 软件统计了各个研究机构在农村职业教育方向的发文频次。其中，发文频次最高的机构是河北科技师范学院（40 篇），以曹晔为主要研究者；其次是江苏理工学院（24 篇），以马建富为主要研究者；湖南农业大学（24 篇），主要研究者是夏金星，研究集中在农村职业教育公共产品的分析；西南大学（24 篇），研究者较多，研究的内容包含新型职业农民、国外经验借鉴等多个方面。上述结果表明这四个机构在农村职业教育的研究方面有一定的研究力量，具有较大潜力。

（二）作者合作分析

通过 Citespace 的作者共现分析功能，可以统计普职融合领域研究者的发文量，并且通过发文量定位核心作者，通过对核心作者的学科背景及关注领域等方面的分析，可以为普职融合的后续研究提供一些参考和借鉴。此外，通过该功能还可以探究普职融合领域研究者团体的形成现状。

通过作者共现分析可知，在农村职业教育领域发文较多的作者主要有马建富、曹晔、唐智彬等，发文量分别为 14 篇、14 篇和 10 篇。其中，马建富是江苏理工学院农村职业教育研究所所长，主要研究方向是农村职业教育、成人教育等，研究的内容主要包括宏观层面的农村职业教育相关政策分析及新型职业农民培训、农民工市民化等；曹晔现在是天津职业技术师范大学教授，研究方向是职业教育与经济，研究主要集中在农村职业教育办学、宏观层面的发展情况等方面；唐智彬是湖南师范大学职业教育研究所副教授，研究方向主要是职业教育基本理论和职业教育政策。

此外，通过分析可知，作者合作网络中共有节点709个，研究者较多，但是我国当前农村职业教育研究群体较为分散，网络密度仅为0.0015，仅在研究机构内部或较小的区域内形成了一定的合作关系。

（三）关键词分析

1. 关键词共现分析

在知识图谱中，圆表示关键词节点，圆越大说明对应关键词出现的频率越高。节点年轮颜色及厚度表示出现时段，即圆内色环越厚，表明该颜色对应年份出现的频率越高❶。图8-1中农村职业教育、职业教育、农村、新农村建设、新型职业农民等关键词节点具有紫色外圈，说明这些关键词是农村职业教育研究中的关键节点，表示这些关键词与其他关键词之间存在广泛的联系，这些节点一般是农村职业教育研究的重点与关键点，在链接各关键词间起到中介作用，应该对这些关键词进行重点关注。

图8-1 关键词共现

---

❶ 马欣悦，石伟平. 二十一世纪以来我国职业指导研究进展——基于 Citespace 的可视化文献分析 ［J］. 职教论坛，2017（16）：65-70.

　　其次，关键词的出现频次与研究热度呈正相关。❶ 中心度和频次高的关键词代表一段时间内研究者共同关注的问题，即研究热点。关键词的共现频次越高，说明节点在该领域越重要。❷ 如表8-1所示，目前我国农村职业教育领域研究主要集中在农村职业教育、职业教育、新型职业农民、精准扶贫、对策、农村等，且出现了农村职业教育、职业教育、新型职业农民三个高突显关键词。关键词共现与突现的较高吻合度说明研究热点在特定时期的相对稳定性。❸ 此外，农村职业教育领域研究频次较高的关键词与其中心性也基本一致，说明农村职业教育领域的研究形成了较明显的热点。

表8-1　关键词词频及中心性

Frequence	Centrality	Year	Keyword
320	1.12	2007	农村职业教育
89	0.20	2007	职业教育
12	0.10	2014	新型职业农民
7	0.09	2016	精准扶贫
40	0.08	2007	对策
13	0.07	2007	农村

2. 聚类分析

　　基于关键词共现图谱构建的聚类分析（Top N = 15），共得到38个聚类。聚类是衡量某一学科研究状况及其热点主题的重要指标之一，整合后的网络可以被分割为由引用该聚类引文的施引文献形成的聚类，每个聚类都包含一系列文章，每个聚类都是由一组研究方向相同或相近的科学家的引用行为形成的。每个聚类的标签以引用该聚类引文的施引文献的关键词

　　❶　罗良针，余正台. 基于 Citespace 的国内积极心理学研究演进路径分析 [J]. 西南民族大学学报（人文社科版），2017（02）：214-220.
　　❷　王娟，陈世超，王林丽，杨现民. 基于 Citespace 的教育大数据研究热点与趋势分析 [J]. 现代教育技术，2016（02）：5-13.
　　❸　张铭凯，靳玉乐. 我国教科书研究的新世纪图景——基于 Citespace 知识图谱的分析 [J]. 全球教育展望，2017，46（03）：54-66.

进行标记（如图8-2）。❶ 其中 Mean Silhouette = 0.9149，一般该值在0~1之间，值越高表明同一聚类内相似性越强；❷ Modularity = 0.6596 > 0.3，意味着得到的网络社团结构是显著的，❸ 综合以上两点说明聚类效果较好。在38个聚类中，前9个聚类覆盖了50%左右的文章。根据这9个聚类，可整理出表8-2。

表8-2 关键词聚类结果

Cluster ID	Size	Silhouette	Mean（Year）	Label
0	73	0.832	2014	农村职业教育
1	48	0.732	2012	职业教育
2	39	0.748	2012	问题
3	34	0.823	2014	新型职业农民
4	20	0.96	2013	启示
5	19	0.926	2013	劳动力转移
6	18	0.935	2013	农村
7	14	0.944	2016	精准扶贫
8	10	0.951	2016	学校教育

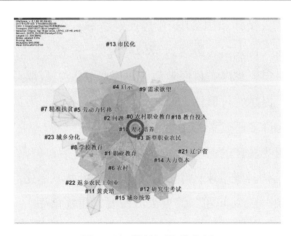

图8-2 关键词聚类分析

---

❶ Chaomei Chen. Science Mapping：A Systematic Review of the Literature ［J］. Journal of Data and Information Science，2017，2（02）：1-40.

❷ 范帅邦，郭琪，贺灿飞. 西方经济地理学的政策研究综述——基于 CiteSpace 的知识图谱分析［J］. 经济地理，2015（05）：15-24.

❸ 丁汉青，刘念. 情绪识别研究的学术场域——基于 CiteSpace 的科学知识图谱分析［J］. 新闻大学，2017（02）：119-132、152.

第二节　我国农村职业教育研究现状分析

通过对已有文献的分析概括，结合 Citespace 的聚类分析结果，可以将我国农村职业教育研究的现状概括成三点：一是农村职业教育发展是宏观维度的较为宽泛的研究内容；二是新型职业农民这一微观的概念是近几年较热的研究话题；三是精准扶贫这一研究内容早已存在，但是在近两年才在农村职业教育领域中受到更多关注。

（一）农村职业教育发展

在聚类#0 中，权值最大的关键词是农村职业教育，其中包含了新型城镇化、城乡一体化、资源配置、社会转型、三农问题等子聚类。该聚类涉及范围较广，主要涉及农村职业教育发展问题、政策研究以及新型城镇化等。

1. 关于农村职业教育发展存在的问题、影响因素及策略研究

根据《中华人民共和国 2016 年国民经济和社会发展统计公报》数据显示，目前我国农村人口总数达到 58973 万人，占总人口的 42.65%。❶ 大量的农村人口决定了我国农村职业教育的重要性，农村职业教育作为促进我国农业发展、提高农村群体素质的最有效和最基本的方式，如何发展农村职业教育成为许多研究者关注的热点。

发展农村职业教育的必要性总的来说主要包括：（1）社会转型的需要；（2）产业结构升级带来的市场变革；（3）新型城镇化带来农村发展的变革；（4）解决"三农问题"需要大力发展职业教育等。

大部分研究者在探讨了必要性的基础上，也对当前农村职业教育存在的问题进行了探究。有研究者从精准扶贫的角度出发，提出当前我国农村职业教育发展基础依然相对薄弱；师资队伍建设有待提高；民众对职业教

---

❶ 国家统计局. 中华人民共和国 2016 年国民经济和社会发展统计公报［EB/OL］. http：//www. stats. gov. cn/tjsj/zxfb/201702/t20170228_1467424. html.

育的观念继续转变；教育供给与社会需求脱节等问题。❶ 也有研究者从发展的角度提出，当前我国农村职业教育基层体系破坏严重，功能难以发挥；农村职业办学水平与质量难以满足等问题。❷ 还有研究者从农村职业教育的结构出发，提出了当前我国农村职业教育内部结构不完善，农村职业教育类型结构单一，层次结构有待优化；同时外部结构发展不协调，成人教育力量弱化，职成教育缺乏有效沟通，职普教育沟通不畅等问题。❸ 另外，还有学者从办学模式的角度出发，指出当前我国农村职业教育存在办学体制单一、办学内容存在结构性缺陷，办学模式功能性不足等问题。综上所述，当前我国农村职业教育主要存在结构不合理、教育培训质量不高、与其他教育沟通不畅、资源配置不合理、农村职业教育吸引力不足、受益者参与度不高等问题。

面对这些问题，许多研究者也对产生问题的原因进行了分析。唐智彬等（2012）认为，我国农村职业教育所面临的困境是典型的依赖型困境，在当前格局中，农村处于弱势地位，相应地，农村职业教育同样不可避免地接受其弱势地位；同时，我国基层财政体制特征导致农村职业教育投入不足，也影响了农村职业教育的发展；而功能性约束是导致农村职业教育困境的根本原因。❹ 徐露诗等（2014）指出当前我国农村职业教育发展面临的阻碍一方面是因为师资队伍专业发展水平较低、基础能力建设薄弱导致"普教化"倾向以及学校办学宗旨的"普教化"倾向，而"普教化"倾向是阻碍农村职业教育发展的一个重要因素；另一方面，农村职业教育人才缺乏流动渠道，农村职业教育功能沦落以及无序的劳动市场准入制度

---

❶ 许媚. 基于精准扶贫的农村职业教育问题审视与发展路径［J］. 教育与职业，2017（18）：25 – 31.

❷ 唐智彬，石伟平. 农村职业教育发展现状及问题分析［J］. 职业技术教育，2012，33（28）：60 – 65.

❸ 王欢. 中国农村职业教育结构存在的问题及优化策略［J］. 河北学刊，2012，32（02）：232 – 235.

❹ 唐智彬，石伟平. 农村职业教育发展现状及问题分析［J］. 职业技术教育，2012，33（28）：60 – 65.

都是影响农村职业教育发展的阻力。❶ 杨洁（2008）则从制度性障碍的角度，提出了我国农村职业教育发展的体制性障碍是城乡"二元"结构；而户籍制度则是难以回避的制约，同时，法制的落后以及职业教育体制这一农村职业教育内部障碍的存在，让农村职业教育发展面临制度性的障碍。❷除了上述学者的观点，还有如政策障碍、财政障碍等方面对农村职业教育发展存在的问题进行的分析。综上所述，上到政策制定层面，下到实际操作层面，从宏观到微观，都存在导致我国农村职业教育发展产生问题的原因。

许多学者追根究底，针对问题和成因，进一步提出了自己的见解和建议。从政策层面来说，有学者提出在加大对农村职业教育投入的基础上增强政策的实用性，并改革管理体制，提高办学灵活性；❸ 加大监督力度确保"多种准入"职业制度的落实，搭建就业信息交流平台，建立健全就业服务体系。❹ 还有学者提出要完善农村职业教育法律体系，提升财政政策的权威性；加大中央与地方政府的财政投入力度，拓展农村职业教育的非财政投融资渠道。❺

从职业教育和培训的角度来说，一方面要开展农村剩余劳动力转移转向培训，实现农村劳动力转移就业的有序性和稳定性；加强"双师型"教师队伍建设，切实提高农村职业学校师资质量；❻ 创新教师培养与任职制度，加强其师资队伍建设。❼ 另一方面，要理顺职业培训管理体制，建立集中统一的培训管理制度；建立劳动就业准入制度，引导农村劳动力接受

---

❶ 徐露诗，张力跃. 我国农村职业教育发展的阻力与动力分析［J］. 职业技术教育，2014，35（22）：58－62.

❷ 杨洁. 农村职业教育发展的制度性障碍分析［J］. 职业技术教育，2008，29（31）：58－60.

❸ 李峻. 三十年来农村职业教育政策评价与建议［J］. 国家教育行政学院学报，2008（05）：38－42.

❹ 彭尚平，张涛，曹宁. 农村剩余劳动力转移背景下农村职业教育的发展［J］. 教育与职业，2012（14）：5－8.

❺ 李华玲. 对我国农村职业教育财政政策的回顾与建议［J］. 职教论坛，2013（31）：35－39.

❻ 彭尚平，张涛，曹宁. 农村剩余劳动力转移背景下农村职业教育的发展［J］. 教育与职业，2012（14）：5－8.

❼ 李小琼. 可持续发展理念下的农村职业教育改革创新［J］. 继续教育研究，2017（06）：38－40.

职业培训。❶

除此之外，还有从农村职业教育的教育模式、教育理念、教育体系等多方面提出的对策建议。

综上所述，当前的对农村职业教育发展问题、对策的研究较多，但是研究多停留在学理层面，以思辨为主，较少采用实证研究的方法，部分研究缺少支撑证据；并且研究多从宏观角度出发，多以社会大背景、政府、农村职业教育实施者为角度进行问题梳理和对策阐述，从农村职业教育直接受益者角度出发的思考和研究较少；同时从农村职业教育供给侧、需求端、管理面研究的更少。

2. 新型城镇化与农村职业教育的关系

新型城镇化是我国经济社会发展的新理念、新战略。党的十八大报告提出，要"坚持走中国特色新型工业化、信息化、城镇化、农业现代化道路"。这也为我国农村职业教育的发展与改革指明了方向。许多学者也就新型城镇化和农村职业教育的关系进行了探讨。

范红（2015）认为，农村职业教育作为促进我国农业发展、提高农村群体素质的最有效和最基本的方式，必须勇于面对并着力解决新型城镇化进程中农村所出现的新问题。❷ 唐梅芝（2016）指出，农村职业教育发展是新型城镇化的必然要求和必然选择。❸ 文康等（2015）则提出新型城镇化在促进农村职业教育重新定位、刺激大量高素质技能型人才的需求增加，同时，也需要农村职业教育提供建设与管理新型城镇化中的小城镇和农村新社区的人才。❹ 王小艳（2014）也指出，新型城镇化为农村职业教育的发展提供了新契机，提升了农村劳动力的整体素质。❺ 通过上述研究

❶　安冬平，张军. 新时期我国农村职业教育存在的问题及对策［J］. 安徽农业科学，2011，39（15）：9440－9443.

❷　范红. 基于新型城镇化的农村职业教育发展［J］. 教育与职业，2015（29）：8－12.

❸　唐梅芝. 新型城镇化背景下农村职业教育发展的挑战与未来［J］. 成人教育，2016，36（02）：84－86.

❹　文康，彭秋发，刘扬扬. 新型城镇化与农村职业教育关系研究［J］. 成人教育，2015，35（08）：33－35.

❺　王小艳. 基于新型城镇化的职业教育发展研究［J］. 教育与职业，2014，（21）：5－8.

可以看到，新型城镇化和农村职业教育之间呈现一个相辅相成的关系。但是，目前的研究更多的还是侧重在农村职业教育对新型城镇化进程的推进作用上，从新型城镇化促进农村职业教育发展的研究比较少。

谭璐（2014）指出，我国新型城镇化的发展，对农村职业教育资源的数量与质量提出了更高的要求，不断加剧了资源的紧张程度。❶ 丁振斌（2014）也指出，新型城镇化迅速发展与农村职业教育的人才培养周期较长的矛盾，使农村职业教育发展过程中暴露出滞后性问题。❷ 秦爱萍等（2014）也提出，我国处于城镇化和工业化加速发展阶段，在人口的大规模流动、农村社会结构的变化、政策制度上的不到位与农村职业教育办学条件落后的作用下，农村职业教育面临"萎缩"的困境。通过上述研究可以看到，新型城镇化对农村职业教育的发展还存在一定的制约作用。❸

一些学者也就此提出了自己的建议和对策。从农村职业教育促进新型城镇化进程的角度来看，谭晓宇（2011）提出要改革现有的农村职业教育模式，进一步拓展职业教育的职能；建立城乡公共教育资源统筹使用政策，突出优质职业教育资源向农村的有序流动和均衡配置；突出农村职业教育公益性特点，形成多渠道教育资源投入机制；加强农村职业教育的立法，健全完善法律保障制度。❹ 马建富（2013）指出，新型城镇化进程中的农村职业教育应当满足"三民"发展需求，科学定位农村职业教育培养目标和功能；摆脱二元思维定式，建设具有包容性的城乡职业教育统筹发展体系；创新人力资本投资制度，促进农民人力资本资源开发和人力资本提升；基于城镇群集体系特征，重构特色鲜明的农村职业教育发展模式。❺

从新型城镇化促进农村职业教育发展的角度看，王小艳（2014）提出要根据新型城镇化的发展方向，对职业教育进行统筹规划；把握新型城镇

---

❶ 谭璐. 新型城镇化视阈下农村职业教育发展困境破解［J］. 职教论坛，2014（13）：58－62.

❷ 丁振斌. 支持城镇化战略的农村职业教育发展探索［J］. 教育与职业，2014（26）：12.

❸ 秦爱萍，李希华. 城镇化视角下的农村职业教育发展［J］. 教育与职业，2014（02）：8－9.

❹ 谭晓宇，郭金林. 城镇化进程中农村职业教育发展的对策研究［J］. 当代教育科学，2011（15）：39－41.

❺ 马建富. 新型城镇化进程中的农村职业教育发展［J］. 教育发展研究，2013，33（11）：32－36.

化的需求导向，加大职业教育的标准化建设；依据新型城镇化建设的产业发展方向，调整职业教育的专业结构；调整职业院校战略发展方向，提升服务新型城镇化的水平；重点开展现代农业职业教育，培育新型职业农民。❶

相关的对策建议主要集中在对农村职业教育的改革方面，从法律、职业教育体系模式构建、功能定位、内容对象等角度出发，对新型城镇化下农村职业教育的发展提出思考。但是可以看到，目前的对策建议多集中在农村职业教育本身，从政策制定、人的发展等角度进行的讨论比较少。

综上，在当前的新型城镇化进程中，应当注意其与农村职业教育的关系，辩证看待二者的发展情况，注意从"物"到"人"的转变，以人为本，促进农村职业教育发展，推进新型城镇化的发展。

3. 农业现代化与农村职业教育发展的关系

党的十八大提出了"四化"同步战略，其中农业现代化成为农村发展的首要问题而被高度重视。当前，对农业现代化与农村职业教育发展的关系的研究，主要集中在农业现代化背景下农民的培育以及农业现代化背景下农村职业教育的发展策略。

在农业现代化背景下针对农村职业教育如何发展，不同的研究者也提出了自己的见解。盛子强（2015）指出，结合中国特色新型现代农业的特征，有必要进一步探讨农村职业教育的发展问题。要正确认识和处理"在农""离农"与"面农"职业教育之间的关系。一要关注"在农"职业教育，建立健全新型职业化农民教育、配需体系，加大对新型职业农民的培养力度、农业部门组织实施好新型职业农民培育工程、政府加大对职业农民培育的投资力度；二要关注"离农"职业教育，要加强中西部农村职业教育的建设力度以促进中西部地区农村劳动力就近转移、农村职业学校办好非农专业，加大第三产业专业的建设力度、加强与城镇化建设相适应的相关专业的建设；三是在"为农"职业教育方面，城市地方政府要加大对在岗农民工培训的支持力度，城市职业学校加强与农村各级政府和职能部

❶　王小艳. 基于新型城镇化的职业教育发展研究 [J]. 教育与职业，2014，(21)：5-8.

门的合作并发挥城市职业教育工学结合的优势，服务好"三农"。❶ 喻涛（2017）则提出要关注农业现代化视野下的农村职业教育可持续发展。首先要改革并完善我国农村职业教育的发展模式；其次要进一步完善农村职业教育体系；促进农业现代化发展；再次要创造良好的发展环境；引导农村职业教育走上可持续发展的道路；最后要充分运用现代化技术，加大农村远程教育投入使用。❷

农业现代化的内涵在新的时代更为丰富、层次也更高。而农民作为农业现代化建设的主体，在其中起着极其重要的作用。研究者们从新兴农业现代化对农民素质的要求出发，提出当前的不足，结合国外经验及我国现状，对农民培育问题提出自己的建议。温泉（2015）等提出要切实加强基础教育，全面提高农民的文化素质；突出教育重点，明确教育内容，注重教育实效；发挥农业广播学校在提高农民科技素质方面的积极作用；还要加强农村精神文明建设，促进农民综合素质的提高；此外，相关部门应该通力合作，保证农民教育的系统性并且建立健全保障农村职业教育的财政投入机制。❸ 冯晓阳（2013）提出，发展现代农业需要高素质的农民，因此需要探寻提高农民文化素质的途径，主要包括：提高农民的文化素质、增强农民的科技意识和创新意识、提升经济产业链并加快发展面向农村的职业教育。❹

综上，当前的研究多停留在通过国外的经验结合国内现状提出关于农村职业教育发展以及农民培育的宏观策略，缺少更为聚焦的、有现实依据的相关研究，需要提出更具中国特色的解决策略。

（三）新型职业农民

在聚类#3 中，权值最大的关键词是新型职业农民，其中包含了农民工、农村劳动力、职业教育和培训等子聚类。该聚类主要围绕新型职业农

---

❶ 盛子强. 中国特色新型农业现代化与农村职业教育发展策略［J］. 中国职业技术教育，2015（24）：40 – 46.

❷ 喻涛. 现代化视野下的农村职业教育可持续发展［J］. 继续教育研究，2017（05）：41 – 43.

❸ 温泉，冯志明，王铁宝. 新型农业现代化背景下提升农民职业素质的对策研究［J］. 理论与现代化，2015（02）：64 – 67.

❹ 冯晓阳. 浅析农业现代化进程中农民的文化素质问题［J］. 农业经济，2013（02）：56 – 57.

民，对当前新型职业农民培育存在的问题、解决对策等进行了研究。

1. 新型职业农民培育中存在的问题

新型职业农民培育作为促进农业现代化、实现精准扶贫、推动乡村振兴战略实施的重要举措，在近几年一直受到各方的广泛关注，但是，在设计实施的过程中仍然存在很多问题。概括来说，主要集中在培养对象、实施主体以及保障措施三个方面。

在培养对象方面的主要问题是生源受限以及农民积极性不高的问题。❶新型职业农民的年龄和素质以及其他方面的一些要求与目前农民实际的年龄和素质之间存在一定的差异。由于这种差异的存在，让培养对象对政策的认知程度也产生了偏差。

在实施主体方面，一是新型职业农民的培育目标和内容偏离。当前对于新型职业农民的培育目标难以满足现实的需要，同样培训的内容难以满足农民的实际生产生活需要。二是培育形式单一、落后。课堂讲授缺少实际操作的讲课方式，与农民内心期待存在较大差异，难以吸引培育对象的参与，同时农村职业教育形式与当下农民群体实际特征的背离，培训难以推进。❷ 三是在师资结构方面，大部分的培训教师仍然以退休或回乡的普通教师为主，缺乏专业知识技能，同时，由于经费的缺乏，又难以系统培养新型职业农民培育所需要的相关人才。❸

在保障措施方面，一方面政府缺乏对培育新型职业农民切实可行的政策，同时现有政策也未真正落到实处；另一方面经费投入的不足影响农村职业教育的发展。培育重点没有把握好、培育机制不够完善等都是在经费投入不足情况下暴露出来的问题。❹ 此外，我国农业补贴和农业保险制度

❶ 肖海燕，沈有禄. 我国新型职业农民培养的实施困境及其对策 ［J］. 继续教育研究，2015（08）：22－25.
❷ 杨成明，张棉好. 多重视阈下我国新型职业农民培育问题研究 ［J］. 职业技术教育，2014，35（28）：76－82.
❸ 高洁，王俊杰. 新型职业农民培养与农村职业教育发展研究 ［J］. 中国职业技术教育，2014（12）：65－69.
❹ 张凤玲. 新农村建设中新型职业农民培育路径探究 ［J］. 继续教育研究，2016（12）：33－35.

不完备、农村土地制度的限制性以及新型职业农民职业准入制度的欠缺❶等都是阻碍新型职业农民培育推进的障碍所在。

2. 新型职业农民培育的突围之策

针对新型职业农民培育中存在的问题，许多研究者也积极地建言献策。许译心等（2015）从办学的角度提出要实现农村职业教育办学模式多样化，即农村职业教育要分层次、分类别、分对象；同时，要实现办学主体社会化，即"学校、企业、社会"三方一体化共同参与职业教育；并且要实现办学模式区域化，即在办学模式上，农村职业教育要做到与城市职业教育的沟通和统筹。❷ 陈春霞等（2017）基于实际调研和数据分析的结果，从政府的角度提出：一是政府要加强顶层设计，统筹新型职业农民培育供给规划；二是政府要进行分类设计，创新新型职业农民培育供给模式；三是新型职业农民培育中的各参与主体应当协同创新，提升新型职业农民培育供给有效性；四是要优化环境，保障新型职业农民培育供给条件。❸ 马建富等（2017）从供给侧改革的角度提出：首先要着力新型职业农民培育，积极服务农民终身教育；其次要完善新型职业农民培育体系，注重教育培训效能提升；再次要着力城乡职业教育功能统合，强化分工基础上的协同；最后要着眼新型职业农民培育制度创新，激发农村职业教育办学活力。❹ 周芳玲（2016）则从农职院校角度出发，提出农职院校要更新教育理念，构建农职特色学科；创新管理制度，建立农职研究机构；加强师资队伍建设，培养优秀职业农民。❺

综上所述，当前我国新型职业农民的培育仍然存在诸多问题，主要集

---

❶ 杨成明，张棉好. 多重视阈下我国新型职业农民培育问题研究［J］. 职业技术教育，2014，35（28）：76 - 82.

❷ 许译心，沈亚强. 新型城镇化背景下农村职业教育发展再审视［J］. 教育与职业，2015（27）：14 - 18.

❸ 陈春霞，石伟平. 新型职业农民培训供给侧改革：需求与应对——基于江苏的调查［J］. 职教论坛，2017（28）：53 - 58.

❹ 马建富，马欣悦. 基于新型职业农民培育的农村职业教育供给侧改革［J］. 河北师范大学学报（教育科学版），2017，19（06）：54 - 59.

❺ 周芳玲，肖宁月，刘平. 农职院校参与新型职业农民培育研究［J］. 经济问题，2016（08）：94 - 97.

中在培育对象、实施主体及保障制度方面，针对这三个问题，研究者们也从政府、农职院等新型职业农民培育参与者以及办学模式和供给侧改革的角度提出了相应的对策建议。但是，目前的研究仍然缺少对新型职业农民内涵的解读以及对培育模式的概括和培育效果的评价。

（四）精准扶贫

在聚类#7 中，权值最大的关键词是精准扶贫，其中包含了培养模式、定向农村职业教育、四螺旋模型等子聚类。该聚类主要围绕精准扶贫这一热点话题，对当前农村职业教育在精准扶贫中的问题、作用、改进策略、地方实施情况等进行了研究。

1. 农村职业教育在精准扶贫中的意义

2013 年习近平总书记在湘西考察时首次做出了"实事求是、因地制宜、分类指导、精准扶贫"的重要指示。但是截至目前，我国仍有 7000万左右的农村贫困人口，如何实现脱贫，真正奔小康，农村职业教育将起重要作用。

何艳冰（2017）提出农村职业教育对贫困人口素质的提高有着重要的作用，能有效转变贫困人口固有的思想观念，改变安于现状、听天由命的消极生活态度；同时农村职业教育有助于贫困人口掌握技能，实现快速就业脱贫；此外，农村职业教育有助于增大扶贫覆盖面，提高扶贫精准度。[1]张立明（2017）则提出，农村职业教育能够加快贫困地区群众脱贫致富的速度；能够为贫困地区经济发展提供所需的技能型应用人才。[2] 许媚（2017）则从宏观的角度阐述了农村职业教育在精准扶贫工作中的意义：首先，发展农村职业教育是贫困地区开展精准扶贫的迫切需要；其次，接受职业教育是贫困家庭子女改变命运的优先选择；再次，提高农村职业教育水平是精准扶贫的核心抓手；最后，开展农村职业教育是防止贫困人口再次返贫的有力武器。[3]

---

[1] 何艳冰. 精准扶贫要求下农村职业教育发展新路径 [J]. 继续教育研究，2017（03）：33-35.

[2] 张立明. 黑龙江省职业教育精准扶贫的任务及路径 [J]. 教育探索，2017（02）：65-68.

[3] 许媚. 基于精准扶贫的农村职业教育问题审视与发展路径 [J]. 教育与职业，2017（18）：25-31.

2. 实现精准扶贫的路径探析

农村职业教育对于提升扶贫的速度、精准度以及有效性有着极为重要的作用。但是当前我国农村职业教育在精准扶贫中仍然存在诸多问题，如农村职业教育发展基础相对薄弱、师资队伍水平有待提高；民众对职业教育观念尚未转变；供给与需求脱节；缺乏扶贫效果评判标准和依据等问题都亟待解决。为此，许多研究者也提出了自己的看法。

李延平等（2017）从"互联网＋"的角度提出了针对西部的精准扶贫策略。一是要建立以职业教育统筹多元主体协同的区域网络扶贫运行和管理机制；二是要开发彰显西部农业特色的网络培训课程；三是要打造一支专业化、本土化、信心化的教师队伍；最后，要建立健全大数据支持的农村职业教育精准扶贫评价机制。❶

王锋等（2017）则从制度体系建立的角度提出：第一，要建立贫困对象分类识别系统，全面实施精准扶贫；第二，要构建农村职业教育和培训体系，广泛开展技能培训；第三，要完善职业教育扶贫联动机制，形成扶贫工作合力；第四，要增加职业教育扶贫经费投入，确保扶贫工作成效；第五，要大力推动产业转型升级发展，实施产教联合扶贫；第六，要加强职业院校内部管理改革，提升人才培养水平。❷

程华东等（2017）基于四螺旋模型，提出了高校精准扶贫的路径。首先，要找准农户致贫或返贫的原因；其次，要加强高校与政府联动，做好扶贫规划；再次，高校要与企业联动，抓好产业建设，此外还要高校加强与政府和企业的联动，攻克难点问题；最后要四主体联动，强化过程管理。❸

综上，农村职业教育在精准扶贫的实施过程中起着重要作用，但是当前我国农村职业教育还存在许多问题，有待解决。研究者们从多个角度提

❶ 李延平，陈琪. 西部农村"互联网 ＋"职业教育精准扶贫的制度创新［J/OL］. 电化教育研究，2017（12）：1－5.
❷ 王锋，侯长林，张亮. 职业教育精准扶贫的战略与路径选择——以贵州省为例［J］. 职教论坛，2017（01）：66－69.
❸ 程华东，刘堃. 高校教育精准扶贫模式探究——以华中农业大学精准扶贫建始县为例［J］. 华中农业大学学报（社会科学版），2017（03）：17－22、149－150.

出了自己的见解和看法，但是当前的研究仍然处于表层，缺乏深入的理论和实践研究，对于什么是精准扶贫以及精准扶贫的效果评估等仍然缺乏有关研究。精准扶贫在农村职业教育领域中受到关注的时间不长，其中仍然有许多值得探索和考究的地方。

第三节　我国农村职业教育研究趋势

（一）研究阶段划分

通过 Citespace 的 timezone 时间视图，统计了农村职业教育研究前沿关键词的时序图谱，如图 8-3 所示。近十年我国农村职业教育的发展趋势大致可以分为四个阶段：第一阶段是 2007～2011 年，在这一时间段农村教育涉及的研究领域主要集中在农村职业教育、新农村建设、新型农民等方面。这一时期的农村职业教育研究主要聚焦在农村职业教育的问题、发展、趋势、对策、模式创新等方面，基本上是从宏观的视角，宽泛的研究农村职业教育，对群体的、个别对象的微观研究较少。

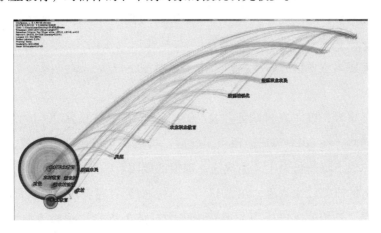

图 8-3　关键词聚类分析

第二阶段是 2011～2013 年，在这一阶段农村职业教育的关注点逐步开始聚焦。2012 年 12 月中央经济工作会议提出当前主要任务之一就是积极稳妥地推进城镇化，着力提高城镇化质量；而后在 2013 年，李克强总理在广西主持召开部分省区经济形势座谈会上提出要推进以人为核心的新型城镇化。在这一时期，新型城镇化成了研究关注的焦点，而农村职业教育中对新型城镇化关注的要点主要集中在面对新型城镇化该如何推进农村职业教育，以适应和促进新型城镇化的发展。

第三阶段是 2013~2014 年，这一阶段农村职业教育的研究开始聚焦农村职业教育中"人"的问题。在 2007 年，"中央一号文件"就提出了新型农民的概念，这一概念的提出在 2007 年引起了对新型农民研究的热潮，但是这股热潮并未能延续。而后 2012 年、2013 年及 2014 年连续三年的"中央一号文件"，都提出了要大力培育新型职业农民这一概念，但是到 2013 年才开始强调职业教育和职业培训在新型职业农民培育中的作用。在相关政策和纲领文件的推动下，这一时期，农村职业教育的热点开始集中在新型职业农民这一群体，主要关注这一群体培训体系的构建、政策体制的扶持等内容。

第四个阶段是 2014 年至今。这一阶段目前只是形成研究热点，相关研究主要集中在精准扶贫、新型职业农民与新型城镇化等方面。与 2007 年相比，研究内容开始聚焦，主要研究对象也更为具体，关注的内容由宏观架构开始向微观转变，同时开始关注"人"在研究中的作用。但是总的来看，研究成果主要以思辨性内容为主，仍然缺乏以数理或案例为证据的实证研究。

综合来看，以"农村职业教育"为主题的论文数量从 2007 年开始呈现上升趋势，在 2011 年到达顶点，此后，虽然每年的论文数量存在起伏，但是总体以下降趋势为主。造成这一现象的原因可能与 2011 年以前对农村职业教育的研究较为宽泛，在 2011 年之后，研究者对农村职业教育的研究更为聚焦，开始关注农村职业教育中更为具体的内容，例如新型城镇化、新型职业农民等，所以表现在论文数量上就呈现为农村职业教育论文数量的下降。

（二）研究趋势

通过 Citespace 的 Burst detect 功能可以找到在较短时间内出现较多或使用频率较高的词。根据 Burst words 的词频变化可以判断研究领域的前沿与趋势。通过 Citespace 对关键词进行 Burst detect 分析，得到农村职业教育凸显的 15 个关键词及对应的凸显率和被引历史曲线，如图 8-4 所示。

Top 15 Keywords with the Strongest Citation Bursts

Keywords	Year	Strength	Begin	End	2007~2017
职业教育	2007	4.245	2007	2012	
农村教育	2007	3.7046	2007	2009	
新农村	2007	3.9517	2007	2009	
新农村建设	2007	9.6303	2007	2011	
农村经济	2007	3.8339	2007	2008	
人力资力	2007	2.6723	2007	2009	
新型农民	2007	3.1271	2008	2012	
农村	2007	2.9392	2008	2012	
城乡统筹	2007	3.0278	2010	2012	
问题	2007	2.4854	2010	2013	
涉农专业	2007	2.8168	2011	2013	
农业职业教育	2007	3.1556	2011	2014	
农民	2007	2.5914	2011	2013	
新型城镇化	2007	3.889	2013	2015	
新型职业农民	2007	3.3184	2015	2017	

图 8-4　农村职业教育关键词凸显率

由图 8-4 可知，职业教育、农村教育、新农村建设、新型城镇化、新型职业农民等 15 个关键词是 2007~2017 年农村职业教育研究的热点。从图中也可以看到农村职业教育的演变趋势。研究从 2011 年以前聚焦在农村教育、新农村建设以及农村经济发展演变到现在关注新型城镇化与新型职业农民，研究关注点从农村、农业开始转移到农民身上，研究呈现多层次、多样化的特点。通过对热点词汇相关研究进行分析，总的来说我国农村职业教育研究呈现以下几种趋势。

趋势一：新型职业农民培育

2017 年，"中央一号文件"《中共中央、国务院关于深入推进农业供给侧结构性改革加快培育农业农村发展新动能的若干意见》出台，其中明确提出要开发农村人力资源，培育新型职业农民。而在 2012~2014 年，连续三年，"中央一号文件"都提出要培育新型职业农民。农业部也在 2017

农村职业教育发展*新论*

年印发《"十三五"全国新型职业农民培育发展规划》，积极推进新型职业农民培育。国家文件政策都在大力推动新型职业农民的发展，但是当前我国新型职业农民培育还存在诸多问题，如培养对象如何确定？如何培养？有哪些模式？适合采取哪种模式？不同地区的差异选择是什么？如何评价培育效果？这些都是亟待回答的问题。

趋势二：返乡农民工创业培训

返乡农民工创业问题在 2009 年左右是一个许多农村职业教育研究者关注的热点话题，但是对这个问题研究的热潮并没有持续很久，从 2009 年以后就呈现明显下降趋势。通过中国知网以"返乡农民工创业"为主题词进行搜索，可以看到，2009 年关于返乡农民工创业的文献多达 114 篇，到了 2010 年，相关研究仅 66 篇，下降幅度达到 42.11%，到 2012 年以后每年仅维持在二三十篇。但是在 2015 年，国务院三个月的时间发出五份鼓励创业的文件，其中就包括《关于支持农民工等人员返乡创业的意见》。在这之后，返乡农民工创业问题重回大众视线，但是与 2009 年主要研究返乡创业农民工的数量和基本特征不同，如今关于返乡农民工创业有了更多需要思考的问题：如何促进其人力资本、社会资本和心理资本的积累？如何通过政策促进农民工愿意返乡创业？如何为返乡农民工提供职业教育和培训的支持？同时，返乡农民工与新型职业农民的培育之间也有着莫大的关系，如何促进返乡农民工成为新型职业农民也是我们需要思考的问题。

趋势三：职业教育如何为精准扶贫服务

2013 年国务院办公厅印发《关于创新机制扎实推进农村扶贫开发工作的意见》，其中在教育扶贫工作中提到要大力发展现代职业教育、完善职业教育对口支援机制、实施中等职业教育写作计划、开展适应就业需求的职业培训等。但是在当时，并没有引起研究者的广泛关注。到了 2015 年，国务院印发《"十三五"脱贫攻坚规划》后，"精准扶贫"开始受到广大研究者的关注。以"精准扶贫"为主题词在中国知网进行的搜索，可以发现 2013 年与 2014 年发文量加起来仅为 124 篇，其中极少有关于农村职业教育的研究，到了 2015 年，发文量则为 874 篇，出现了研究趋势的显著增长，但是仍然缺少以农村职业教育为载体的研究。而到了2016年文献量则达到了4140篇，与2013年、2014年相比，增长率达到了320.29%，并且呈现明显的、跨越式的上升趋势。但关于农村职业教育的文章也仅有寥寥数篇。国务院在《"十三五"脱贫攻坚规划》中以大力开展职业培训作为一个小节的标题，足以说明职业教育在其中的重要作用。而农村作为精准扶贫的主要对象，农村职业教育更是应该关注如何为精准扶贫服务，更好地促进农村的发展、农业的发展以及农民的发展。

趋势四：乡村振兴战略

2017年10月，习近平总书记在党的十九大报告中指出，要实施乡村振兴战略。农业、农村、农民问题是关系国计民生的根本性问题，必须始终把解决好"三农"问题作为全党工作重中之重。乡村振兴战略作为一个新提出的热点，有很多地方亟待研究者来探究。乡村振兴包括经济发展以及乡村文明等的发展，在这些方面职业教育与培训都扮演着重要的角色，如何发挥农村职业教育在实现乡村振兴战略中的作用，是一个值得探讨的问题。

（三）结论

本研究通过 Citespace 软件，对 CNKI 数据库中2007~2017年全国中文核心期刊和 CSSCI 期刊有关农村职业教育的文献生成的图谱及相关数据进行了不同层次的分析和可视化研究，研究得出以下结论：

（1）从时间上来看：2007年以来，我国农村职业教育的研究呈现逐步上升的趋势，上升趋势较为稳定，在2011年到达顶峰后开始下降，每年略有起伏，但是总体呈现下降趋势。从中可以看出农村职业教育的研究受政策、经济、产业结构影响较大，相关政策或文件出台后，总会引起一波研究的高潮。因此，在进行农村职业教育研究时应该注意当时的政策环境、经济产业情况，将研究落到实处，真正能够对农村的生产和发展提供帮助。

（2）从机构的合作关系上看：研究农村职业教育的机构较多，但是各机构间联系较为松散，尚未形成大规模的研究团体，主要以研究机构内部或区域内的小规模研究团体为主；同时有足够影响力的科研机构较少。一方面可能是因为农村职业教育在之前并没有受到很多的关注，相关研究较少，研究人员也较少，相应的机构研究的能力也就略显不足；另一方面，虽然在政策推动下，农村职业教育在近几年逐渐受到关注，但由于缺乏系统性的理论，研究内容涉及面较广等问题，各机构间很难形成合作交流，缺乏沟通。

（3）从关键词共现上看：当前我国农村职业教育的研究主要集中在农村职业教育、职业教育、新型职业农民、精准扶贫、对策、农村等方面，其中出现了农村职业教育、新型职业农民、精准扶贫三个高突显关键词。但是关键词的网络密度仍然较为松散，关键词之间的联系不够紧密，仍然有可以深入挖掘的价值，需要研究者们多角度、多层次、多方位地进行挖掘，以更好地对农村职业教育进行研究。

（4）从研究趋势上看：2007～2011年的农村职业教育研究比较宽泛，对农村职业教育的许多方面都有所涉及，但是研究深度不够；现在的研究相对之前的较为聚焦，不仅关注农村职业教育、同时关注到影响农村职业教育的外部因素、对象等。当前我国农村职业教育的研究聚焦在政策热点如新型城镇化、新型职业农民、返乡创业农民工等问题上。党的十九大报告中提出的乡村振兴战略，又激发了农村职业教育新的研究热点的产生。

参考文献

一、著作类

[1] [法] 萨伊. 政治经济学概论 [M]. 北京：商务印书馆. 1963.

[2] [英] 亚当·斯密. 国民财富的性质和原因的研究 [M]. 郭大力, 王亚南, 译, 北京：商务印书馆, 2005.

[3] [美] 理查德·A. 马斯格雷夫. 比较财政分析 [M]. 董勤发, 译. 上海：上海人民出版社, 1996.

[4] [美] 乔·B. 史蒂文斯. 集体选择经济学 [M]. 杨晓维, 等, 译. 上海：三联出版社, 1999.

[5] [美] 劳埃德·雷诺兹. 微观经济学：分析和政策 [M]. 马宾, 译. 北京：商务印书馆, 1994.

[6] 汪晖, 陈燕谷. 文化与公共性 [M]. 北京：三联书店, 2005.

[7] 汪明安. 后现代性的哲学话语 [M]. 杭州：浙江人民出版社, 2000.

[8] [英] 安东尼·吉登斯. 现代性的后果 [M]. 田禾, 译. 南京：译林出版社, 2011.

[9] [德] 于尔根·哈贝马斯. 现代性的哲学话语 [M]. 曹卫东, 译. 南京：译林出版社, 2011.

[10] [美] 西里尔·布莱克. 现代化的动力——一个比较史的研究 [M]. 景跃进, 张静, 译. 杭州：浙江人民出版社, 1989.

[11] [美] 西里尔·E. 布莱克. 比较现代化 [M]. 上海：译文出版社, 1996.

[12] 马建富. 职业教育学（第二版）[M]. 上海：华东师范大学出版社, 2015.

［13］李行健. 现代汉语规范词典［M］. 北京：外语教学与研究出版社，语文出版社，2000.

［14］金耀基. 从传统到现代［M］. 北京：法律出版社，2010.

［15］顾明远. 比较教育导论［M］. 北京：人民教育出版社，1996.

［16］卢现祥. 西方新制度经济学［M］. 北京：中国发展出版社，1996.

［17］Manna, P. & Mc Guinn, P. Education Governance for the Twenty – First Century［M］. Washington, D. C.：The Brookings Institution, 2013.

［18］郭治安，沈小峰. 协同论［M］. 太原：山西经济出版社，1991.

［19］马建富. 社会转型与中国农村职业教育发展道路的选择［M］. 北京：知识产权出版社，2014.

［20］张力跃. 受教育者视界中的农村职业教育困境与破解［M］. 天津：天津大学出版社，2011.

［21］浙江大学中国农村发展研究院. 中国农村家庭发展报告（2016）［M］. 杭州：浙江大学出版社，2017.

［22］于伟. 我国欠发达地区农村职业教育问题研究［M］. 长春：东北师范大学出版社，2015.

［23］［美］亨利·乔治. 进步与贫困［M］. 吴良健，王翼龙，译. 北京：商务印书馆，2010.

［24］［印度］阿玛蒂亚·森. 贫困与饥荒［M］. 王宇，王文玉，译. 北京：商务印书馆，2000.

［25］［印度］阿玛蒂亚·森. 以自由看待发展［M］. 任颐，于真，译. 北京：中国人民大学出版社，2013.

［26］［美］西奥多·W. 舒尔茨. 论人力资本投资［M］. 上海：经济学院出版社，1990.

［27］［美］西奥多·W. 舒尔茨. 改造传统农业［M］. 梁小民，译. 北京：商务印书馆，1987.

［28］［美］西奥多·W. 舒尔茨. 对人进行投资——人口质量经济学［M］. 北京：首都经济贸易大学出版社，2002（6）.

［29］中国改革发展研究院. 人的城镇化［M］. 北京：中国经济出版社，2013.

［30］王竹林. 城市化进程中农民工市民化研究［M］. 北京：中国社会科学出版社，2009.

[31]［英］哈比森. 作为国民财富的人力资源［M］. 上海：上海人民出版社，2000.

[32] 美国国家情报委员会. 全球趋势2030：变换的世界［M］. 北京：时事出版社，2013.

[33] 吴海涛，丁士军. 贫困动态性：理论与实证［M］. 武汉：武汉大学出版社，2013.

[34] 王春萍. 可行能力视角下城市贫困与反贫困研究［M］. 西安：西北工业大学出版社，2008.

[35] 陆学艺. "三农论"——当代中国农业、农村、农民研究［M］. 北京：社会科学文献出版社，2002.

[36] 国务院发展研究中心课题组. 中国城镇化前景、战略与政策［M］. 北京：中国发展出版社，2010.

[37] 孟祥林，王印传. 新型城乡形态下的农村城镇化问题研究［M］. 北京：经济科学出版社，2011.

[38] 翁贞林，等. 新型农民培育的理论与实践研究［M］. 北京：中国农业出版社，2006.

[39] 范先佐. 教育经济学［M］. 北京：人民教育出版社，2003.

二、期刊及学位论文类

[40] 贾康，苏京春. 探析"供给侧"经济学派所经历的两轮"否定之否定"［J］. 财政研究，2014（8）.

[41] 钱凯. 我国供给管理宏观经济政策的观点综述［J］. 经济参考研究，2014（24）.

[42] 叶忠. 略论教育的有效供给［J］. 教育评论，2000（3）.

[43] 吴开俊. 教育有效供给与教育结构关系刍议［J］. 广州大学学报，2000（5）.

[44] 吴宏超，范先佐. 我国教育供求研究的回顾与反思［J］. 教育与经济，2006（3）.

[45] 陈福祥. 公共性职业教育培训的有效供给［D］. 西南大学，2011.

[46] CINTERFOR/ILO（2006）. Ouality. Relevance and Eguity：An integrated roach to vocational training. Montevideo：CINTERFOR/ILO.

[47] John Middleton，And Others（1991）. Vocational and Technical Education and Training：A World Bank Policy Paper Washington，DC：World Bank.

[48] 劳动和社会保障部调研组. 农民工就业服务和培训问题研究报告；教育部调研

组. 教育系统开展农民工培训工作报告：农业部调研组. 农村劳动力转移培训问题研究［A］//国务院研究室. 中国农民工调研报告［R］. 北京：中国言实出版，2006.

［49］何筼，汤新发. 论我国公共职业培训机制的选择和创新［J］. 中国职业技术教育，2005（33）.

［50］孙琳. 公共职业培训另一种路径的选择与拓展［J］. 职业技术教育，2006（12）.

［51］陈福祥. 公共性职业教育培训的有效供给［D］. 西南大学，2011.

［52］伍成艳. 职业教育供给侧改革的内涵、理念与路径探索［J］. 教育与职业，2017（03）.

［53］马建富. 农村职业教育定位探析［J］. 河北师范大学学报（教育科学版），2009（11）.

［54］王朔，王永莲，李爽. 农村职业教育供给与需求现状研究综述［J］. 职业教育研究，2016（01）.

［55］伍成艳. 职业教育供给侧改革的内涵、理念与路径探索［J］. 教育与职业，2017（03）.

［56］金军. 农村职业教育"向农"与"离农"的选择悖论治理［J］. 教育与职业，2014（17）.

［57］王军. 试论公共财政框架下的基础教育供给［J］. 山东社会科学，2005（11）.

［58］雷世平，姜群英. 试论公共财政视域下的农村职业教育供给［J］. 职教论坛，2015（01）.

［59］盛子强，周琪，刘丽梅. 基于农业现代化的农业职业教育发展对策研究［J］. 中国职业技术教育，2017（18）.

［60］苏华. 发展现代农业职业教育 推动建设"人的新农村"［N］. 人民日报，2015 - 03 - 18（020）.

［61］金玲，王砚超. 聚焦农业供给侧结构性改革 构建新型农业职业教育体系初探［J］. 农民科技培训，2017（05）.

［62］陈春霞，石伟平. 新型职业农民培训供给侧改革：需求与应对——基于江苏的调查［J］. 职教论坛，2017（28）.

［63］郭静. 职业教育供给侧改革的内涵与推进路径［J］. 中国职业技术教育，2016（27）.

[64] 杨海华，俞冰．新型城镇化进程中的职业教育需求与供给侧改革路径探讨——基于苏州样本［J］．职教论坛，2017（21）．

[65] 王乃国，杨海华．基于供给侧改革的现代职业教育体系构划［J］．职业技术教育，2016（24）．

[66] 杜艳华．现代性内涵与现代化问题［J］．求索，2015（05）．

[67] 陈嘉明．"现代性"与"现代化"［J］．厦门大学学报（哲学社会科学版），2003（05）．

[68] 俞冰，刘标，许庆豫．高等教育现代化的危机与消解［J］．清华大学教育研究，2012（05）．

[69] 刘智云．对我国实现高等教育现代化的思考［J］．中国高等教育，2010（10）．

[70] 张平海．中国教育现代化的时代背景分析［J］．河南师范大学学报（哲学社会科学版），2002（06）．

[71] 俞佳君．高等教育现代化指标体系构建探析［J］．中国高等教育评估，2016（01）．

[72] 顾明远．关于教育现代化的几个问题［J］．中国教育学刊，1997（03）．

[73] 冯增俊．试论我国教育现代化的基本任务主要特征［J］．中国教育学刊，1995（04）．

[74] 姜超，邬志辉．论农村教育现代化的理念选择［J］．教育研究，2017（06）．

[75] 周建松．关于全面构建现代农村职业教育体系的思考［J］．中国高教研究2011（07）．

[76] 孟凡华．鲁昕强调：推动现代农村职业教育体系建设［J］．职业技术教育，2011（05）．

[77] 陈衍．建立和完善现代职业学校制度［J］．职业技术教育，2015（30）．

[78] 庄西真．论现代职业教育制度的构建［J］．教育发展研究，2007（7-8A）．

[79] 董仁忠．职业教育制度论纲［J］．河北师范大学学报（教育科学版），2008（3）．

[80] 徐桂庭．关于现代职业学校制度建设的若干思考［J］．中国职业技术教育，2014（30）．

[81] 张淼．我国建设现代职业学校制度中基本理论问题研究［J］．中国职业技术教育，2015（24）．

[82] 张淼．现代职业学校制度的内涵、特征、体系——基于利益主体关系的分析

[J]. 职教论坛，2015（13）.

[83] 褚宏启. 教育治理：以共治求善治［J］. 教育研究，2014，（10）.

[84] 肖凤翔，黄晓玲. 治理视角下我国职业教育制度发展回顾及未来展望［J］. 职业技术教育，2015（16；）.

[85] 南旭光. 共生理论视阈下职业教育治理模式创新研究［J］. 职业技术教育，2016（28）.

[86] 刘来兵，张慕文. 大数据时代教育治理现代化的内涵、愿景及体系构建［J］. 教育研究与实验，2017（12）.

[87] 郑言，李猛. 推进国家治理体系与国家治理能力现代化［J］. 吉林大学学报（社会科学版），2014（2）.

[88] 陈明明. 治理现代化的中国意蕴［J］. 新华文摘，2014（13）.

[89] 褚宏启. 我们需要什么样的现代学校制度［J］. 教育研究，2004（12）.

[90] 褚宏启，贾继娥. 教育治理与教育善治［J］. 中国教育学刊，2014（12）.

[91] 马建富，吕莉敏. 返乡农民工创业资本积累的职业教育支持策略选择［J］. 2017（21）.

[92] 庄西真. "意识形态"视角下的地方政府教育治理模式改革［J］. 教育理论与实践，2009（6）.

[93] 李玉静. 建立多元主体共同参与的职业教育治理体系［J］. 职业技术教育，2013（3）.

[94] 陈亮. 法治思维引领下的国家教育治理体系创新［J］. 河北师范大学学报（教育科学版），2016，（1）.

[95] 袁贵仁. 加快推进教育治理体系和治理能力现代化［J］. 人民论坛，2014（5上）.

[96] 肖凤翔，贾旻. 协商治理：现代职业教育治理体系现代化的路径探析［J］. 中国职业技术教育，2016（3）.

[97] 卢炫烨. 新农村建设视域下农村社区教育发展研究［D］. 江西师范大学，2015.

[98] 李百灵. 中小企业职业培训研究［D］. 吉林农业大学，2016.

[99] 张少琴. 建设现代职业教育体系须突破四大瓶颈［J］. 人民论坛，2015（13）.

[100] 马建富，吕莉敏，陈春霞. 留守农民职业教育培训现状的调查及发展建议——基于江苏的调查［J］. 职教论坛，2016（06）.

[101] 马建富，马欣悦. 基于新型职业农民培育的农村职业教育供给侧改革［J］. 河北师范大学学报（教育科学版），2017（06）.

［102］张安强，宫丽丽. 新型城镇化背景下我国农村社区教育发展对策研究［J］. 成
人教育，2016，36（01）.

［103］马建富，黄晓赟. 新型职业农民职业教育培训社会支持体系的建构［J］. 职教
论坛，2017（16）：19－25.

［104］姜大源. 关于加固中等职业教育基础地位的思考（全文导读）［J］. 中国职业
技术教育，2017（09）.

［105］曹晔. 巩固与提高中等职业教育需要新思维、新举措［J］. 河北师范大学学报
（教育科学版），2017，19（01）.

［106］郭静. 中等职业教育的发展走向——基于新中国成立以来中等职业教育发展轨
迹的归因分析［J］. 中国职业技术教育，2016（34）.

［107］周潇. 从学校到工厂：中等职业教育与农二代的社会流动［J］. 青年研究，
2015（05）.

［108］项炳池. 高等职业教育如何突破社会认同危机［J］. 职业技术教育，2016，37
（12）.

［109］崔玉平，杨玉洁. 我国高等职业教育社会资本投入的现状、问题及对策［J］.
职业技术教育，2015，36（22）.

［110］靳豆豆. 创新农村社区教育方法的实践探索［J］. 教育理论与实践，2016，36
（15）.

［111］赵小段. 社区教育"反哺"职业教育的路径分析——基于社会资本的视角
［J］. 成人教育，2017，37（03）.

［112］杨智. 农村社区教育的社区治理及运行机理探析［J］. 河北师范大学学报（教
育科学版），2017，19（05）.

［113］唐松林，郑洁，王晨. 城镇化推进中的农村社区教育：类型分析与行动选择
［J］. 湖南师范大学教育科学学报，2017，16（04）.

［114］钟世潋. 社会力量参与和监督职业教育治理：价值、困境与路径——基于新公
共服务理论的视域［J］. 职教论坛，2017（22）.

［115］徐桂庭，饶贵生. 社会力量参与职业教育办学：政策分析与实践探索——基于对
江西泰豪动漫职业学院办学实践的思考［J］. 中国职业技术教育，2016（04）.

［116］孙健，贺文瑾. 社会责任视角下企业参与职业教育校企合作的动力思考［J］.
教育与职业，2017（18）.

［117］霍丽娟. 论现代职业教育中企业社会责任的实现［J］. 中国职业技术教育，

2015（33）.

[118] 李俊，王继平. 德国企业内职业培训的多维度探析——基于成本—收益、社会合作及质量保障的视角［J］. 德国研究，2014，29（02）.

[119] 李兴洲. 公平正义：教育扶贫的价值追求［J］. 教育研究，2017（03）.

[120] 代蕊华，于璇. 教育精准扶贫：困境与治理路径［J］. 教育发展研究，2017（7）.

[121] 唐智彬，刘青. 精准扶贫与发展定向农村职业教育——基于湖南武陵山片区的思考［J］. 教育发展研究，2016（7）.

[122] 马建富. 新型城镇化进程中的农村职业教育发展［J］. 教育发展研究，2013（11）.

[123] 中国职业技术教育学会课题组. 从职教大国迈向职教强国——中国职业教育2030研究报告［J］. 职业技术教育，2016（6）.

[124] 陈衍，徐梦佳，郭珊，柳玖玲. 面向2030年我国农村人口发展与职业教育现代化刍议［J］. 河北师范大学学报，2017（09）.

[125] 任娟娟. 新生代农民工市民化水平及影响因素研究［J］. 兰州学刊，2012（03）.

[126] 王世斌，兰玲. 产业升级背景下新生代农民工补偿教育主要障碍及路径选择［J］. 安徽农业科学，2008（22）.

[127] 周密，张广胜. 新生代农民工市民化程度的测度［J］. 农业技术经济，2012（01）.

[128] 方翰青，谭明. 新生代农民工职业决策困难实证研究［J］. 职业技术教育，2012（31）.

[129] 夏金梅. 论四化同步发展的科学内涵和衡量标准［J］. 探索带，2013（07）.

[130] 都阳，蔡昉. 中国农村贫困性质的变化与扶贫战略调整［J］. 中国农村观察，2005（05）.

[131] 岳映平. 精准扶贫的一个学术史注角：阿马蒂亚·森的贫困观［J］. 经济问题，2016（12）.

[132] 何丕洁. 对职业教育精准扶贫问题的思考［J］. 教育与职业，2015（30）.

[133] 王大江，孙雯雯，闫志利. 职业教育精准扶贫：理论基础、实践效能与推进措施［J］. 职业技术教育，2016（34）.

[134] 李玉静. 2030年可持续发展议程下的职业教育发展［J］. 职业技术教育，2015（31）.

［135］廉超. PPP 模式助推精准扶贫、精准脱贫［J］. 贵州社会科学，2017（1）.

［136］李迎生，徐向文. 社会工作助力精准扶贫：功能定位与实践探索［J］. 学海，2016（4）.

［137］岳文海. 中国新型城镇化发展研究［D］. 武汉大学，2013.

［138］崔赢一. 精准扶贫背景下的基层政府瞄准识别机制研究［D］. 郑州大学，2016.

三、网络类

［139］中华人民共和国国家统计局. 2016 年全国农民工监测调查报告［EB/OL］. http：//www. stats. gov. cn/tjsj/zxfb/201704/t20170428_1489334. html，2013 - 05 - 27.

［140］清华大学中国经济数据中心. 中国城镇化调查数据［EB/OL］. http：//www. legaldaily. com. cn/executive/content/201310/28/content_4966824. htm？ node = 32120，2013 - 10/28.

［141］全国总工会新生代农民工问题课题组. 全国总工会：关于新生代农民问题的研究报告［EB/OL］. http：//news. xinhuanet. com/politics/2010 - 06 /21 / c_2240721htm，2010 - 6/21.

［142］联合国开发计划署. 千年发展目标报告［EB/OL］. http：//www. cn. undp. org/content/china/zh/home/library/mdg/mdg - report - 2015/，2017 - 4 - 13.

［143］中央人民政府. 决胜全面建成小康社会，夺取新时代中国特色社会主义伟大胜利——在中国共产党第十九次全国代表大会上的报告［EB/OL］. http：//www. gov. cn/zhuanti/2017 - 10/27/content_234876. htm，2017 - 10 - 27.

［144］中华人民共和国国家统计局. 中华人民共和国 2016 年国民经济和社会发展统计公报［EB/OL］. http：//www. stats. gov. cn/tjsj/zxfb/201702/t20170228_467424. html，2017 - 2 - 28.

［145］新华网. 《中国的减贫行动与人权进步》白皮书［EB/OL］. http：//news. xinhuanet. com/politics/2016 - 10/17/c_119730413. htm，2016 - 10 - 17.

［146］中华人民共和国外交部. 变革我们的世界：2030 年可持续发展议程［EB/OL］. http：//www. fmprc. gov. cn/web/ziliao_74904/zt_74979/dnzt_74981/xzxzt/xpjd-mgjxgsfw_84149/zl/t1331382. sh.

后　记

多年来，农村职业教育始终是我所负责的江苏理工学院农村职业教育创新研究团队重点关注和研究的问题。近五年来，我们团队围绕农村职业教育、成人教育和社区教育等问题，先后主持了教育部社会科学司、全国教育科学规划办、江苏省哲学社会科学规划办"新型职业农民培育的职业教育培训支持体系建设研究""基于返乡创业农民工的新型职业农民职业教育培训支持体系与模式研究""农民工市民化的社区教育支持研究——以苏南为例""苏南地区新型职业农民培训的实证研究""互联网+时代新生代农民职业教育培训模式及政策支持研究""农村弱势群体自我救助的职业教育支持路径研究"等省部级以上课题9个，市厅级课题10多个；发表相关论文80余篇，并于2014年、2016年先后出版了《社会转型与中国农村职业教育发展道路的选择》和《新型职业农民视域下的新型职业农民培育研究》等著作，相关成果得到了较好的社会反响，先后获得了江苏省第十三届、第十四届哲学社会科学优秀成果二等奖、三等奖以及其他市厅级一二等奖；基于研究成果撰写的调查报告、决策咨询报告也得到了江苏省委书记等领导及有关部门的批示或肯定。所有这些对于笔者本人以及我们团队的成员都是莫大的激励与鞭策，也更加坚定了我们在农村职业教育、成人教育这一希望的田野继续耕耘的决心与信心，《农村职业教育发展新论》就是我们团队成员基于我国农村职业教育发展的新时代、新环境、新问题集体研究的成果。

后　记

进入 21 世纪以来，中央连续发布了十五个有关"三农"发展的"中央一号文件"，特别是党的十九大提出了实施乡村振兴战略的目标，2018年的"中央一号文件"则具体确立了乡村振兴战略的目标任务，由此看出，中央对"三农"问题提出了新的更高的要求。《农村职业教育发展新论》正是基于这样的大背景撰写而成。本书就我国"四化同步"发展战略、"三权分置"土地制度实施等对农村职业教育、成人教育等供给侧改革的影响进行了积极的探讨；对农村职业教育和成人教育与农村经济社会发展的吻合度、适应性进行了分析；对现代农村职业教育制度体系和治理体系的建立与完善、农村中等职业教育和高等职业教育以及社区教育发展的方针和策略、农村职业教育发展模式的创新以及政校企在农村职业教育发展中的角色和职能进行了探究；基于未来我国新型城镇化、"四化同步"和消除贫困的趋势与目标，对未来我国农村职业教育的发展图景进行了描绘。另外，还通过研究图谱，展示了我国农村职业教育研究的现状与新进展和趋势。

在研究中，我们将新时代背景下服务"三农"的农村职业教育和成人教育供给侧存在的问题为研究的目标导向，将未来基于新型职业农民培育为核心的"三农"人才培养支持体系、发展模式创新以及农村职业教育和成人教育职能最大发挥为研究的重点，在此基础上进行了一些拓展性的研究。在研究方法的选择上，秉承我们田野研究的传统，注重基于实地调查基础上的实证性研究，强调研究结论以及政策建议的应用性和可操作性。

我们的研究得到了全国许多专家、学者的关注、关心与指导，特别是两位当代教育名家、中国职教学会副会长石伟平教授和周稽裘教授对本著作的完成给予了重要指导，并欣然分别为本书作序，在此谨向两位教授表示由衷感谢！

本书在研究和出版过程中得到了江苏理工学院崔景贵教授、董存田教授等的关心与指导，成果的出版得到了江苏省重点建设学科——职业教育学的支持，在此一并向他们表示感谢！

本书在出版过程中参阅了大量的其他专家、学者的研究成果，许多成果在本书中未能一一注明，在此向各位致以真诚的谢意！

参加本书撰写的主要作者有：马建富、吴济慧、杨海华、张胜军、黄晓赟、朱正奎、吕莉敏、陈春霞、马欣悦等。

乡村振兴战略是党的十九大提出的七大战略之一，乡村振兴战略的实施既对我国农村职业教育供给侧的改革提出了要求，也提供了发展的机遇。乡村振兴战略的推进对我国农村职业教育发展的影响是持久的、深刻的、全方位的，因此，基于乡村振兴战略实施的新时代、新要求、新问题、新机遇，做好农村职业教育发展的大文章，是每个关注和研究农村职业教育同人的新使命。我们农村职业教育研究团队将继续围绕"三农"问题，展开更深入、更有价值的研究，以期为我国农村职业教育事业的发展和乡村振兴战略目标的实现尽绵薄之力。

马建富

2017 年 12 月 16 日